# 奇妙なナショナリズムの時代

# 奇妙なナショナリズムの時代

## 排外主義に抗して

山崎 望 編

岩波書店

# 目　次

装画　タダジュン

# 序論　奇妙なナショナリズム？

山崎　望

## 1　「ポスト国民国家」の配置

### グローバル化と新自由主義

今日、われわれは国民国家[1]から成り立つ世界に生きているのか。それとも国民国家から成り立つ世界は次第に融解し新たな世界へと移行しているのだろうか。かかる問いは国民国家システムという世界秩序の在り方が世界大に拡大し終えた二〇世紀の後半以降、すぐに問われ始めた問いである。

とりわけ二つの変化が国民国家を揺るがしてきた。

第一の変化は、情報と金融の分野を中心に国境を越えて人々を結びつけたグローバル化である。その結果、地球は国境や民族、宗教によって分断された世界ではなく、境界線なき「フラットな世界」となる可能性へと開かれた。

第二の変化は新自由主義(neoliberalism)の深化・拡大である。福祉国家レジームは変容し、人々の生活は次第に国家から市場へ委ねられ、国家による再分配が機能せずに社会統合が弱体化していった。新自由主義は国家や共同体から人々を解放し、国籍や民族や信仰に関わらず、人間が市場の前では(原則としては)等価であり、交換可能な存在として扱われる「個人から成り立つ世界」の可能性を切り開いたのである。

この二つの変化が相互に強化しあって進展した結果、世界の仕組みは、国家や共同体から成り立つのではなく、個人による選択の可能性に大きく依拠する「マルチオプショナル社会」へと変化しつつある。換言すれば、世界を分断する国家や民族、宗教などの境界線で囲まれた単位の偶有性が高まっていることになる。それは、国家や民族、宗教がなぜ「その単位でなければならないか」という問いかけに向き合わざるを得ない社会への変化である。それは、自明視されてきた社会の在り方が解体されていく過程でもある。

## 揺らぐ国民国家

国民国家は先進諸国を中心に、他国との境界線で明確に区切られた安全保障、社会保障、国民共同体、民主主義の四つの層(レイヤー)(2)の結合によって形成されてきた。明確に区切られた他国との境界線の内側で、これらの四つの層が相互に結合することにより、国民国家は定着し、いわば安定期を迎えたのである。

しかし、グローバル化と新自由主義の進展は、かかる国民国家の自明性を掘り崩している。

安全保障の層においては、冷戦時代から米ソを除く他の国々では形骸化が進んでいた、一国による安全保障、すなわち「一国家の軍事力で国民の安全保障が確保できるのか」という疑問がより強く意識化されている。冷戦終焉以降の米の単極構造と単独行動主義の前に他国はなす術がなく、近年では多極化を背景に、ロシアによるウクライナのクリミア半島「併合」や、中国と近隣諸国の領土問題など、一国レベルの安全保障の擬制は揺らいでいる。また9・11対米同時多発テロを行ったアルカイダに代表されるテロのネットワークや、既存の国境を否定する「イスラム国」のような非国家的アクターの活動は、安全保障の外延を浸食している。はるか遠くの地域での出来事が、ある国の安全保障に予測不可能な危機をもたらし得る。

他方で新自由主義は安全保障をも民営化し、主権国家による暴力独占が崩れている。ホームグロウン・テロリスト(homegrown terrorist)、民兵、戦争を代行する民間警備会社、ギャング団など各国内部からも安全保障を脅かすアクターが台頭している。冷戦下では相対的に明確なイメージをもって想定されていた「敵」は不明瞭化し、さらに一国単位の安全保障の擬制も形骸化している。

社会保障の層においては、世界大に広まっている新自由主義は商品化される領域を拡大し、福祉国家レジームを再編している。各国において社会の分断(格差社会化)や社会的排除が進み、国民の社会統合は弛緩している。異なる国民の間のみならず、同じ国民の内にも分断が生じ、さらに貧困が世代を越えて連鎖し「新たな身分制社会」が生成されることで、身分制を打破して形成された国民社会の一体性は過去のものになりつつある。またグローバル化は、リーマンショックやユーロ危機に象徴されるように、速度と規模において国家を越えるグローバルな市場を、国家が制御しきれないことをあらわにしている。

国民共同体の層では、各国ごとの公的(public)な国民の歴史(national history)に対して、一方では歴史修正主義が、他方では地方から国家を越える地域まで、さらに私的とされてきた移民、女性などマイノリティの歴史など、多様な歴史観が台頭し「記憶をめぐる戦争」や「歴史認識論争」を惹起することになった。グローバル化と新自由主義は国境を越える文化の生成を促し、他方では多文化主義が台頭し、文化的同質性が強かった国民共同体は、多様で流動的な文化が混交する場としての性質を強め、「文化戦争」と呼ばれる文化をめぐる摩擦を惹起した。国民共同体の内実を支えるとされてきた文化や歴史をめぐる相克は、換言すれば国民共同体の輪郭を流動化させるものである。

民主主義の層においては、世界大に拡大した制度である代表制民主主義は、グローバル化と新自由主義の進展する速度と一国を越える範囲を前に機能不全に陥りつつある。グローバルな市場や国際機関の要請に従う政府に対して、政治不信が拡大し、国家と国民の間で乖離が生じるのみならず、また国民内部でも地域や階層、宗教などの属性を持つ集団を基盤に置いていた政党を要に固められていた政治統合は揺らいでいる。「日々の人民投票」と言われるような政治的意思の統一体としての国民が可視化することは稀となっている。

各層における変容と、各層の間の統一性の弛緩は、ナショナリズムが構築してきた国民国家システムの自明性を低下させている。各層における他国との間の境界線と、各層間の同一化によって成り立つ国民国家は安定期との比較において変容期にあり、融解[3]していると言えよう。

まとめておこう。グローバル化と新自由主義の深化・拡大により、第一に国民国家を、内／外の明確な境界線によって分離された閉鎖系の一元的で固定的な単位として描くことは困難になっている。国民国家を他の国民国家から分かつ境界線は自明ではなくなりつつある。そして国民国家における安全保障、社会保障、国民共同体、民主主義という四層を結びつけてきた紐帯は弱体化し、国民国家を実態的な政治＝文化＝経済＝社会共同体として整合的に描く擬制も限界を迎えている。国民国家は歴史的に動態的で多元的・開放的な性質を内包したとしていても、それを封じ込めてきたナショナリズムによる境界線の明確化や一元化・固定化の程度は「後退」しているのである。

## 2　「境界線の政治」の活性化

### 境界線の政治の展開

国民国家の融解によって、人々は予測不可能性や(自らの)コントロール不可能性に根ざしたin-security、すなわち不安や危機の感覚に襲われ、生の脆弱性(vulnerability)に対する認識が社会的に構築されていく。そして、各層において自らの生の在り方を(再)規定させ、insecurityを回避する境界線を模索する政治、すなわち「境界線の政治」が活性化する。

「境界線の政治」は以下の三つから成り立つ。

第一に「われわれ／彼らの境界線をどこに引くべきか」をめぐる政治である。境界線の引き方の偶発性が高まるため、われわれ／他者を分ける境界線はどこに引いても構わないことになる。しかし、それ故に逆説的ながら境界線を引くことによって成り立つ「われわれ」の内容が問われる。既存の境界線の融解は、一方では従来の境界線から解き放たれる「境界線からの自由」をもたらすが、他方ではあらゆる境界線からはじき出され、剝き出しのまま insecurity の支配する世界に人々を投げ出すリスクももたらす。さらに新たな境界線を描く「境界線への自由」は人々を分断し、新たな境界線の内側へと縛り付ける／外側へと排除するリスクももたらす。この意味で、境界線の政治は両義性に満ちたものである。

第二に、境界線によって構築される「われわれ」にも様々な層が存在する。国民国家においては安全保障、社会保障、国民共同体、民主主義の層が存在したが、それらの「われわれ」の「間」の関係もまた偶発的である。シティズンシップの歴史的展開から明らかなように、安全保障の範囲と社会保障の範囲が一致する必然性はない。新自由主義の進展は、安全保障の範囲と社会保障の範囲の不一致を可視化させ、グローバル化は政治的な単位と経済的な範囲との乖離(国民国家とグローバルな市場との乖離)という問題を突きつけている。どの層の一致する程度を高めるか、乖離の度合を高めるか、も境界線の政治の課題に他ならない。(4)

第三に、なぜその境界線の引き方が正当化されるか、をめぐる政治が展開される。そこでは様々な理念を通じた正当化が試みられ、諸理念の間で相克や結合、共鳴が展開されることになる。

国民国家システムの自明性が融解していく「ポスト国民国家」状態において、国民国家のもとで「凍結」されていた「われわれ」を形作る諸要素が溶け出し、「われわれの再定義」を求めて多様な理念や主義[5]――リベラリズム、民主主義、保守主義、コスモポリタニズム、多文化主義、社会民主主義、レイシズム、排外主義、エスニック・ナショナリズム、歴史修正主義、宗教復興(原理)主義など――に基づく境界線の政治が多層的なレイヤーとアリーナに流れ出している。

本書が着目するのは、境界線の政治において最も力を持ってきた思想・プロジェクトの一つであり、国民の範囲を定める境界線(内的国境／外的国境)を画定し、政治・経済・文化などの諸単位の同一化[6]を志向し、insecurity／securityを配分する「国民国家」を形成してきたナショナリズム[7]である。

## 3　奇妙なナショナリズム――「見慣れない」ナショナリズム？

### ナショナリズムの終焉か？

ではわれわれは国民国家(システム)以後の世界、そして国民国家を作り上げた「ナショナリズム以後」の世界に生きているのだろうか。

上記の問いは二つに分けて考える必要がある。国民国家システムの自明性が低下する時代は、ナショナリズムが過去のものになった、ということとは異なる。本書では問いの前半を意識しつつも、問いの後半である「ナショナリズム以後」の世界と言えるのか、という問いを論じていこう。

ナショナリズム研究の代表的論者であるA・スミスは、ナショナリズムを「「ネイション」が、主権と一体性と国境をもつ、共同体として存在すべき、というイデオロギー」と定義し、またE・ゲルナーは「政治的単位と民族的単位が一致していなければならない、とする政治的原理」と定義する。

ナショナリズムの定義は多様性に満ちて論争的であるが、いくつかの特徴を持っている。第一はその両義性である。ナショナリズムは一定の人々を国民として包摂すると同時に、他の人々を排除するという性質を持っている。ナショナリズムは、近代において登場した作為的なイデオロギーであると同時に、常に国民を過去から連綿と続く自然なもの(非・作為的なもの)として表象する両義性を持っている。さらに小さな共同体単位で分散して暮らしていた人々や、階層に分かれて暮らしていた人々を越えて国民という単位へと再編する普遍性への契機を持つと同時に、その国の独自性を主張するように、普遍化と特殊化の二つの契機を持つ。

第二にナショナリズムは両義性を内包しつつも、自国民と他国民の間に境界線を引く志向を持ち、また境界線によって囲われた単位、すなわち政治共同体、文化共同体、経済共同体などの諸単位間の一致を志向するという性格を持っている。

## 再燃するナショナリズム

かかるナショナリズムは、グローバル化と新自由主義が国民国家を揺るがせているにもかかわらず、むしろ世界大で台頭している。イデオロギー対立の側面を持つ冷戦の終焉以降、民族紛争が多発した。エスニック・ナショナリズムは「民族浄化」を伴う凄惨な内戦を引き起こし、時には既存の国家を分裂させ新たな国民国家を創出した。また紛争に至らずとも排他主義や民族主義を掲げる政党や運動を広範囲に産み出した。かかる「エスニック・リバイバル」が生じた地域は、その多くが冷戦終焉により国内政治のバランスや国際関係が激変した地域であり、政治経済体制の転換を経た諸国も含まれる。この「ナショナリズムの再興」とも言うべき「エスニック・リバイバル」は、自由主義世界の拡大の過程で取り残された「残滓」として把握すべきであろうか。

しかし冷戦構造の終焉で政治経済体制の変化を経ていない自由民主主義諸国においても、ナショナリズムは死滅してはいない。既に述べたようにナショナリズムは、他の主義とも容易に結合する柔軟性を持ち、また普遍化と個別化、包摂と排除、作為と自然を共に実践する両義的な性質を持っている。定義の多様性が示すように、ナショナリズムとみなされる現象は多くの類似点を持つ一方で相違点にも満ちている。ナショナリズムの文脈性に着目した時、現在われわれが目撃している「ポスト国民国家」時代におけるナショナリズムは、いかなる特徴を持ったナショナリズムなのであろうか。

国民国家システムが融解しつつある歴史的文脈において、ナショナリズムは再度、境界線を画定し多層的な「われわれ」を結合させ、国民国家の再定式化を果たすのであろうか。それとも新たな形態へと変容しているのだろうか。本書では、国民国家システム形成の原動力となったナショナリズムが、グローバル化と新自由主義の中で、どのように境界線を引き直し「われわれ」を模索しているのか、多層的な単位(政治的決定の単位、安全保障の単位、社会保障の単位、経済的な単位、文化的な単位)の間にいかなる関係を構築しようとしているのか。いかなる境界線についての正当化の論理を掲げているのか。

## ナショナリズムの変容——奇妙なナショナリズム

本論ではグローバル化と新自由主義の時代におけるナショナリズムを、「奇妙なナショナリズム」と名付けたい。「奇妙な」という形容詞は、われわれにとって既知の従来のナショナリズムとは異なる、今までのナショナリズムの観点からは一見して「奇妙」と思われる特徴が存在している、ということである。

既存のナショナリズムを以下の六つに類型化してみよう。

第一は、国民なき状態の国家が、国民国家形成を志向するナショナリズムである。すでに領域主権国家が成立しているものの、その内部で暮らす人々が国民となってはいないがゆえに、国民形成(nation building)を進めるナショナリズムである。

第二は、国家なき状態の民族が国民国家形成を志向するナショナリズムである。第一とは対照的に領域主権国家は未形成である。しかし特定の民族共同体が自らの国家建設を希求して生じるナショナリズムであり、国家建設(state building)が進められる。

第三は国民国家の形成以後に、さらにその外部に植民地を求め、対外的に拡張する帝国主義的なナショナリズムである。植民地統治の形態には多様な類型があるものの、自国の領土や国民の範囲を越えた拡張型のナショナリズムである点にその特徴を持つ。

第四は植民地化された領域において、植民地からの分離・独立を目指すナショナリズムである。宗主国と同様の自分たちの国民国家の建設を目指すものであり、国家建設が主要課題となるが同時に国民建設も課題となる。

第五は国民国家形成がなされた後、国民統合の機能を果たすナショナリズムである。いわば国民国家という形へ制度化されたナショナリズムである。国旗や国歌というシンボル、教育を通じた国民の歴史や公的な記憶、国民文化の定着を通じて不断の国民化を進めていく。

第六は既存の国民国家を解体し、当該国家の少数民族を主たる母体にして新たな国民国家形成を求めるエスニック・ナショナリズムである(8)。植民地ではなく既存の国民国家からの独立を志向する点にその特徴がある。旧ユーゴスラヴィアの解体とそこからの各国の分離独立を念頭に置かれたい。

これらの六つのナショナリズムと比較して、グローバル化と新自由主義という背景を持つナショナリズムは、以下のような「奇妙さ」を持っている。

第一に自らの基盤となる、いわば建物たる領域主権国家自体の解体や拡張を目指してはいないが、従来の制度化されたナショナリズムから逸脱し、国民の範囲や内容(「誰が国民か」「国民とは何か」)をめぐって国民の再定式化を求めるナショナリズムである、という「奇妙さ」である。新たな国民国家形成や分離・独立を志向するナショナリズム(第一〜第四、六類型)ではない「奇妙さ」があり、また制度化されたナショナリズム(第五類型)を逸脱するという意味では、自明化されたナショナリズムの観点から「奇妙な」概観を持つことになる。国民国家内部へ埋め込まれたナショナリズムとしての連続性も持つとはいえ、融解しつつある「ナショナルなもの」を参照点とした国民の再定式化を求めるナショナリズムと言えよう。[9]

第二は「被害者」としての「マジョリティ」のナショナリズムという「奇妙さ」である。少数派のナショナリズム(第四および第六類型)ではなく、マジョリティが強い「被害者」意識を抱いている点(第三および第五類型)における「奇妙さ」である。少数派ではなく、マジョリティこそがむしろ様々な層における「被害者」(もしくは潜在的な被害者)であり、マジョリティが「力のない者」へ、さらには「マイノリティ」化しつつある、という自己定義をしている点に、このナショナリズムの「奇妙さ」がある。[10]

ナショナリズムが自らの集団の危機を訴えること自体はたびたび観察されるものであるが、マジョリティでありつつも「想像された(imagined)強者であるマイノリティ」によって被害を受けているという「被害者意識」を強く持つ点に特徴がある。この背景には、グローバル化による国民国家の融解が、マジョリティ/マイノリティの共通の土台となってきた「国民」というアリーナを無効化し、何を以てマジョリティと言えるのか、という根拠が失われ、たとえマジョリティに帰属したといっても、新自由主義による競争原理が貫徹する中では、全員がマイノリティに対する優位を保てる保証は低下しつつあり、結果として既存の「力のあるマジョリティ」と「力のないマイノリティ」という図式の自明性が低下しているという認識が存在している。さらに安全保障、社会保障といった様々な層の乖離は、マジョリティから共同性を奪いマジョリティの輪郭の自明性をも低下させる。加えて新自由主義がもたらす「個人化された社会」は、想像上のものであれ共同体を構成する想像力を低下させ、人々は自らの脆弱性を「マジョリティの脆弱性」へと読みかえている、と言えよう。

かかる認識は一国内だけではなく、国際社会における各国家の権力関係、とりわけ軍事力や経済力の問題としても投影され、実際の国際関係における権力や影響力のバランスと結びつけられることも多い。

「権利を持つマジョリティ」という日常は、次第に「権利を奪われたマジョリティ」へと、さらに「権利なきマイノリティ」と同一の境遇に陥る不安を醸成しているのである。それが主観的なものであれ、客観的なものであれ、権利を奪われている「被害者」としての感情を抱く。「安全保障、社会保障や尊厳・承認を脅かされたマジョリティ」が、その要因を外部に求めるとき、「われわれ」の権利を侵害し「権利を得ている(と想像する)マイノリティ」や「マジョリティと同等の権利を持つ(と想像する)マイノリティ」を立ち上げ、彼らが「われわれマジョリティの権利を奪っている」[11]という感情を高めることになる。

第三は、「われわれ」に害を与える「敵」の存在を強調するものの、実態的な国民統合の追求には積極的ではない「奇妙さ」が存在する。これは第一、第二および第五類型おけるナショナリズムとは大きくかけ離れる。「われわれ」「国民」の外部に「彼ら」「外国人」を設定するのみならず、強い対立軸を導入し、「われわれ」を攻撃して被害を与え何かしら(安全保障から社会保障、尊厳など)を剝奪する「敵」を設定する点で、第五類型における平時のナショナリズムに比べると「奇妙さ」がある(とりわけアジア地域におけるナショナリズムは、現実の国際関係における対立関係を逸脱する事例がある。この意味で国家との間に一定の緊張関係を持つことになる)。

さらにこのナショナリズムの「奇妙さ」は、「敵」の脅威を強調するものの、他方で「われわれ」の実態的な国民統合、例えば社会的排除の阻止や生活全般に及ぶ文化的同質性の追求には消極的という特徴を持つ。すなわち、外に対しては「敵に対する友」としての一致団結を求めるものの、内に対しては、グローバル化と新自由主義により融解する「友の分解」への関心は希薄な点において「奇妙さ」がある。この包摂への関心の低さ、いわば脱・包摂志向のナショナリズム[12]という点に最大の「奇妙さ」がある。

第四に「奇妙なナショナリズム」は、普遍性ではなく個別性に、作為を重視するシビックネスではなく自然の観点が強いレイシズムに重点がある。そして人々の同化による拡大ではなく、排除による国民の範囲の縮小を志向する点において、他のナショナリズム(第一から第三類型)の観点からは「奇妙さ」がある。むろん従来のナショナリズムにおいても、レイシズムや排外主義の要素は存在していた。しかし既存の制度化されたナショナリズム(第五類型)による国民像を逸脱して、それを解体する強度のレイシズムや排外主義が前面化し、普遍化の契機に乏しい歴史修正主義を強調する点において「奇妙さ」がある。レイシズムに基づく純化、排除や浄化を志向し、同化や統合、もしくは拡張の思想ではないナショナリズムは、国民統合や国家建設を重視するナショナリズム(第一、二類型)や、帝国主義的なナショナリズム(第三類型)の観点からは「奇妙さ」を醸し出す。その結果としてナショナリズムの特徴とも言うべき両義性が失われ、片方の要素(特殊性、排除、自然の強調)のみが重視されている点において「奇妙さ」が際立つことになる(ただしこの点においては第五類型との類似点は存在する)。[13]

第五に、「敵」とする外部の安定性の欠如にも「奇妙さ」がある。「敵」という(構成的)外部の設定によって定義すべき「友であるわれわれ」の輪郭と内容が定まるとするならば、「敵」の不安定さは、「友であるわれわれ」の不安定さを招いてしまう。とりわけ領域主権国家システムからなる国際関係において、第一〜第四および第六類型のナショナリズムにおいては「敵」とされる「外部」は一定の継続性を持つことが多いが(ナショナリズムは勢力均衡外交を崩した要因の一つでもある)、現代のナショナリズムにおける「敵」は「変易性(volatility)」が高く多岐にわたる。とりわけ日本における事例では、外国人労働者や観光客、少数民族、近隣諸国のみならず国際機関、政府、政党、マスメディア、官僚、警察、女性、若者、生活保護受給者、原爆被災者、東日本大震災の被災者、脱原発運動、フェミニスト、他のナショナリスト、学校関係者、地域住民、障害者、反レイシストなど「敵」は多岐[14]にわたり、その変易性も高い。その点において従来のナショナリズムとは異なる「奇妙さ」を持っている、と言えよう。

## 4　奇妙なナショナリズムのアリーナ

かかる奇妙なナショナリズムは、どのような場において現れているだろうか。以下で奇妙なナショナリズムが噴出している六つのアリーナを分類しておこう。

第一のアリーナは日常レベルである。日常生活の中で意識されずに自明視されるナショナル・アイデンティティの生成や消費、国旗や国歌などの象徴に対する愛着心、愛郷心や愛国心などが挙げられる。これがより可視的になると、「平素で屈託のない」「自国が一番」という形をとって活性化[15]する、と言えよう。

第二のアリーナは、より明瞭な言説レベル、すなわち書籍やサイバー空間である。国民意識やあるべきモデルとなる国民像を提供する小説や読み物、国家や国民の在り方についての言論、国民の歴史や戦争をめぐる公的記憶は度々、日常の次元を越えてナショナリズムを活性化させる要素となり得る。一九八〇年代以降、ドイツを中心に欧州で、また日本でも一九九〇年代以降、歴史修正主義をめぐる論争が生じている。とりわけ国民全体に関わり他国との相違が顕在化しやすい戦争をめぐる「国民の歴史」や公的記憶についての論争は、従来正統とされ凍結されていた既存のナショナリズムを融解させ、新たな国民像を提示する言説闘争でありナショナリズムの一形態である。とりわけ九〇年代以降のグローバル化や情報技術の進展に伴うサイバー空間の日常化は、言説レベルにおけるナショナリズムに大きな影響を与えている。

第三のアリーナは社会運動レベルである。デモや集会、結社の存在など可視的な現象も多い。移民や少数民族に対するレイシズムや排外主義を伴うデモや集会は、自由民主主義諸国でも拡大している。日本における、ヘイトスピーチを伴う「行動する保守」のデモや集会もこれに該当しよう。社会運動レベルのナショナリズムは、従来「非政治」の領域とされていた領域(市場、サイバー空間、街頭など)に権力や権威が流出していく「サブ政治」[16]が活性化する中で、ナショナリズムの形をめぐる相克の重要なアリーナとなりつつある。

第四のアリーナは政治的レベル、具体的には政党政治をはじめ制度化され公的と位置付けられている領域である。欧州諸国においては一九八〇年代後半から現在に至るまで、安全保障や社会保障、文化的一体性への脅威として移民排斥や、国家主権を制約するとみなすEUに対する批判を展開するナショナリズムを掲げる政党が台頭し、政治的アリーナを中心に活動をしている。

第五のアリーナは公的制度として制度化されたレベルである。公的／公式(formal)な制度や、政策や法律に組み込まれたナショナリズムである。そこでは国民と外国人、多数派民族と少数民族の待遇の差別化や権利の制約という点において、ナショナリズムが組み込まれている。

第六のアリーナは、国際関係のレベルである。ここでは国家間関係を規定するものとしてナショナリズムが現れる。安全保障や「国益(national interest)」の構築・主張と密接に関わる形をとって、他国との敵対性を内包したナショナリズムが展開される次元である。近年のアジア地域における資源や安全保障、歴史問題と密接に結びついた対立では、ナショナリズムの影響が強く見られる。

### アリーナの配置——コンステレーション

これらの六つの次元で展開するナショナリズムは、国際/国内、公/私、制度/非制度といった区別を貫いて展開しており、段階に即して順次進んでいくものではない。例えば第二のアリーナにおける歴史修正主義の台頭が、第六の段階におけるアジア太平洋での安全保障上の緊張を惹起し、第三のアリーナにおける排外主義的な社会運動が、第一のアリーナの日常意識における他国への感情を悪化させ、それが排外主義的な社会運動の土壌を拡大させることもある。第五のアリーナにおける少数民族の権利を制約するナショナリズムと、第三の次元の社会運動のアリーナにおける少数民族排斥を訴えるナショナリズムが、正統性を付与し合い相互強化する事例もあろう。このように異なる複数のアリーナで興隆するナショナリズムの形や強度は同じではなく、時には複数のアリーナに噴出したナショナリズムが相互に連関して強化し合う(または反対に衝突したり弱め合うこともある)。

また一方で同レベルのアリーナ間の現象、例えば日本における社会運動レベルでの中国に対する抗議活動が、中国における日本に対する抗議活動を惹起し、それが再び日本の中国に対立する社会運動を激化させるなど、水平的なアリーナ間での相互関係も存在する。「奇妙なナショナリズム」は、政治アリーナの配置(コンステレーション)の中に現れる現象として総体的に把握すべきであろう。

## 5　先行研究の事例と各論文の位置付け

本書では、国民国家の相対的な安定期ではなく、国民国家の融解が見られる「ポスト国民国家」状況におけるナショナリズムの変容を、言説および社会運動の次元、その背景にあるメディアの次元、視野を国外へと広げ海外との比較を含めた政治的次元、すなわち政党政治や制度的側面(政党やマイノリティ管理政策)について統合した研究を行い、その上でナショナリズムといくつかの知の系譜・思想の関係を検討し、「奇妙なナショナリズム」に対抗する知の模索を行う。グローバル化と新自由主義下のナショナリズムという歴史的文脈からその対象期間は、おおむね一九八〇年代から冷戦が終焉する一九九〇年代を経て現在に至るまでが中心となる。

第1章から第3章では、言説と社会運動の二つの次元から、「奇妙なナショナリズム」に見られる排外主義的な言説がいかに構築されてきたかについてインターネットや新聞などのメディアを中心にした分析と、それに対する対抗運動(カウンター)[17]についての分析がなされる。

伊藤論文では、リアルな動員へとつながる、排外主義的な「ネトウヨ(インターネット右翼)」的な言説が、いかにインターネットや保守論壇から形成されていったのか、が明らかにされる。伊藤の「ネトウヨ」についてのアカデミックな分析は類例を見ないものである。また情報化社会におけるナショナリズムの在り方の考察を促す論文である。

清原論文では、「奇妙なナショナリズム」の言説および社会運動レベルにおける現れである排外主義と歴史修正主義の関係に着目し、「歴史認識」について、マスメディアを素材に分析することで、「日本型排外主義」の生成のメカニズムを明らかにしている。

富永論文では、社会運動レベルにおける排外主義と前面で闘ってきたカウンター運動に分析の焦点があてられる。社会運動論の観点から、現代のカウンター運動がいかに形成されているのかを明らかにする。当事者による発言を除けば、カウンター運動を分析する研究は稀少であり、カウンター運動の持つ重要な含意を明らかにする射程を持っていよう。

第4章と第5章(18)では、海外の政党や公的な制度の次元における「奇妙なナショナリズム」についての分析がなされる。読者には日本とは異なる欧州や、多文化主義に積極姿勢を取っていたオーストラリア特有の文脈と同時に、問題の普遍性(グローバル性)について留意して頂きたい。

古賀論文では、欧州諸国における右派ポピュリズム政党の分析を通じて、欧州地域におけるナショナリズムの変容と政党政治への浸透、台頭のメカニズムについて論じられている。民主主義に対して持つ含意についても指摘されている。

塩原論文では、多文化主義を国民統合の原理としてきたオーストラリアにおいて、新自由主義の席巻に伴い、新自由主義的な多文化主義の論理と、かつての国民統合を夢みる排外主義的な「ゾンビナショナリズム」の結合が論じられる。庇護申請者に焦点を当てることで、公的な制度のレベルにおける「奇妙なナショナリズム」の浸透を論じた議論となっている。

第6章から第8章では、時に結合し批判しあってきたナショナリズムと他の三つの思想——「ナショナリズム批判」、保守主義、民主主義が、現代において、いかなる関係にあり、「奇妙なナショナリズム」に対抗する知たり得るのか、について議論する。

明戸論文では、加藤典洋と高橋哲哉、高橋哲哉と徐京植の二組の対論の分析を通じて、九〇年代の日本のナショナリズム批判において議論されたマジョリティの立場性に着目し、現在の日本の状況とどのように接続し得るか、を考察している。それは、九〇年代の「ナショナリズム批判」が現在の「奇妙なナショナリズム」に対する批判として有効性を持ち得るのか、をめぐる議論でもある。

五野井論文では、「保守」という言葉が濫用される現代において、日本の保守主義の系譜を明治期まで遡り丹念に追うことで、「奇妙なナショナリズム」が保守主義とは対抗関係にあることが論じられる。

山崎論文では、日本を念頭に、ポスト国民国家状況において噴出している様々な「政治的なもの」(友と敵の切り分け)を検討することで、国民国家に内包されてきた普遍化と特殊化のベクトルのバランスが崩れていることを指摘し、「奇妙なナショナリズム」をグローバル化と新自由主義の席巻という時代的文脈に位置付け直す。その上で、いかなる民主主義構想の組み合わせが新自由主義に対抗し得るのか、考察する。

## 注

（1）国民国家システムは近代に起源を持ち、現代において最も支配的な世界秩序である。国民国家システムは領域主権国家による世界分割(領域主権国家システム)を前提としている。領域主権国家とは、一定領域内において、対内的には最高で対外的には独立した権力である主権を有した国家である。その領域主権国家の編成原理を、国民を中心に変えた政治共同体が国民国家(nation state)である。国民国家とは、主権が及ぶ国家の領域内に、階層と地域によって分断されて暮らしていた多様な人々を、一体化した国民(nation)へと変えて形成された国家であり、国民は同じ国境線の内側で生活しているだけではなく、「神話と記憶、大衆的な公的文化、明示された故国、経済的統一性、全成員に平等な権利と義務を共有する、特定の名前を持つ集団」(Smith 1995)とされる。かかる各国民国家が相互に承認しあい構成されたシステムが、国民国家システムである。

（2）この過程はシティズンシップの制度化として把握できよう。Marshall and Bottomore(1950)参照。

（3）それは「シティズンシップの終焉」(Soysal 1994, 139–162)や「シティズンシップの再編」(Benhabib 2004, 129–169)でもある。

（4）insecurity の世界に投げ込まれた人々全てが境界線の政治へと参加する／できるとは限らず、また境界線の政治の全てが非合理的であるとも、民主主義や自由主義などの価値・規範に対して敵対的になるとも限らない。加えて境界線によって囲まれる複数の単位に所属しても境界線の政治は回避することはできない。境界線の政治を共同体(community)の喪失と模索として位置付けている Bauman(2001)も参照。

（5）一つの現象に中に多様な要素が混在して結合していることもある。例えば日本におけるヘイトスピーチデモは、排外主義、レイシズム、ナショナリズム、歴史修正主義の要素を抽出することが可能である。

（6）ナショナリズムにより構築された国民国家においても、一定領域において文化的、経済的、政治的な諸単位が予定調和的に結合した事実はなく、厳密には、相克はあっても相対的に安定し、多数派の人々に自明視されていた期間があった、ということである。しかし、あらゆる境界線の融解を促進し、文化的・経済的・政治的風景(scape)／共同性(imagined community)の乖離(disjuncture)をもたらすグローバル化と新自由主義は、諸単位の同一化を志向するナショナリズムを撹乱している。

（7）ナショナリズム論の先行研究の邦語によるレビューとしては、さしあたり大澤編(二〇〇二)、大澤ほか(二〇一四)、姜・大澤編(二〇〇九)、塩川(二〇〇八)参照。日本におけるヘイトスピーチをはじめとする排外主義の実態に迫ったものとして、安田(二〇一二)および樋口(二〇一三)を参照。安田は経済的社会的・精神的な不安定性にその要因を見出すが、樋口はアジア諸国間の国際関係やインターネットなどを中心に蓄積された排外主義的な言説の影響を重視する。本書は、両者の主張は二律背反ではなく両立し得ると考える。insecurity 感覚の構築は、社会的経済的安定層や高学歴層であっても逃れるとは限らない。また本書ではレイシズム(racism)を「人種、皮膚の色、国籍、民族的もしくは種族的出身、宗教、文化といった、自由意思による変更が困難とされる特性に基づき、区別や排除、制限により、人権及び基本的自由の行使を妨げる目的または効果を有するものを正当化する主義・思想や実践」と定義し、排外主義(chauvinism)を「他国に対する自国の優越性を誇ると同時に、自らの集団の外部と考える外国人、もしくは外国に起源を持つと考える人や考え、文化を嫌い排斥する主義・思想や実践」と定義する。

（8）既存の国家内の一定地域に集住する少数民族が「自治」を求める事例については、第六類型のナショナリズムと接近するがリージョナリズム(regionalism)として区別する。

（9）日本における「行動する保守」の社会運動では、国家の領土拡張や、現状の国家を越える超国家主義の主張はほぼ見られない。対照的に「在日は出ていけ」「外人は帰れ」という主張に見られるように、国家ではなく国民の範囲に係争課題は集中している。

(10) 現代日本の文脈におけるこのような現象を、対談中で「日本人の在日化」と表現したものとして姜・森巣(二〇〇二、一九五頁)参照。

(11) 日本でも「被害者」意識の傾向は、言説レベルから社会運動さらには政党レベルまで幅広く見られる。例えば「戦後日本は国際社会から不当に貶められてきた」という認識は、事の真偽とは別に、これに該当する。社会運動レベルでは「在日特権」という虚構を作ることで、「普通のマジョリティである日本人の権利」が「マイノリティの在日が得た特権」により脅かされている、という「被害者」意識を運動の基礎におく在特会の論理に典型的である。ジャーナリストの安田浩一のインタビューにおける、在特会の広報局長(当時)の「(在日は)権利ばかりを主張して日本人の生活を脅かす」「貧困で苦しむ日本人が年間三万人も自殺しているんですよ。しかし在日が自殺したって話など聞いたことがない。特権を享受しているんですよ」という発言にも強い「被害者」意識が現れている(金編二〇一四、三二頁)。類似の発言の記録として安田(二〇一二)の五一—九二頁を参照。

(12) 日本の文脈では、集団的自衛権の行使容認の閣議決定(二〇一四年七月一日)や特定秘密保護法の施行(二〇一四年一二月一〇日)など「敵」の脅威に対する積極的対策が取られる一方で、「友」である国民に対しては、高齢者医療費負担の増大、年金の受給開始年齢引き上げ、介護保険の範囲縮小というように、社会保障関連予算が削減されるなど、政府は対照的な対応をしている。社会運動レベルにおいても、たびたび日本人の生活保護受給者は「行動する保守」運動の批判の標的となってきた点も想起されたい。

(13) マイノリティに向けた「出ていけ」「死ね」というヘイトスピーチに対して、マジョリティへの「同化」を求める主張は僅少である。少数民族の国民への同化が、民族を越えより大きな国民共同体への同化という意味で普遍主義的契機を持つならば、他民族排斥の主張は普遍主義的契機を欠き、現状の国民共同体を縮小するものである。レイシズムについては、在特会を中心とする京都朝鮮学校襲撃事件(二〇〇九年一二月)に対して、京都地方裁判所が人種差別撤廃条約を根拠に、被告の不法行為を「人種差別」として認定したことを想起されたい。

(14) 社会運動のレベルで在特会という一組織に限定しても、これまで「在日」のみならず韓国・北朝鮮・中国をはじめ、民主党、社民党、共産党、宗教組織、脱原発運動、生活保護受給者、大手メディア、警察、学校関係者、原爆被災者など「敵」は多様性に富み、対象の変化の速さも激しい。

(15) 日常生活におけるナショナリズムを消費の観点から分析したものとして、吉野(一九九七)参照。

(16) 「サブ政治」を象徴する現象として、デモが日常化して政治が路上でも展開されていく「社会運動社会」の到来が挙げられよう。「サブ政治」についてはBeck(1991)参照。

(17) 初期のカウンター活動は神原(二〇一四)を参照。最初期の活動として、二〇一三年一月一二日から新大久保でKポップファンの若者たちによる抗議活動、その後結成された「レイシストをしばき隊」による「カウンター」が行われた。二月一七日のデモからは、沿道で「仲良くしようぜ」と書かれたプラカードを掲げる「プラカ隊」が登場し、「憎悪の連鎖は何も生まない」「奴らを通すな」といった標語を掲げる「ダンマク隊」、ヘイトスピーチデモのコース変更の署名を集める「署名隊」やマジョリティ／マイノリティ民族の友好を訴える風船を配る「風船隊」、関西では「友だち守る団」が結成される。この他にレイシストに対峙する「レイシストをしばき隊」の後継組織である「C.R.A.C(Counter-Racist Action Collective)」、「男組」、「女組」、「憂国我道会」、「のりこえねっと(ヘイトスピーチとレイシズムを乗り越える国際ネットワーク)」、「ヘイトスピーチと排外主義に加担しない出版関係者の会」など、多彩な「カウンター」活動を行う人々が結集していく。政治のレベルでは二〇一三年三月一四日に参議院会館で有田芳生議員が抗議集会を開催し、二〇一四年一〇月七日に国会答弁においてヘイトスピーチが取り上げられる事態になる。

(18) 本書では議論できなかったが、国際政治とナショナリズムのアリーナをめぐる議論は、各国におけるナショナリズム台頭の対内的／対外的要因、各国の相互作用の分析、ナショナリズムと安全保障から外交に至るまでの諸政策との関連をめぐる地域的および歴史的な研究の蓄積と、他のアリーナとの連動や乖離についての研究が進むことが望まれる。

## 文献一覧

鵜飼哲ほか（二〇一二）『レイシズム・スタディーズ序説』以文社。

大澤真幸編（二〇〇二）『ナショナリズム論の名著50』平凡社。

大澤真幸（二〇〇七）『ナショナリズムの由来』講談社。

大澤真幸・塩原良和・橋本努・和田伸一郎（二〇一四）『ナショナリズムとグローバリズム――越境と愛国のパラドックス』新曜社。

姜尚中・森巣博（二〇〇二）『ナショナリズムの克服』集英社新書。

姜尚中・大澤真幸編（二〇〇九）『ナショナリズム論入門』有斐閣。

神原元（二〇一四）『ヘイト・スピーチに抗する人びと』新日本出版社。

金尚均編（二〇一四）『ヘイト・スピーチの法的研究』法律文化社。

塩川伸明（二〇〇八）『民族とネイション――ナショナリズムという難問』岩波書店。

塩原良和（二〇一二）『共に生きる――多民族・多文化社会における対話』弘文堂。

杉田敦（二〇〇五）『境界線の政治学』岩波書店。

高橋哲哉（二〇〇一）『思考のフロンティア　歴史／修正主義』岩波書店。

樋口直人（二〇一三）『日本型排外主義――在特会・外国人参政権・東アジア地政学』名古屋大学出版会。

安田浩一（二〇一二）『ネットと愛国――在特会の闇を追いかけて』講談社。

吉野耕作（一九九七）『文化ナショナリズムの社会学――現代日本のアイデンティティの行方』名古屋大学出版会。

Anderson, Benedict (1991) *The Imagined Communities*, Verso, 2nd(白石さや・白石隆訳『想像の共同体――ナショナリズムの起源と流行』増補版、ＮＴＴ出版、一九九七年).

Appadurai, Arjun (1996) *Modernity at Large*, University of Minnesota Press(門田健一訳『さまよえる近代――グローバル化の文化研究』平凡社、二〇〇四年).

Balibar, Etienne, and Immanuel Wallerstein (1990) *Race, nation, class*, Decouverte(若森章孝他訳『人種・国民・階級』大村書店、一九九五年).

Bauman, Zygmunt (2001) *Community: Seeking Safety in an insecure World*, Polity Press(奥井智之『コミュニティ――自由と安全の戦場』筑摩書房、二〇〇八年).

Beck, Ulrich (1991) *Die Erfindung des Politischen*, Suhrkamp.

Benhabib, Seyla (2004) *The Rights of Others: Aliens, Residents, and Citizens*, Cambridge University Press(向山恭一訳『他者の権利――外国人・居留民・市民』法政大学出版局、二〇〇六年).

Bleich, Eric (2011) *Freedom to be Racist?*, Oxford University Press(明戸隆浩他訳『ヘイトスピーチ――表現の自由はどこまで認められるか』明石書店、二〇一四年).

Brubaker, Rogers (1996) *Nationalism Reframed: Nationhood and the National Question in the New Europe*, Cambridge University Press.

Hage, Ghassan (2003) *Against Paranoid Nationalism: Searching for Hope in a Shrinking Society*, Melrin Press Ltd(塩原良和訳『希望の分配メカニズム――パラノイア・ナショナリズム批判』御茶の水書房、二〇〇八年).

Harvey, David (2007) *Neoliberalism, A Brief History of Neoliberalism*, Oxford University Press(渡辺浩監訳『新自由主義――その歴史的展開と現在』作品社、二〇〇七年).

Hutchinson, John, and Anthony D. Smith, eds. (1995) *Nationalism*, Oxford University Press.
Imig, Doug, and Sidney Tarrow (2001) *Contentious Europeans: Protest and Politics in an Integrating Europe*, Rowman & Littlefield.
Marshall, Thomas H., and Tom Bottomore (1950) *Citizenship and Social Class*, Oxford University Press(岩崎信彦・中村健吾訳『シティズンシップと社会的階級——近現代を総括するマニフェスト』法律文化社、一九九三年).
Miller, David (1997) *On Nationality*, Oxford University Press(富沢克・長谷川一年・施光恒・竹島博之訳『ナショナリティについて』風行社、二〇〇七年).
Mudde, Cas (2007) *Populist Radical Right Parties in Europe*, Cambridge University Press.
Smith, Anthony D. (1995) *Nation and nationalism in Global Era*, Polity Press.
Soysal, Yasemin Nuhoglu (1994) *Limits of Citizenship*, The University of Chicago Press.
塩川伸明ホームページ http://www7b.biglobe.ne.jp/~shiokawa/
塩川伸明「読書ノート　大澤真幸「ナショナリズムの由来」」http://www7b.biglobe.ne.jp/~shiokawa/books/oosawa.htm(二〇一四年一二月一六日閲覧)

# 第1章　ネット右翼とは何か

伊藤昌亮

## はじめに

「在日特権を許さない市民の会(在特会)」の存在を広く世に知らしめることとなった書籍が『ネットと愛国』と題されていたことからも窺われるように、昨今の日本の排外主義運動とネットとの結び付きは強い(安田二〇一二)。その点を端的に表しているのが「ネット右翼」なる語だろう。ネット上で保守的・愛国的な言動を攻撃的に繰り広げる匿名の人々を指す語だ(1)。

今日の社会運動は必ずしも街頭などのリアルな場のみで繰り広げられるものではなく、リアルな次元とネット上の次元とが複合した場で多層的に繰り広げられるものへと変容しつつある。そこではネットという存在が、運動を促進するためのツールとして道具的に用いられるばかりでなく、運動を発現するための場そのものとしてむしろ目的的に捉えられる。いいかえれば、それは街頭での運動という目的に従属するものではなくなり、そうした目的そのものを押し広げるものとなりつつある(伊藤二〇一二、Earl et al. 2013)。

こうした見方からすればネット右翼、もしくはネット右翼的な志向性をもつ人々もまた、街頭でヘイトスピーチをまき散らす人々と同様、その程度の差こそあれ、昨今の排外主義運動の重要な担い手として位置づけることができるのではないだろうか。

とはいえ、リアルな運動参加者とネット上のみの運動参加者とでは、運動へのコミットメントの程度に大きな違いがあるだろう。そのためネット右翼の部分に注目するだけでは、この運動の中核的な部分に踏み込むことはできないと見られるかもしれない。

しかし一方で、昨今の排外主義運動の特徴の一つは、その裾野の広さゆえの根深さにあると見られる。たとえば反原発運動などのデモでは、多いときには数万人規模のリアルな参加者がいるが、排外主義運動のデモではせいぜい数百人程度の参加者しかいない。にもかかわらずこの運動がこれだけの持続力と訴求力をもちえているのは、その裾野の広さ、一説には一〇〇万人以上もいると言われるネット右翼、もしくはネット右翼的な志向性をもつ人々の広がりのゆえだろう(山本二〇一三、津田二〇一四)。

また、街頭でまき散らされるヘイトスピーチにしても、そこで用いられている話法やその背後にある発想のいくつかは、そもそもリアルな場で用いられていたものではなく、ネット上で盛んに用いられていたものがリアルな場に持ち出されてきたものだ。「氏ね!」という2ちゃんねる語の濫発がリアルな場での「殺せ!」の濫用に変じたと見ることもできるだろうし、特に初期のデモではアスキーアート（2ちゃんねるで見られる活字アート）がプラカードに書き込まれるようなこともよくあった。[2]

こうして見るとネット右翼という存在は、量的な面でも質的な面でも昨今の排外主義運動の基盤となり、土壌となっていると捉えることができるだろう。さらに言えば、むしろネット右翼の部分こそがこの運動の本体を成し、実質を成していると捉えることもできるかもしれない。街頭でのヘイトスピーチは、いわばネット上の罵詈雑言や誹謗中傷がリアルな場へと溢れ出し、実際の音声として発現するに至ったものだと見ることもできるのではないだろうか。

社会学者のA・メルッチによれば、今日の社会運動は潜在性と可視性という二つの局面をもっている。目に見えるところで繰り広げられる可視性の局面は運動全体のごく一部、その巨大な氷山のほんの一角を成しているにすぎず、その海面下には広大な潜在性の局面、「意味のネットワーク」と呼ばれる領域が広がっている（Melucci 1989）。こうした見方からすれば、「意味のネットワーク」としてのネット右翼の部分に注目することにより、むしろ昨今の排外主義運動のより根源的な部分に踏み込むことができるのではないだろうか。

## 1　「誰か」から「何か」へ

ではネット右翼とは誰だろうか。どのような人々が実際にネット上で保守的・愛国的な言動を攻撃的に繰り広げているのだろうか。この問いに答えるためにこれまでさまざまな憶測や邪推がなされ、いくつかの調査が行われてきた(近藤他編二〇〇七、別冊宝島編集部編二〇〇八、辻二〇〇八・二〇〇九・二〇一一、菅原二〇〇九、SAPIO編集部編二〇一二、古谷二〇一三a・二〇一四、安田二〇一二、安田他二〇一三a、津田他二〇一三、樋口二〇一四)。しかし、そこから一貫した答えが得られたとは言い難い。

多くの言説によれば、ネット右翼を構成しているのはいわゆる「負け組」の人々であるとされる。低学歴・低収入の者、社会的にも経済的にも下層に属する者が多く、フリーター、ニート、引きこもりなどの若者も多いという。はては童貞の割合も高いという(近藤他編二〇〇七、小林二〇一一、SAPIO編集部編二〇一二、安田他二〇一三a、津田他二〇一三)。こうした半ば戯画的な「底辺イメージ」は、「ネトウヨ」という一種の蔑称とともにいわば都市伝説的に流布されてきたという側面を多分にもっているが、しかしそうしたイメージをあえて引き受けたうえでなされる保守的・愛国的な言動もまた多く、単なる都市伝説ということで簡単に片付け切れない側面も同時にもっている。

一方でいくつかの調査によれば、ネット右翼をこうした底辺イメージに結び付けて語るのは決定的に誤りである。実際にはむしろ高学歴・高収入の者、中間層の中でも比較的裕福で、社会的地位の高い層に属する者が多いとされる。一般の社会構成と比べると、専門職従業者の割合が高く、自営業者の割合は非常に高いという。また、2ちゃんねるやニコニコ動画に四六時中しがみついている若者という都市伝説的なイメージとは裏腹に、実際には新聞やテレビを含む多様なメディアに接し、適正なバランス感覚を備えた、平均年齢四〇歳弱の成熟した社会人が多いという報告もなされている(古谷二〇一三a・二〇一四、樋口二〇一四)。「ネット右翼とは誰か」という問い、すなわち運動参加者の実態を推定するというアプローチからは、必ずしも一貫した答えが得られたとは言い難い。結局、そこにはどこまで行っても解消されない矛盾があり、不整合があり、噛み合わなさがある。

そこで本論では問いの立て方を変え、「誰か」ではなく「何か」をあらためて問うことを試みたい。つまり「ネット右翼とは何か」という問い、ネット右翼という概念はどのようにして成立し、定着し、広がってきたのかという問いである。そこではネット右翼を実体的な運動参加者としてよりも、むしろ構成的な運動言説、より正確に言えば「集合行為フレーム」として捉え、その成り立ちを記述するというアプローチをとる。その際、そこに矛盾や不整合や噛み合わなさがあっても一向にかまわない。なぜならそれらもまたこの言説の、そしてフレームの本質的な一部であると捉えることができるからだ。

集合行為フレームとは、「生活世界や全体世界の中の出来事を人々が位置づけ、知覚し、識別し、ラベルづけするための解釈図式」である(Snow et al. 1986)。さらにそこに「集合的アイデンティティ」(われわれ意識)、および「エージェンシー意識」(行為志向性・変革志向性)が組み込まれたものとして定義されることもある(Gamson 1992)。

昨今の排外主義運動のケースに当てはめてみれば次のようになるだろう。人々は身のまわりの出来事やニュースで知った出来事を捉える際、「嫌韓」なり「在日特権」なりという図式に当てはめて解釈することによって、それらの出来事を自分たちの意識の中に位置づけ、ラベルづけする。その際、彼らは「日本人」という、あるいはその中のより特定的な「われわれ意識」、すなわち集合的アイデンティティの側からそれらを捉える。しかも単に静的に捉えるのではなく、自分たちの側から何らかの行為を起こしていこう、変革を起こさなければならないとする志向性、すなわちエージェンシー意識のもとでそれらを捉える。そうした枠組み(フレーム)の中でそれぞれの出来事を、そして世界を捉えようとする構えに共鳴した者が集合行為に参与し、運動に参加する。

ネット上ではさまざまな出来事をきっかけに、いわゆる「炎上」が起きることがよくある。その際、特に保守的・愛国的な言動が攻撃的に繰り広げられることが多い。そうしてなされるネット右翼的な言動は、炎上の際の半ば定番的な物言いとして、いわゆる「テンプレート化」されている嫌いがある(伊藤二〇一四)。その際、そこではこうした集合行為フレーム、いわば「ネット右翼フレーム」が強力に立ち働き、その枠組みの中で出来事を捉えようとする者たちによる集合行為が形成されていると言えるだろう。

## 2　ネット右翼フレームの構成要素

ではここでネット右翼フレームの内実を定義しておこう。さまざまな論点から定義することが可能だろうが、ここではあえて操作的に、以下に挙げる四つの構成要素が組み合わされたものとしてそれを定義しておきたい。その際、社会運動を定義するにあたってよく用いられる三つの視点に準拠してそれぞれの要素を位置づけることとする。①主体のアイデンティティ、つまり誰が運動をするのかという視点、②敵手、つまり誰に対して運動をするのかという視点、③係争課題、つまりいかなる状況をめぐり、いかなる争点を掲げて運動をするのかという視点である(Touraine 1973)。

第一の構成要素として「嫌韓」が挙げられるだろう(山野二〇〇五、別冊宝島編集部編二〇〇五、桜井二〇〇九・二〇一四、安田二〇一二)。これは②敵手の設定に当たるものだろう。従来型の保守論壇、既成保守論壇とネット右翼とが大きく異なっている点は、前者が旧ソ連・ロシア、中国、北朝鮮、日教組や民主党に代表される国内左派などを広く敵対視していたのに対して、後者はひたすら韓国を激しく敵視しているという点だろう(古谷二〇一三a、樋口二〇一四)。中国や国内左派が攻撃対象となることもそれなりにあるが、それらに対する敵意はどちらかといえば付随的なものだ(左派系メディアに対する場合を除く)。敵手のこうした設定が恣意的で根拠のないものであろうとなかろうとそのこと自体はあまり重要ではなく、あくまでもこの図式に当てはめて世界を解釈しようとする構えがネット右翼には広く共有されている。

第二の構成要素として「在日特権」が挙げられるだろう(山野二〇〇六a、別冊宝島編集部編二〇〇六、桜井二〇一〇・二〇一三、安田二〇一二)。これは③係争課題の設定に当たるものだろう。「在日特権を許さない市民の会」という名称にも明確に表されているように、在日コリアンの隠された特権を暴くというモチベーションが昨今の排外主義運動の、そしてネット右翼のエージェンシー意識を強く構成している。こうした問題設定は既成保守論壇には見られなかったものだ。それどころか「在日特権」なる語そのものが既成保守論壇の語彙には存在しない(野間二〇一三、樋口二〇一四)。それが実体のない虚構であろうとなかろうと、したがって係争課題のこうした設定が恣意的で根拠のないものであろうとなかろうとそのこと自体はあまり重要ではなく、あくまでもこの図式に当てはめて世界を解釈しようとする構えがネット右翼には広く共有されている。

次に、①主体のアイデンティティの設定に当たるものだが、もちろん「日本人」という基本的な「われわれ意識」をそこに想定することはできる。しかしそれだけでは物足りないように思われる。というのもネット右翼的な過激な言動は、日本人だからというだけで誰にでも自然になされうるものではないと考えられるからだ。それはより特定的な何らかの態度なり立場なりの集合的な合意を経て、その枠組みの中でこそ初めてなされうるものなのではないだろうか。いいかえれば、何らかの態度なり立場なりを自分たちが共有していることを相互に自己規定したうえで、初めて可能になるものなのではないだろうか。そうした観点から、残りの二つの構成要素を挙げておきたい。

まず第三の構成要素として「攻撃的態度(もしくは虚勢)」が挙げられるだろう。「ゴキブリをぶっ殺せ!」「朝鮮人は全員死ね!」などの暴力的な、半ば犯罪的な憎悪表現は、そうした言動を行ってもよい、それどころかむしろ行うべきであるという集合的な合意がなければ、通常はなかなかなしえないものだろう。攻撃的態度を取らなければならない、取るべきであるという相互の自己規定の中に自らを置いたうえで彼らは、そこで自分たちを鼓舞し合い、扇動し合い、非日常的でどこか異次元的な憎悪表現に向かって激しくけしかけ合っているかのように見える。そうした攻撃的態度、もしくは攻撃的虚勢を取ろうとする構え、そうしたキャラクター設定の中でともに行動しようとする構えがネット右翼には広く共有されているのではないだろうか。

次に第四の構成要素として「底辺的立場(もしくは擬態)」が挙げられるだろう。低学歴・低収入、さらにフリーター、ニート、引きこもりなどのレッテルはネット右翼の通俗的なイメージとして広く喧伝されているものだが、たとえそれらが都市伝説的に流布しているだけのものだとしても、一方でそうしたレッテルの中でだからこそ可能になるような言動もある。そうした底辺イメージを彼らはときに戯画的に引き受けつつ、負け組的な立場に開き直ることによって破れかぶれの放言を正当化しようとしたり、格差社会論的な見地を利用しながら在日特権を批判したりする。そうした底辺的立場、もしくは底辺的擬態を取ろうとする構え、そうしたキャラクター設定の中でともに行動しようとする構えがネット右翼には広く共有されているのではないだろうか。

このようにネット右翼フレームは、嫌韓、在日特権、攻撃的態度(もしくは虚勢)、底辺的立場(もしくは擬態)という四つの構成要素が組み合わされたものとして成り立っていると定義される。その成り立ちを記述することが本論の目的だが、そのための作業に進む前に、まずこのフレームの一般的な性格に言及しておきたい。

ネット右翼フレームはいわばボロボロの集合行為フレームである。嫌韓という敵手の設定、在日特権という係争課題の設定はいずれも恣意的で根拠のないものであり、それゆえに合理的な説得力に欠ける。さらに攻撃的態度(もしくは虚勢)、底辺的立場(もしくは擬態)という集合的アイデンティティの設定はどこかリアリティに欠けるものだ。攻撃的態度における暴力的なキャラクター設定と底辺的立場における戯画的なキャラクター設定との間にはどこか齟齬があり、亀裂がある。加えていずれのキャラクター設定も過度にデフォルメされていて、どこか非現実的、さらに言えばマンガ的なところがある。

このように、この集合行為フレームにはどこまで行っても解消されない矛盾があり、不整合があり、嚙み合わなさがある。にもかかわらずこのフレームが長きにわたって多くの人々を共鳴させ、共感させてきたのはなぜなのだろうか。その点を解き明かすことがまた本論の目的の一つだ。

## 3　2ちゃんねる文化と新保守論壇

集合行為フレームの分析を通じて社会運動を分析する際、スノウらは運動組織との関係に注目し、あるフレームが運動組織の戦略の中でどのように調整されてきたのかを分析することを通じて、運動がいかに支持されてきたのかを論じた(Snow et al. 1986)。一方で荻野は言説環境との関係に着目し、あるフレームが言説環境の構成の中でどのように構築されてきたのかを分析することを通じて、運動がいかに形成されてきたのかを論じた(荻野一九九八・二〇〇二)。なおここでいう言説環境とは、運動がどのように語られるのかを規定し、運動言説を成り立たせるための環境的な条件となる言説状況、言説上の布置を意味する。

ネット右翼フレームの成り立ちを記述するというアプローチからすれば、ふさわしいのは後者の立場だろう。そこで本章では荻野の立場に倣い、同時代の言説環境のコンテクストの中からネット右翼フレームがどのようにして成立し、定着し、広がってきたのかを記述するというアプローチをとる。

ではここで言説環境の内実を定義しておこう。ネット右翼フレームの場合と同様、やはりさまざまな論点から定義することが可能だろうが、ここではやはり操作的に、二つの言説空間から構成されるものとしてそれをまず定義しておきたい。「2ちゃんねる文化」と「新保守論壇」である。つまりネット右翼フレームとは、2ちゃんねる文化と新保守論壇という二つの言説空間から構成される言説環境のもとで、両者が関係し、交流し、反応し合う中から構築されてきたものであると定義される。なお言説空間とは、特定の思想的傾向と、それを表出するための特定のメディアとの結び付きによって形成される一まとまりの言説活動の場を意味する。

2ちゃんねる文化とは、特にネットというメディアを通じて形成されてきた言説空間である。一方で新保守論壇は、組織活動における街頭演説、講演会、機関誌などの特定的なメディアと、雑誌、書籍、マンガ、ムック、ネットなどのより一般的なメディアとを含む、多種多様なメディアを通じて形成されてきたより広範な言説空間である。ネット右翼フレームは特にネットというメディアの中で成立し、定着し、広がってきたものではあろうが、その成り立ちにはさまざまなメディアにおける言説状況との相互作用や補完作用が関わっていると見られる。そのため本論ではネット上の言説空間に限らず、多種多様なメディアにおける言説空間の動向に幅広く目を向けていきたい。

ネット上の掲示板サイト、2ちゃんねるは一九九九年に成立した。二〇〇〇年頃からその活動を活発化させ、やがて独自の文化規範を伴った固有の言説空間をそこに生み出すに至る。当時、その思想的な支えとなっていたのは後述するように、特に「反マスメディア」という特異な思想的傾向だった(実際、「2ちゃんねる」という名称の由来の一つとして、それがビデオやゲームのためのチャンネルであることからテレビのオルタナティブを意味する、という解釈もある(インターネット協会監修二〇〇一))。

その後、二〇〇二年に開催された日韓共催ワールドカップサッカーを一つのきっかけにネット右翼的な傾向、つまりネット上で保守的・愛国的な言動を攻撃的に繰り広げるという態度や行動がそこにしばしば見られるようになる。ネット右翼という語が一般に用いられるようになったのは二〇〇五年頃からのことだ。この間、掲示板上のやりとりから派生してリアルな場で行われる大規模なオフ会、いわゆる「2ちゃんねるオフ」が徐々に右傾化し、保守的・愛国的なメッセージ性を伴ったデモとしての様相を帯びるようになっていく。その後、二〇一一年にはフジテレビなどを標的に、掲示板上の過熱したやりとりから派生した大規模な反韓デモが立て続けに開催され、ネット右翼的な態度や行動が大々的に表明されるようになった(古谷二〇一二・二〇一三a、村上二〇一四、伊藤二〇一一)。こうして見ると、やはりよく言われているように2ちゃんねる文化という言説空間を、ネット右翼フレームの源流の一端に位置するものとして捉えることができるだろう。

一方、新保守論壇は一九九〇年代半ば頃からその姿を現し始め、二〇〇〇年代半ば頃からその活動を活発化させてきた。その母胎となったのは従来型の保守論壇、既成保守論壇である。それは戦後日本の言論文化の中で長きにわたって独自の位置を占めてきた固有の言説空間であり、主として雑誌、書籍、組織活動などのメディアを通じて形成されてきた広範な言説空間である。雑誌には主なものに『諸君!』(一九六九〜二〇〇九、文藝春秋)、『正論』(一九七三〜、産業経済新聞社)、『Ｗｉｌｌ』(二〇〇四〜、ワック)など、いわゆる保守論壇誌の系統がある。それらの雑誌でのさまざまな議論から派生するかたちでさまざまな書籍も刊行された。組織としては、たとえば「日本会議」(一九九七)、およびその源流に位置するものとして「日本を守る会」(一九七四〜九七)、「日本を守る国民会議」(一九八一〜九七)などが挙げられる(古谷二〇一三a・二〇一四、上丸二〇一一、大嶽一九九六)。

この既成保守論壇から派生するかたちで、あるいはそれが変質・変容するかたちで生まれてきたのが新保守論壇である。そのきっかけとなり、思想的な支えとなっていたのは一九九〇年代半ば頃から興隆してきた歴史修正主義だった(3)。なおこの「新保守論壇」という呼び方は通常、必ずしもこの時期に生まれてきた保守論壇を指すものとして用いられるわけではなく、さまざまな意味で用いられることがあるが、本論では特に一九九〇年代半ば頃に、歴史修正主義の思想に支えられて生まれてきた新しい保守論壇を指すものとして用いる(4)。

ネットの普及と同時期に、そして2ちゃんねる文化の成立・成熟と歩みを揃えながら陣容を整えてきたこの新しい言説空間を、ネット右翼フレームの源流のもう一端に位置するものとして捉えることができるだろう。ただし新保守論壇は2ちゃんねる文化に比べると、はるかに規模が大きく、範囲が広く、複雑に構成された言説空間である。それはいくつかの下位言説空間から構成される複合的な言説空間として成り立っている。そのため、ここで新保守論壇の内実を定義しておこう。これもまたさまざまな論点から定義することが可能だろうが、ここではやはりまた操作的に、以下に挙げる四つの下位言説空間から構成されるものとしてそれを定義しておきたい。以下、それぞれの言説空間について詳しく見ていこう。

## 4　新保守論壇を構成する言説空間

第一の言説空間として「行動する保守」が挙げられる。既成保守論壇があくまでも言論の場として構成され、「語る」運動」として展開されてきたものであったのに対して、デモ、署名活動、募金活動などの市民運動的なスタイルをそこに持ち込み、「「行動する」運動」として保守論壇の議論を刷新していこうとする動きが一九九〇年代半ば頃から現れ、二〇〇〇年代半ば頃から特に盛んになった(主権回復を目指す会二〇〇七)。組織活動、ネット、衛星放送、雑誌などのメディアを通じて形成されてきた言説空間である。組織としては「維新政党・新風」(一九九五〜、初代代表・魚谷哲央)、

「NPO法人外国人犯罪追放運動」(二〇〇四〜、代表・有門大輔)、「主権回復を目指す会」(二〇〇六〜、代表・西村修平)、「在日特権を許さない市民の会」(二〇〇七〜、代表・桜井誠)などがある。これらの組織の源流には外国人排斥をはっきりと標榜していた極右組織「国家社会主義者同盟」(一九九一〜、初代代表・篠原節)がある。またこれらの組織の中でさまざまな動きに関わってきたキーパーソンの一人として瀬戸弘幸がいる。これらの組織は街頭演説、講演会、機関誌などのメディアのほか、特にネットを積極的に活用して言論活動を展開してきた。それぞれの組織の公式ウェブページに加えて、運動の主導者による言論ブログがある。瀬戸弘幸の「世界戦略」(一九九七〜)、「極右評論」(二〇〇五〜〇七)、「せと弘幸BLOG「日本よ何処へ」」(二〇〇七〜)、桜井誠の「不思議の国の韓国」(二〇〇三〜)、「Doronpaの独り言」(二〇〇三〜)などだ。さらにこれらの言論活動の有力な支えとなってきたメディアの一つとして衛星放送局「日本文化チャンネル桜」(二〇〇四〜、代表・水島総)が挙げられる(野間二〇一三、安田二〇一二、村上二〇〇九、桜井二〇一三・二〇一四、瀬戸二〇〇〇・二〇〇七、篠原他一九九〇)。

第二の言説空間として「サブカルチャー保守」が挙げられる。既成保守論壇が主に論文や批評という旧来の表現形式によって言論の場を作ってきたものであるのに対して、マンガやムックなど、サブカルチャー分野におけるより親しみやすい表現形式により、特に若者向けに保守論壇の議論を広げていこうとする動きが一九九〇年代半ば頃から現れ、二〇〇〇年代半ば頃から特に盛んになった。マンガ、ムック、雑誌、アニメなどのメディアを通じて形成されてきた言説空間である。マンガには主なものに小林よしのりの『新・ゴーマニズム宣言』(一九九五〜、小学館『SAPIO』連載)、『新・ゴーマニズム宣言SPECIAL 戦争論(1〜3)』(一九九八〜二〇〇三、幻冬舎)、山野車輪の『マンガ嫌韓流(1〜4)』(二〇〇五〜〇九、晋遊舎)などがある。ムックには主なものに『日本人と韓国人・反日嫌韓50年の果て』(一九九五、小学館『SAPIO』別冊)、『別冊宝島Real 北朝鮮利権の真相(1〜2)』(二〇〇三〜〇四、宝島社)、『別冊宝島・マンガ嫌韓流の真実!』(二〇〇五、宝島社)、『別冊宝島・嫌韓流の真実! ザ・在日特権』(二〇〇六、宝島社)、『嫌韓流実践ハンドブック(1〜2)』(二〇〇六、晋遊舎)などがある。また、隔月で刊行されているムックとして『ジャパニズム』(二〇一一〜、青林堂)がある。これらのムックには桜井誠なども数多くの記事を執筆しており、上述の「行動する保守」との接点もある。なおこれらの刊行元である宝島社、青林堂はそれぞれ一九七〇年代、六〇年代から活動を続けてきたサブカルチャー分野の草分け的な出版社である。さらにこれら一連の動きの起点となった雑誌として『SAPIO』(一九八九〜、小学館)が挙げられる(野間二〇一三、近藤他編二〇〇七)。

第三の言説空間として「ビジネス保守」が挙げられる。既成保守論壇が主に政治的・社会的なテーマに即して言論の場を作ってきたものであるのに対して、経済・産業・金融などのテーマに即して特にビジネスマン向けに保守論壇の議論を広げていこうとする動きが二〇〇〇年代半ば頃から盛んになった。雑誌、書籍、組織活動、ネットなどのメディアを通じて形成されてきた言説空間である。雑誌の分野は既成保守のいわば傍流として古くから存在していたが、書籍や組織活動の分野は二〇〇〇年代半ば頃から特に盛んになった。雑誌には『Ｖｏｉｃｅ』(一九七八〜、ＰＨＰ研究所)、『ＷＥＤＧＥ』(一九八九〜、ウェッジ)などがある。書籍には主な著者として経済評論家の三橋貴明、渡邉哲也、上念司などがいる。特に三橋は処女作の『本当はヤバイ！韓国経済』(二〇〇七、彩図社)以降、現在までに七〇点を超える単著を発表しているほか、ブログ、メールマガジン、ＹｏｕＴｕｂｅ公式チャンネルなどでも幅広く言論活動を展開している。組織としては、たとえば日本青年会議所(ＪＣ)などが挙げられる。政治団体ではなく、自営業者を中心とする若手経済人による社会活動のための組織だが、特に二〇〇〇年代半ば頃から保守的・愛国的なメッセージを掲げた啓蒙活動を積極的に展開してきた。二〇一〇年代になると「自覚と気概をもった新しい日本の創造」(二〇一三)、「成熟したナショナリズムによる国民意識の確立」(二〇一五)などの基本方針を掲げるようになる。また、歴史教育・道徳教育のための教材として二〇〇六年には「誇り〜伝えようこの日本のあゆみ〜」、二〇〇五年には『学の夏休み』というアニメを制作しており、上述のサブカルチャー保守との接点もある[5]。

第四の言説空間として「ブログ保守」が挙げられる。上記のいずれの言説空間もネットとの関係を持ち、それぞれの活動を展開するためのメディアの一つとしてブログを活用してきたが、一方で組織活動とは無縁の一般の個人がブログを開設し、保守論壇の議論を広めていこうとする動きが二〇〇〇年代半ば頃から盛んになった。言論ブログと、いわゆる「まとめサイト」(アフィリエイト・ブログ)とを通じて形成されてきた言説空間である。言論ブログには上述の「行動する保守」の指導者などによるもののほか、「二階堂ドットコム」(二〇〇四〜)、「ねずさんのひとりごと」(二〇〇八〜)などがある。これらのブログには主としてブロガーのオリジナルな意見が掲載されるが、一方のまとめサイトにはネット上の既存の情報がさまざまなソース、特に2ちゃんねるから転載される。その多くはアフィリエイト収入を上げるという営利上の目的を持っているため、ページビューを稼ぐためにあえて扇情的な議論を仕掛けて炎上を起こそうとする。そのために保守的・愛国的なトピックを利用するという手法に目を着けた一般のまとめサイトが次第に右傾化していった。その主なものに「ハムスター速報」、「痛いニュース」(二〇〇五〜)、「アルファルファモザイク」(二〇〇六〜)、「政経ｃｈ」(二〇一〇〜)などがある。さらにその後、そうしたトピックに特化した専門のまとめサイトが登場してきた。その主なものに「国民が知らない反日の実態」(二〇〇七〜)、「ネトウヨにゅーす」(二〇〇九〜)、「保守速報」(二〇一〇〜)、「笑韓ブログ」(二〇一〇〜)、「大艦巨砲主義！」(二〇一一〜)、「中国・韓国・在日崩壊ニュース」(二〇一一〜)、「U−1速報」(二〇一一〜)、「キムチ速報」(二〇一一〜)などがある(古谷二〇一三a、清水二〇一四)。

このように新保守論壇は、「行動する保守」、サブカルチャー保守、ビジネス保守、ブログ保守という四つの下位言説空間から構成されるものとして成り立っていると定義される。これらの言説空間と2ちゃんねる文化とが関係し、交流し、反応し合う中から、嫌韓、在日特権、攻撃的態度(もしくは虚勢)、底辺的立場(もしくは擬態)という四つの構成要素が組み合わされたものとして、ネット右翼フレームが構築されてきたと考えられる。ではそれはどのようにして成立し、定着し、広がってきたのだろうか。

その経緯を明らかにすることが本論の目的だが、しかし紙数の都合上、これら四つの構成要素のすべてについてここで論じることはできない。そこで本論ではこれらの中でも特に基本的なもの、すなわち敵手の設定に当たるものとしての嫌韓、係争課題の設定に当たるものとしての在日特権の二つのみについて論じる。なおその際、新保守論壇を構成する言説空間のうち、特に「行動する保守」、サブカルチャー保守と2ちゃんねる文化との間の交流が扱われることとなる。主体のアイデンティティの設定に当たるものとしての攻撃的態度(もしくは虚勢)、底辺的立場(もしくは擬態)の二つの構成要素、およびビジネス保守、ブログ保守の二つの言説空間については、また稿を改めて論じることとしたい。

## 5　反マスメディアフレームの成立

特にその成立直後の時期、2ちゃんねるでは保守的・愛国的なイデオロギーがことさら優勢だったわけではない。そのことを示す一つの証左として、当時2ちゃんねるで流行していたコンテンツ「ニホンちゃん」を挙げることができるだろう。「ニホンちゃん」とは二〇〇一年に2ちゃんねるの「ニュース速報板」から生まれた「国際情勢風刺寓話集」である。国際情勢に関するニュースをもとに、世界の国々を擬人化したキャラクター設定を用いて匿名の投稿者たちがさまざまなショートストーリー、イラスト、マンガなどを創作する。その後の「電車男」などに代表される2ちゃんねるでの集合的創作の原型となったコンテンツである。

そこには「五年地球組」の生徒として日本を擬人化した「ニホンちゃん」のほか、「カンコくん」(韓国)、「チューゴくん」(中国)、「アメリーくん」(アメリカ)、「ロシアビッチくん」(ロシア)などが登場する。そこで「カンコくん」は一種の敵役としての役回りを与えられてはいたものの、決して憎々しい悪役としてではなく、むしろ「愛すべきトリックスター」として描くことがキャラクター設定上の約束事とされていた。また、「ニホンちゃん」の弟には「ウヨくん」がいる一方で、その従妹には「サヨちゃん」、おじには「サヨックおじさん」がおり、左右のイデオロギーのバランスを取ることが目論まれていた(ニホンちゃんファンクラブ二〇〇六)。こうした点から見ると、当時の2ちゃんねるには嫌韓という強烈な敵意は存在せず、イデオロギー的に見てもそこはむしろ中立的な場だったと言えるだろう。

とはいえ、当時の2ちゃんねる文化の中に思想的な志向性がまったく存在していなかったわけではない。むしろ2ちゃんねる全体を貫いて、ある強烈な思想的傾向が広く共有されていた。それは政治的なものというよりもむしろ社会的なものであり、一種の反権威主義の思想だった。特に「反マスメディア」というアジェンダの中にそうした思想が集約され、表現されていた。いいかえれば当時の2ちゃんねるは、反マスメディアという思想に貫かれた言説実践の場としての側面を強く持っていた。

しかもそうした思想は単なる言論としてではなく、一種のエージェンシー意識を伴った営為として、つまり一種の社会運動として成り立っていた。いいかえればそこには一種の集合行為フレーム、いわば「反マスメディアフレーム」が存在していた。当時の2ちゃんねらーには、そうした枠組みの中でそれぞれの出来事を、そして世界を捉えようとする構えが広く共有されていたと言えるだろう。そこでは敵手、係争課題、および主体のアイデンティティの明確な設定が広く共有されていた。

そこで敵手として設定されていたのは、朝日新聞、NHK、フジテレビなどである(北田二〇〇五、伊藤二〇一一)。その際、朝日新聞やNHKは、特に言論機関としてのマスメディアを代表する存在として攻撃対象とされていた。一方でフジテレビは、特に娯楽産業としてのマスメディアを代表する存在として攻撃対象とされていた。いわば「左翼知識人」としての言論エリートの権力性を象徴する存在である朝日新聞やNHKと、「華やか業界人」としての娯楽エリートの権力性を象徴する存在であるフジテレビとを両面から叩くことを通じて彼らは、その両者によって主導されてきた日本のマスメディア文化全体、その構造そのものを批判しようとしたわけである。さらに言えば、教条的で高慢な左翼知識人と、無節操で傲慢な華やか業界人との両者によって構築されてきた日本の文化レジームそのものに異議を申し立てようとしたわけである。

一方、そこで主体のアイデンティティとして設定されていたのは、つまり彼らにとっての「われわれ意識」を構成していたのは、対抗的メディアの担い手としての自意識である。新聞やテレビなどの旧来のマスメディアに対抗するものとしてのネットという新しいメディアの担い手、という自意識から出発し、日本のマスメディア文化全体を批判するものとしての、さらに文化レジームそのものに異議を申し立てるものとしての対抗的メディアの担い手、という自意識が形成されていった。マスメディアという巨大な敵手に対して対抗的メディアが挑むという、いわばメディア戦争におけるゲリラ戦的な構図から、独自の係争課題が、そして行動目標が導き出されてくることとなる。それはマスメディアのインチキを暴く、それによって社会的な不正を正すという手法だった。そのために彼らは新聞やテレビによる「ヤラセ」や「捏造記事」や「偏向報道」を暴露しようと躍起になる。そうすることを通じて彼らは、マスメディアのしきたりの中で触れてはならないものとされてきたタブーや良識に挑戦するという姿勢、その中で思考停止させられてしまうことを拒否するという姿勢を示すことを志した。こうした手法を彼らは、先行する対抗的メディアとしての一部の雑誌の方法論から学び取ったのではないだろうか。当時、「反権威スキャンダリズム」を標榜して権力批判、マスメディア批判を繰り広げていた『噂の眞相』(一九七九～二〇〇四、噂の真相)、さらに『別冊宝島Ｒｅａｌ』(二〇〇〇～〇八、宝島社)などだ。

こうした集合行為フレーム、反マスメディアフレームは2ちゃんねる文化そのものの成立とほぼ同時に成立したと考えられる。いいかえれば反マスメディアフレームは、一種の運動体としての当時の2ちゃんねる文化全体を支える思想的基盤として機能していた。このフレームがしかしその後、新保守論壇との関わりを通じてネット右翼フレームへと転換され、変質・変容していくこととなる。以下、その経緯について詳しく見ていこう。

## 7　反マスメディアフレームからネット右翼フレームへ

成立直後の時期から2ちゃんねる文化の周辺には、特に「行動する保守」の一部からのアプローチが流入していた。2ちゃんねるの成立に先立ち、ネットがようやく普及し始めた頃の一九九七年からすでにウェブサイト「世界戦略」を運営していた瀬戸弘幸は、二〇〇〇年頃から2ちゃんねるに出入りし、掲示板上で言論活動を展開するようになる(瀬戸二〇〇七・二〇〇八)。その後、二〇〇二年の日韓共催ワールドカップサッカーを経て二〇〇三年になると、2ちゃんねるを始めとするいくつかの掲示板サイトに投稿していた議論をまとめるかたちで桜井誠がブログ「不思議の国の韓国」を開設した(桜井二〇一三、安田二〇一二、野間二〇一三)。この間、瀬戸や桜井は自らの言論ブログと2ちゃんねるとの間を(他の掲示板サイトも含めて)行き来しながら言論活動を展開していたと見られる。

一方、サブカルチャー保守と2ちゃんねる文化との間でも早い時期から交流が行われていた。山野車輪はやはり成立直後の時期から2ちゃんねるに出入りし、そこから得た発想や題材をまとめるかたちで『マンガ嫌韓流』の原稿をすでに二〇〇二年末に書き上げていた。その執筆にあたり、山野は小林よしのりの『新・ゴーマニズム宣言』を強く意識していたという(山野二〇〇六b、樋口二〇一四)。また、学校や教室を舞台に議論を繰り広げるというその設定には、「ニホンちゃん」など、

2ちゃんねるでの集合的創作の影響も色濃く見られる。この作品は刊行元がなかなか見つからなかったが、二〇〇五年になってようやく刊行されるとたちまち大きな反響を呼び、二〇〇六年には引き続き第二巻が刊行される。そこには「在日特権の真相」という章が含まれていた。

こうして「嫌韓」および「在日特権」というアジェンダが出揃うこととなる。これらは二〇〇〇年頃からの数年間で、2ちゃんねる文化と「行動する保守」、サブカルチャー保守との間の交流を通じて着想され、構想され、彫琢されてきたものだったと言えるだろう。

なお、これらのアジェンダの発想のそもそもの起点となったのは、いいかえればそのための最初のテンプレートを用意したのは、より早い時期からのサブカルチャー保守の一部だったと見られる。『新・ゴーマニズム宣言』の連載が雑誌『SAPIO』で開始された一九九五年にはすでに、この雑誌の別冊として『日本人と韓国人・反日嫌韓50年の果て』というムックが刊行されている。その後、二〇〇三年には『別冊宝島Real』シリーズの一冊として『別冊宝島Real 北朝鮮利権の真相』というムックが刊行された。その前年の二〇〇二年には、その発想の起点となったものとして『別冊宝島Real 同和利権の真相』というムックが刊行されている(野間二〇一三)。

先に見たように当時の2ちゃんねらーは反マスメディアフレームの開発にあたり、「反権威スキャンダリズム」雑誌としての『噂の眞相』、さらに同様の傾向を持つ『別冊宝島Real』などの方法論に注目していたと思われる。特に宝島社はこの時期、「タブーに挑戦する」というコンセプトを掲げた裏社会系のムックシリーズ『別冊宝島Real』を二〇〇〇年に創刊したのち、アンダーグラウンド系のコアなネットユーザーをターゲットとしたIT系のムックシリーズ『宝島MOOK』を二〇〇二年に創刊し、いわば2ちゃんねる的な世界観に寄り添うような姿勢を顕著に見せていた。そうした姿勢に共感した2ちゃんねらーが「利権」という発想に触発され、そこから「特権」という、そして「在日特権」というアジェンダを開発するに至ったと考えることは想像に難くない。

この時期、反マスメディアフレームに執心していた2ちゃんねらーの発想の中にネット右翼フレームの萌芽となるものが生まれ、嫌韓および在日特権というアジェンダが編み出されていくにあたり、その大きなきっかけとなったのは二〇〇二年に開催された日韓共催ワールドカップサッカーだった(香山二〇〇二、ファン二〇〇三、木村他二〇一三、堀井二〇一三、古谷二〇一三a)。しかしここで注意しておかなければならないことがある。

よく言われているように、このイベントをきっかけに2ちゃんねる文化の中に嫌韓ムードが盛り上がり、嫌韓ムーブメントが巻き起こったことは確かに事実だろう。しかしそうした動きは、実は当初から韓国そのものを敵手として行われたものだったわけではない。いいかえればそれは、少なくとも当初の時点では嫌韓運動そのものだったわけではない。

これら一連の動きのそもそもの起点となった最初の炎上事件が起きたのは、ワールドカップサッカー開催中の二〇〇二年六月二四日のことだった。そこで攻撃目標とされたのは、その前々日に行われた韓国対スペイン戦の様子を報道したフジテレビのニュースバラエティ番組「とくダネ」である。この試合では韓国が勝利したが、誤審の疑いがあり、番組内で解説者がそのことを取り上げようとしたところ、CMに切り替わってしまった。そのことをきっかけに「【抗議】フジTV、とくダネBBSへGO【ウォッチ】」というスレッドが2ちゃんねるの「スポーツ板」に立てられる。するとそこでの呼びかけに応じ、フジテレビのウェブサイトに設置された掲示板に大量の抗議の書き込みが行われた。さらにフジテレビ、および番組のメインスポンサーである花王に対して大量の電話抗議が行われた。

その後、六月二九日には三位決定戦のトルコ対韓国戦が行われ、その試合をやはりフジテレビが中継することとなったが、試合後、勝利したトルコの表彰式がカットされてしまったことをきっかけに騒動が広がり、より本格的なフジテレビ攻撃が開始される。「マスコミ板」にスレッドが移し替えられ、さまざまな攻撃策が議論された結果、その翌週末に放送される予定だったフジテレビの特別番組「FNS27時間テレビ」に具体的な攻撃目標が定められ、この番組を攪乱してやろうという計画が持ち上がった。七月二日には関連するスレッドが「マスコミ板」に、四日には「大規模OFF板」に立てられ、その結果五日には、「27時間テレビに先駆け、湘南でゴミ拾いをしてしまおうというオフ」として数百人もの2ちゃんねらーによるリアルな場での一大イベント、「湘南ゴミ拾いオフ」が実施されるに至った。(6) このイベントは2ちゃんねるの内外に大きな反響を呼び、2ちゃんねるにおける反マスメディア運動の気運を高める大きな契機となったとともに、それが嫌韓運動と結び付いて進められていくことを決定づける一つの契機ともなった(伊藤二〇一二)。

こうして見ると二〇〇二年のワールドカップサッカー以降の嫌韓運動は、嫌韓運動そのものとして始められたものだったわけではなく、あくまでも反マスメディア運動の一環として進められたものだったことがあらためて明らかになる。そこで敵手とされていたのは韓国そのものではなく、2ちゃんねるにおける反マスメディアフレームの中で敵手の一角を占めるものとして古くから設定されていた存在、フジテレビだった。

## 8　嫌韓・在日特権というアジェンダをめぐって

しかしその後、「行動する保守」、サブカルチャー保守との間の交流を通じて2ちゃんねる文化の中でも嫌韓というアジェンダがことさら強調され、強化され、さらにそこから在日特権というアジェンダが編み出されていくこととなる。これらのアジェンダは反マスメディアフレームの中に元から存在していたものではなく、ワールドカップサッカーという大きなイベントをきっかけに、2ちゃんねらーによっていわば偶然に発見され、採用されたものにすぎなかったわけだが、しかし彼らはなぜそれらを自分たちの文化の中に受け入れていったのだろうか。いいかえれば、あくまでも反マスメディア運動の闘士だったはずの2ちゃんねらーがなぜ、自分たちの運動とは直接関係のないはずのこれらのアジェンダを運動の中に取り込んでいったのだろうか。

そのことは実は、2ちゃんねるにおける反マスメディアフレームの構成そのものと深く関わっている。嫌韓および在日特権というアジェンダは、結論から言えば反マスメディアフレームにおける敵手、係争課題、および主体のアイデンティティの設定にとって実に適合的な、便利で都合のよいアジェンダだった。それぞれのケースについて見ていこう。

まず嫌韓というアジェンダについて。それは反マスメディアフレームにおける敵手、および係争課題の設定をうまく引き立たせることのできるアジェンダだった。先に見たように2ちゃんねるでは、朝日新聞やNHKに代表される左翼知識人的な言論エリートと、フジテレビに代表される華やか業界人的な娯楽エリートとの両者が敵手として設定されていた。またそれらに対抗することを通じて、マスメディアのしきたりの中で触れてはならないものとされてきたタブーや良識に挑戦するという姿勢、その中で思考停止させられてしまうことを拒否するという姿勢を示すことが係争課題の一部として設定されていた。

嫌韓というアジェンダを単なる感情の発露としてではなく、固有の具体的な問題提起を伴うものとして捉えた場合、そこには二つの主要なサブアジェンダが含まれると考えられる。

第一のサブアジェンダは歴史的な観点からの問題提起を伴うもので、特に一九九〇年代半ば以降の歴史修正主義の盛り上がりの中で、いわゆる従軍慰安婦問題などに関連し、左派寄りの見方に基づく歴史認識から生み出されたものとしての「自虐史観」を改めるために、そうした見方を強く求めている国としての韓国を誇ろうとするものだ。そこで韓国を攻撃することは同時に、日本国内でこの問題をリードし、そうした見方を牽引してきたとされるマスメディアである朝日新聞、およびその背後に控えている左翼知識人的な言論エリートの目論見を破壊し、糾弾することにつながる。同時に戦争責任問題や歴史修正主義など、それらのメディアの言論統制的な(とされる)圧力の中で触れてはならないものとされてきたタブーや良識に挑戦するという姿勢を体現することにつながる。

第二のサブアジェンダは文化的な観点からの問題提起を伴うもので、特に二〇〇〇年代半ば以降の韓国の文化産業の隆盛と、それに伴う日本および世界各国での韓流ブームの中で、韓国ドラマやKPOPなどの韓流コンテンツの地位を貶め、その優位性を否定しようとしてなされるものだ。そこで韓国を攻撃することとは同時に、日本国内でこのブームをリードし、そうした風潮を牽引してきたとされるマスメディアであるフジテレビ、およびその背後に控えている華やか業界人的な娯楽エリートの目論見を否定し、拒絶することにつながる。同時にそれらのメディアによる文化産業的な圧力の中で思考停止させられてしまうこと、つまり俗悪な(とされる)エンターテインメントの押し付けの中で思考力を麻痺させせられてしまうことを拒否するという姿勢を体現することにつながる。

このように嫌韓というアジェンダは2ちゃんねらーにとって、朝日新聞とフジテレビとの両方を同時に困らせ、一挙にやり込めることのできるアジェンダだった。左翼知識人的な言論エリートと華やか業界人的な娯楽エリートの両者に対して効果的なかたちで嫌がらせができ、それを通じて日本のマスメディア文化全体、さらに文化レジームそのものに対して挑発的なかたちで異議申し立てができるアジェンダだったわけである。

次に在日特権というアジェンダについて。それは反マスメディアフレームにおける主体のアイデンティティ、および係争課題の設定をうまく引き立たせることのできるアジェンダだった。先に見たように2ちゃんねるでは、対抗的メディアの担い手としての自意識という「われわれ意識」を基盤として主体のアイデンティティが設定されていた。また、そうしたメディアがマスメディアという巨大な敵手に挑むためのゲリラ戦的な戦法として、マスメディアのインチキを暴く、それによって社会的な不正を正すという手法を取ることが係争課題の一部として設定されていた。それは反権威スキャンダリズムによる権力批判、マスメディア批判の2ちゃんねるにおける表現だった。

在日コリアンの隠された特権を暴くという行為は、マスメディアによって隠蔽されてきたインチキを暴く、それによって社会的な不正を正すという行為を体現することにつながる(ただし実際には、在日特権という設定そのものがインチキだったわけではあるが)。そうした行為を実践することを通じて彼らは、対抗的メディアの担い手としての自意識を満足させることができた。その際、そこでは以下の二つの点からそうした自意識が強化されることとなったと考えられる。

在日特権というアジェンダを導入することにより、第一に彼らは嫌韓運動を単なる感情の発露としてではなく、情報収集に基づく事実の発見と真実の提示という、いわばジャーナリズム的な手法に基づくより高度な言説実践として構成することができるようになった。第二に彼らは反権威スキャンダリズムという手法を通じて、一部の保守論壇、特に「行動する保守」やビジネス保守からもたらされることとなる権威主義的な思想を、彼ら本来の反権威主義的な思想に無理なく接続することができるようになった。

その結果、このアジェンダは嫌韓運動を2ちゃんねる文化の中に定着させ、反マスメディアフレームにおける反権威主義的な言説実践の一環としてそれを推し進めていくことを可能にした。いいかえれば在日特権というアジェンダは、嫌韓というアジェンダそのものを2ちゃんねる文化の中に受け入れやすくしたわけである。

このように在日特権というアジェンダは2ちゃんねらーにとって、対抗的メディアの担い手としての彼らの自意識を満足させることのできるアジェンダだった。いわばマスメディアという巨大な敵手に立ち向かうゲリラ戦の戦士、権力批判に尽力するジャーナリストとしてのその姿勢を際立たせ、たとえ一部の保守論壇に特有の権威主義的な議論の中にあっても、彼ら本来の反権威主義的な構えを引き立たせることのできるアジェンダだったわけである。

## おわりに

その後、ネット右翼フレームはブログ保守との交流を通じて外部の世界へと流出させられるとともに、ビジネス保守との交流を通じてより広範な、しかも異質な世界へと接続させられることとなる。その結果、嫌韓、在日特権、攻撃的態度(もしくは虚勢)、底辺的立場(もしくは擬態)という四つの構成要素が出揃うこととなり、多面的な性格を持つ集合行為フレームとしてのネット右翼フレームが完成する。その経緯についてはまた稿を改めて論じることとしたい。

先に見たようにネット右翼フレームは、一見する限りではボロボロの集合行為フレームである。嫌韓という敵手の設定、在日特権という係争課題の設定はいずれも恣意的で根拠のないものだろうし、さらに攻撃的態度(もしくは虚勢)、底辺的立場(もしくは擬態)という集合的アイデンティティの設定はどこかリアリティに欠けるものだ。

しかし以上のような経緯を見てくると、実はいずれの構成要素にもそれなりの存在理由があり、したがって必然性があり、根拠があり、さらに独自のリアリティがあることが明らかになるだろう。もちろんそれらは通常の社会運動の論理に支えられて成り立っているものではない。2ちゃんねる文化に端を発し、さまざまな経緯を経ながら練り上げられてきた独自の論理、絶妙にねじれて屈折した論理に支えられて成り立ってきたものだ。しかしだからこそ独自の強みを持つに至り、したたかに生き延びてきたものでもあると言えるだろう。現在、このフレームはその構造上、特に以下の二つの点で独自の強みを持っていると考えられる。

第一にそこでは、2ちゃんねるにおける反マスメディア運動を支えていた文化的な観点からの違和感・異議申し立ての気持ちと、「行動する保守」における政治的な観点からの危機感・焦燥感、およびビジネス保守における経済的な観点からの危機感・焦燥感という、異なる領域から生まれ出た三つの感情が結託している。その結果それは、いずれの領域からも独自のリアリティを感じやすく、アクセスしやすい構造となっている(その反面、いずれの領域からも決定的なブレーキを効かせにくい構造となっている)。

第二にそこでは、特に2ちゃんねる文化に固有の反権威主義的な構え、いわゆる「非リア充」的で本質的にオルタナティブ志向の構えと、一部の保守論壇、特に「行動する保守」やビジネス保守に固有の権威主義的な構え、いわゆる「リア充」的で本質的にオーソドックス志向の構えという、正反対の志向性を持つ二つの構えが結託している。その結果それは、どちらの陣営からも親近感を感じやすく、アクセスしやすい構造となっている(その反面、どちらの陣営からも決定的なブレーキを効かせにくい構造となっている)。

よく言われているように、ネット右翼とは単に単純で単細胞な存在であるにすぎないという見方がある。しかしその成り立ちはこれまで見てきたように、むしろ複雑そのものである。現代の日本社会を広く覆っている「奇妙なナショナリズム」の「奇妙さ」の一端は、ネット右翼という存在の成り立ちのこうした複雑さの中にこそあるのではないだろうか。

さらに言えばそうした複雑さは、より大きく見れば冷戦体制後の日本社会を作っていくというプロジェクトの困難さの現れだと見ることもできるかもしれない。というのも2ちゃんねる文化と新保守論壇という二つの言説空間の支えとなってきた二つの思想、反マスメディア思想と歴史修正主義はともに、冷戦体制下の日本社会を乗り越えようとする野心とともに現れてきたものだと捉えることもできるからだ。歴史修正主義については言うに及ばないだろうが、2ちゃんねる文化における反マスメディア思想もまた、朝日新聞とフジテレビとが左右陣営に分かれて並び立っていた、いわば冷戦体制下の日本のマスメディア状況を全否定しようとする野心とともに現れてきたものだとも捉えられる(古谷二〇一三b、西村二〇一四a・b)。だとすれば、そこから生まれてきたネット右翼フレーム、そしてネット右翼という存在は、そうしたプロジェクトの困難さの中から生み落とされた鬼子なのかもしれない。

### 注

(1) とはいえ、そこで繰り広げられる言動は必ずしも従来の保守イデオロギー、右翼イデオロギーにのっとったものではない。その固有の性格については後述の議論を参照。また従来の保守イデオロギーについては本書掲載の五野井論文を参照。右翼イデオロギーについては堀(一九八三)、社会問題研究会編(一九七〇)などを参照。

(2) たとえば二〇〇五年八月に開催された2ちゃんねる発のごく初期のデモ「つくる会の教科書反対人間の鎖をさらに囲むOFF」では、2ちゃんねる語の「キター!」にアスキーアートが書き加えられた横断幕、アスキーアートキャラクターの「モナー」が書き表されたプラカードなどが用いられていた。以下などを参照。「つくる会の教科書反対人間の鎖をさらに囲むOFFまとめサイト(別館)」〈http://www.geocities.jp/ahya37/〉、「つくる会の教科書反対人間の鎖をさらに囲むOFFグラフィック配布所」〈http://www.geocities.jp/suginami_off/〉。

(3) 歴史修正主義については本書掲載の清原論文を参照。

(4) 従来の保守論壇については本書掲載の五野井論文を参照。

(5) 日本青年会議所については以下などを参照(下位のリンクを含む)。「公益社団法人日本青年会議所本会」〈http://www.jaycee.or.jp/〉。ただし過去の活動や理念については、リンク切れのためにここから辿ることのできないものもある(二〇一五年三月一日現在)。アニメ作品については以下などを参照。「誇り〜伝えようこの日本のあゆみ〜」〈https://www.youtube.com/watch?v=RFrtP2cqhyQ〉、「学の夏休み(1)」〈https://www.youtube.com/watch?v=2Teqo5Vfk14〉。

(6) 以下などを参照。「スポーツ:とくダネ(花王)一括スレッド　スレッド一覧」〈http://kaohubai.web.fc2.com/kao_masspre/〉、「マスコミ:【フジ】「とくダネ」批判&不買スレ【花王】　スレッド一覧」〈http://kaohubai.web.fc2.com/kao_mass/〉、「【フジ】「とくダネ」批判&不買スレ【花王】の軌跡」〈http://otegaruhp.com/ozura_tok_kao/html/_TOP/〉、「小倉・佐々木らとくだねメンバー問題発言集」〈http://www.geocities.co.jp/CollegeLife-Library/4895/tokudane.txt〉、「今週末「フジの27時間テレビ」(1〜1,001)」〈http://2chland.net/mass/1025611625.html〉(二〇一五年三月一日閲覧)。

## 文献一覧


伊藤昌亮(二〇一一)『フラッシュモブズ――儀礼と運動の交わるところ』NTT出版。

――(二〇一二)『デモのメディア論――社会運動社会のゆくえ』筑摩書房。

――(二〇一四)「祭りと血祭り――炎上の社会学」川上量生監修『角川インターネット講座4　ネットが生んだ文化――誰もが表現者の時代』KADOKAWA。

インターネット協会監修(二〇〇一)『インターネット白書2001』インプレス。

大嶽秀夫(一九九六)『戦後日本のイデオロギー対立』三一書房。

荻野達史(一九九八)「集合行為フレームの動員潜在力分析」『社会学評論』四九巻二号。

――(二〇〇二)「ある教育運動の盛衰――共鳴性分析の批判的適用」野宮大志郎編著『社会運動と文化』ミネルヴァ書房。

香山リカ(二〇〇二)『ぷちナショナリズム症候群――若者たちのニッポン主義』中央公論新社。

北田暁大(二〇〇五)『嗤う日本の「ナショナリズム」』日本放送出版協会。

木村元彦・安田浩一・清義明(二〇一三)「サッカーと愛国の奇妙な関係」(鼎談)『週刊朝日』二〇一三年一〇月一一日号。

小林よしのり(二〇一一)「もう国家論やめたくなった。わしだってもっといろんな表現をしたいよ」(BLOGOS編集部によるインタビュー)『BLOGOS』二〇一一年一〇月三日〈http://blogos.com/article/23833/〉。

近藤瑠漫・谷崎晃編(二〇〇七)『ネット右翼とサブカル民主主義』三一書房。

桜井誠(二〇〇六)『嫌韓流実践ハンドブック――反日妄言撃退マニュアル』晋遊舎。

――(二〇〇六)『嫌韓流実践ハンドブック2――反日妄言半島炎上編』晋遊舎。

――(二〇〇九)『反日韓国人撃退マニュアル』晋遊舎。

――(二〇一〇)『日本侵蝕――日本人の「敵」が企む亡国のシナリオ』晋遊舎。

――(二〇一三)『在特会とは「在日特権を許さない市民の会」の略称です!』青林堂。

――(二〇一四)『大嫌韓時代』青林堂。

SAPIO編集部編(一九九五)『日本人と韓国人・反日嫌韓50年の果て』小学館。

――編(二〇一二)「ネトウヨ亡国論」『SAPIO』二〇一二年八月二九日号。

清水鉄平(二〇一四)『はちま起稿――月間1億2000万回読まれるまとめブロガーの素顔とノウハウ』SBクリエイティブ。

社会問題研究会編(一九七〇)『右翼事典――民族派の全貌』双葉社。

主権回復を目指す会(二〇〇七)「激論!〈『語る』運動から『行動する』運動へ〉」『主権回復を目指す会』〈http://www.shukenkaifuku.com/past/KoudouKatudou/071128.html〉。

上丸洋一(二〇一一)『『諸君!』『正論』の研究――保守言論はどう変容してきたか』岩波書店。

菅原琢(二〇〇九)『世論の曲解――なぜ自民党は大敗したのか』光文社。

瀬戸弘幸(二〇〇〇)『外国人犯罪――外国人犯罪の全貌に迫る!』世界戦略研究所。

――(二〇〇七)『ネットが変える日本の政治』岩崎企画。

――(二〇〇八)「私はなぜネット右翼を主張するのか!」別冊宝島編集部編『別冊宝島・ネット右翼ってどんなヤツ?』宝島社。

篠原節・瀬戸弘幸(一九九〇)『ヒトラー思想のススメ――自然と人類を救済するナチス・ヒトラー世界観の120%肯定論。』展転社。

辻大介(二〇〇八)「インターネットにおける「右傾化」現象に関する実証研究 調査結果概要報告書」『辻大介の研究室』〈http://d-tsuji.com/paper/r04/〉。

――(二〇〇九)「調査データから探る「ネット右翼」の実態」『Journalism』二〇〇九年三月号。

辻大介・藤田智博(二〇一一)「「ネット右翼」的なるものの虚実――調査データからの実証的検討」小谷敏・土井隆義・芳賀学・浅野智彦編『〈若者の現在〉政治』日本図書センター。

津田大介(二〇一四)「言論空間を考える――問われる既存メディア」(平和博によるインタビュー)『朝日新聞』二〇一四年一二月一七日。

津田大介・香山リカ・安田浩一他(二〇一三)『安倍政権のネット戦略』創出版。

寺園敦史・一ノ宮美成・グループK21編(二〇〇二)『別冊宝島Real029同和利権の真相』宝島社。

西村幸祐(二〇一四a)『マスコミ堕落論――反日マスコミが常識知らずで図々しく、愚行を繰り返すのはなぜか』青林堂。

――(二〇一四b)『NHK亡国論――公共放送の「罪と罰」、そして「再生」への道』KKベストセラーズ。

ニホンちゃんファンクラブ(二〇〇六)『ニホンちゃんマニアックス』サンデー社。

野間易通(二〇一三)『「在日特権」の虚構――ネット空間が生み出したヘイト・スピーチ』河出書房新社。

野村旗守編(二〇〇三)『別冊宝島Real 049北朝鮮利権の真相』宝島社。

――編(二〇〇四)『別冊宝島Real 062北朝鮮利権の真相2――日朝交渉「敗因」の研究』宝島社。

樋口直人(二〇一四)『日本型排外主義――在特会・外国人参政権・東アジア地政学』名古屋大学出版会。

ファン・ソンビン(二〇〇三)「W杯と日本の自画像、そして韓国という他者」『マス・コミュニケーション研究』六二号。

古谷経衡(二〇一二)『フジテレビデモに行ってみた!』青林堂。

――(二〇一三a)『ネット右翼の逆襲――「嫌韓」思想と新保守論』総和社。

――(二〇一三b)『反日メディアの正体――「戦時体制」に残る病理』KKベストセラーズ。

――(二〇一四)『若者は本当に右傾化しているのか』アスペクト。

別冊宝島編集部編(二〇〇五)『別冊宝島・マンガ嫌韓流の真実!』宝島社。

――編(二〇〇六)『別冊宝島・嫌韓流の真実!ザ・在日特権』宝島社。

――編(二〇〇八)『別冊宝島・ネット右翼ってどんなヤツ?』宝島社。

堀幸雄(一九八三)『戦後の右翼勢力』勁草書房。

堀井憲一郎(二〇一三)『やさしさをまとった殲滅の時代』講談社。

三橋貴明(二〇〇七)『本当はヤバイ!韓国経済――迫り来る通貨危機再来の恐怖』彩図社。

村上力(二〇〇九)「「行動する保守」とは何か――街頭で活発化している「嫌韓」的市民運動の実態」『インパクション』一七一号。

村上裕一(二〇一四)『ネトウヨ化する日本――暴走する共感とネット時代の「新中間大衆」』KADOKAWA。

安田浩一(二〇一二)『ネットと愛国——在特会の「闇」を追いかけて』講談社。
安田浩一・山本一郎・中川淳一郎(二〇一三a)『ネット右翼の矛盾——憂国が招く「亡国」』宝島社。
安田浩一・岩田温・古谷経衡・森鷹久(二〇一三b)『ヘイトスピーチとネット右翼』オークラ出版。
山野車輪(二〇〇五)『マンガ嫌韓流』晋遊舎。
——(二〇〇六a)『マンガ嫌韓流2』晋遊舎。
——(二〇〇六b)「山野車輪ロングインタビュー」(晋遊舎編集部によるインタビュー)晋遊舎編集部編『マンガ嫌韓流公式ガイドブック』晋遊舎。
——(二〇〇七)『マンガ嫌韓流3』晋遊舎。
——(二〇〇九)『マンガ嫌韓流4』晋遊舎。
山本一郎(二〇一三)「弱者のツール」安田浩一・山本一郎・中川淳一郎『ネット右翼の矛盾——憂国が招く「亡国」』宝島社。
Earl, Jennifer, and Katrina Kimport (2013) *Digitally Enabled Social Change: Activism in the Internet Age*, The MIT Press.
Gamson, William A. (1992) "The Social Psychology of Collective Action," Aldon D. Morris, and Carol McClurg Mueller, eds., *Frontiers in Social Movement Theory*, Yale University Press, pp. 53–76.
Melucci, Alberto (1989) *Nomads of the Present: Social Movements and Individual Needs in Contemporary Society*, Hutchinson Radius(山之内靖・貴堂嘉之・宮崎かすみ訳『現在に生きる遊牧民(ノマド)——新しい公共空間の創出に向けて』岩波書店、一九九七年).
Snow, David A., E. Burke Rochford, Jr., Steven K. Worden, and Robert D. Benford (1986) "Frame Alignment Processes, Micromobilization, and Movement Participation," *American Sociological Review*, Vol. 51, No. 4, pp. 464–481.
Touraine, Alain (1973) *Production de la Societe*, Seuil; Coltman, Derek, trans. 1977 *The Self-Production of Society*, University of Chicago Press.

# 第2章　歴史修正主義の台頭と排外主義の連接
## ――読売新聞における「歴史認識」言説の検討

清原　悠

### 1　問題の所在――マジョリティ／マイノリティの基底＝規定としての歴史

二〇〇七年に結成された「在日特権を許さない市民の会」をはじめとする排外主義運動(以下、類似の団体を含めて〈在特会〉と表記)が行ってきた「ヘイトスピーチ」は、二〇一三年に本格化したカウンター運動の働きかけによって「公論」の対象となり、同年の流行語トップテンに入るなど人口にも膾炙した。しかし、その過程で「日本人へのヘイトスピーチが行われている」といった排外主義勢力による対抗言説が現れてきたり、あるいは単なる罵詈雑言も「ヘイトスピーチ」といった理解がなされたりするなどの問題も生じてきている。いや、そもそも〈在特会〉自体が結成時より「在日朝鮮人は日本人より恵まれている(特権を有している)」といった形で言説を組み立てることで、その「在日特権」を糾弾するといった体裁を装い、それによって差別的な言辞を「堂々」と述べることを可能にしてきたのである。

ここに見られるのは〈マジョリティ＝強者＝日本人／マイノリティ＝弱者＝在日朝鮮人〉を撹乱・無効化する言説実践であった。その際の要となっているのは、日本と在日朝鮮人との歴史的関係を無視した形で「議論」を提起することである。たとえば、在日特権としてやり玉に挙げられる通名制度や、生活保護受給率などは日本の植民地政策およびその後の対応の不適切さに由来するものであるが、その歴史的経緯を無視することで「在日特権」というイメージがつくり出されているのである。すなわち、現代日本での排外主義勢力によるヘイトスピーチを可能にしている土台となっているのは、意識的／無意識的な歴史否認論(歴史修正主義)である。日本では一般的に「歴史修正主義(historical revisionism)」と呼ばれているが、本章では「歴史否認論(historical negationism)」という名称を原則として使用することにする。

この歴史否認論の流布は極めて重要である。より精確には、歴史否認論が力を持ってしまえばヘイトスピーチやレイシズムとは何かを考える際の土台が失われてしまうという意味で重要な問題である。たとえば、ヘイトスピーチの定義に関して「ヘイトスピーチがヘイトスピーチであることの決定的な条件は、それが「相手が属する集団」それも「本人の意思では変更が難しい集団」に基づいて、侮蔑や扇動、あるいは脅迫が行われること」(明戸隆浩「訳者解説」ブライシュ二〇一四、二七六頁)という理解が一般的だが、倫理学者の堀田義太郎は適切にも次のような注意を促している。

もし、人種、民族、宗教等でしか限定しないとすると、たとえば、在日朝鮮人に対するヘイトスピーチを非難し、罵倒するカウンター側の表現に対する「日本人差別」とか「日本人に対するヘイトスピーチ」などという表現を批判することはできなくなる。〔中略〕ある表現がある人々に対する敵意や憎悪およびその扇動の表現であるとする際に、単に人種等でその「標的」を限定するだけではなく、さらに、対象となる人々が、当該社会で歴史的にまたは現在において「マイノリティ」であるという文脈(context)が必要だということを示唆している。また、ある種の人々に対する「敵意の煽動」であると言うために、発話者の意図は必要条件ではないということも示唆している。（堀田二〇一四、二頁）

歴史的文脈が無視・否定されてしまえば、マジョリティ／マイノリティという認識自体が無効化されてしまいかねず、反差別の規範の重要な拠り所が失われてしまう危険性がある。歴史否認論の問題を考えることは、ヘイトスピーチだけではなく、より広義の「差別」という現象そのものに対抗するためにも重要な論点なのである(1)。

## 2　歴史否認論(歴史修正主義)

### 歴史修正主義に対するカウンター運動の動向

「歴史的文脈」がマジョリティ／マイノリティを規定する重要な要素である。この認識無くしてレイシズムなどの「差別」を捉えることは本来的に困難であるが、他方で二〇一三年のカウンター運動は「歴史的文脈」をあえて問わない形で運動を組織してきた。この背景には、歴史的文脈に対しての教育効果をあてにすることができなかったという事情があると言えよう(2)。したがって、このカウンター運動が動員の資源としたのは、「〇〇人を殺せ」と白昼堂々と述べるデモへの「怒り」の「感情」に依拠することであり、あるいは人種差別撤廃条約などの普遍的な「法」を参照することであった(3)。これらは、二〇一三年のカウンター運動がマジョリティ／マイノリティといった区分に依拠せずに運動を展開したことと裏表の関係にあると言えよう。

しかし、〈在特会〉のヘイトスピーチに対抗するという、「敵」を設定しやすい、分かりやすい戦略を組み立てて運動を展開していくにせよ、歴史的文脈を完全に回避した形で反レイシズム運動が完遂できるわけではない。実際にカウンター運動の中心人物の一人である野間易通にしても、「在日特権」とされるものが蔓延《はびこ》る背景には一九九〇年代後半以降の「歴史修正論」の流布があることを認識しており、それへの対抗言論として二〇一三年に『「在日特権」の虚構』といった本を著している(野間二〇一五、一八一頁)。野間は「朝鮮学校無償化除外論などにしても、こうした言説の影響がないとはいいきれない」(野間二〇一五、一九七頁)と述べている。

実際に、二〇〇九年の京都朝鮮学校襲撃事件に関する民事訴訟では、在特会側の意見に一つ一つ反論しなければならない場面があり、歴史否認論に「対峙」しなければならない場面があった(中村二〇一四、一九九―二〇〇頁)。そこでは民族教育権がこれまで政府から公式に認められてこなかった状況を背景に、かつ三名の裁判官がどのような「常識」を持っているか分からないなかで原告側が強い緊張感に置かれながら、「抗日の歴史を教えること」に関しての内容の説明や、その正当性を主張しなければならなかった。歴史的文脈の共有可能性が期待できるかできないかについては、裁判あるいは立法府での議論といった「法」の領域でも決して無関係な事柄ではないのである。

以上の状況に鑑みるならば、九〇年代後半以降の歴史否認論(歴史修正主義)がどのように台頭してきたのか、あるいはより広義の「歴史認識」がこの期間にどのように変動してきたのかを追尾することは、今あらためて議論の俎上に載せなければならないのである。

### 歴史修正主義と排外主義の関係に関する先行研究

その上で検討するべきなのは、そもそも、①歴史否認論に抗することはどの程度排外主義の表出を直接的に抑制しうるものなのかという点と、②どのような経路・力学において歴史否認論は台頭してきたのかの二点である(後者については次節で確認する)。

①の点について、これまでも様々な研究の中で歴史否認論と排外主義の間に関係があることが指摘はされてきたが、実証的に明らかにした研究はあまりない。その中でも、Art(2007)は希少な研究例である。アートは九〇年代以降に盛んになった西欧における極右研究の第一人者であるが、この論文で彼は八〇年代の極右政党の台頭の要因について、マスメディア(大衆紙=タブロイド)がどのような役割を果たしたのかという観点から、ドイツとオーストリアの比較分析を試みている。つまり、ドイツでは極右政党であるドイツ共和党(REPs)の台頭を抑制することに成功した一方、オーストリアではナチスの政策を称賛するイェルク・ハイダーを党首としたことで右旋回したオーストリア自由党(FPÖ)の躍進を許してしまった要因の一つとして、両国でのマスメディア(大衆紙=タブロイド)の働きに違いがあったのではないかという仮説を検討しているのである。(4)

具体的には、極右勢力が依拠する歴史否認的な言動に対して市民や政治家がどのように反応したのかという「世論」、特にマスメディア(大衆紙=タブロイド)の反応の仕方に注目している。ドイツでもオーストリアでも大衆紙はよく読まれ、国民の政治的意見の醸成に重要な役割を果たしている。このアートの研究から、日本の歴史否認論と排外主義の関係を捉える上でいくつかの重要な視点が得られるが、同時に西欧と日本の環境の違いも念頭に置いて、この議論の日本の事例への「適用限界」も確認しなければならない。

## 日本の事例で追尾する際の注意点

第一に、西欧と日本の場合、新聞メディアの置かれた社会的文脈が相当程度異なるという点である。西欧では大衆紙たるタブロイドと、インテリが読む高級紙たるクオリティペーパーとでは部数が大きく異なる。他方で、日本では今の読売、朝日、毎日新聞などの全国紙はいずれも小新聞(タブロイド)の系譜からのもので、それらが発展し大新聞(クオリティペーパー)との境界を無くしていったものである。数百万から一千万部を誇る全国紙が複数存在する日本では、西欧におけるタブロイド／クオリティペーパーの社会的様態とはほど遠い状況にある。むしろ、日本では全国紙の中の相対的なイデオロギー的位置づけの違いに注目することが、さしあたっては重要であろう。したがって、ハイダーを擁護したオーストリアで最大の大衆紙クローネン・ツァイトゥンクと同様のもの(機能的等価物)を日本の事例で検討する場合、最大の全国紙であり保守的な位置にある「読売新聞」を扱うことが適切だろう。実際、人口八〇〇万人規模のオーストリアで発行部数最多の新聞であるタブロイド紙クローネン・ツァイトゥンクの発行部数は一〇〇万程度、つまり八分の一である(ただし、実際には人口の四〇パーセント超の人が読んでいる)。日本で同規模の新聞を探せば、読売新聞をはじめとした各全国紙がそれに相当する。[5]

第二に重要なことは、日本における排外主義勢力や排外主義的な言説の担い手とマスメディアとの関係である。「行動する保守」の中心メンバーがネット空間を拠点に活動を拡げてきたこと、その言説がいわゆる「ネット右翼(ネトウヨ)」や2ちゃんねらーとも共振する形で――厳密にはそれぞれのアクターには緊張関係も存在するが――広がってきたことを念頭におけば、なぜ「読売新聞」というマスメディアを検討対象に設定するのかという点である。というのは、ネット言論の担い手たちの重要なフレームは「反マスメディア」であるからである(本書第1章参照)。しかし、彼ら／彼女らの「反マスメディア」の対象となるのは、新聞で言えば「朝日新聞」であり、それが「左翼」言説への対抗的な言説であるという点は重要な含意を持つように思われる。すなわち、「朝日新聞」への対抗言論の一翼である「読売新聞」の言説は、結果的にはネット言論と親和的な側面を持ちうる。両者には明示的な「同盟関係」はないにせよ、密かな「共犯関係」を結んでしまっている可能性がある。これまでの研究では「マスメディア」vs「反マスメディアとしてのネット言論」という枠組みで議論が展開されていたが、本章が読売新聞を対象にとりあげることはこの枠組みの妥当性を問い直す効果を持つだろう。

第三に重要な点としては、西欧では極右「政党」の台頭／衰退が重要な指標になる一方で、日本ではそもそも政党を設立する要件が厳しい関係で、ヘイトスピーチが頻出した二〇〇〇年代後半から今に至るまで、西欧でいうところの極右政党は成立していないという点だ(6)。したがって、歴史否認的言辞への対抗言説が排外主義勢力の台頭をどの程度抑制したのかを検討すること自体がそもそも困難である。しかし、ヘイトスピーチを繰り出す排外主義勢力である「在特会」は二〇〇七年に設立されており、二〇一二年頃よりヘイトスピーチデモが頻発するようになったことが一定の指標にはなりうる。したがって、歴史否認的言辞が二〇〇七年に至るまでどのように展開されてきたのかを追尾することには一定の意味があるものと考えられるのではないか。これが前項で挙げた論点

②であり、この点を検討するのが本章の役割ということになる。

## 3　歴史修正主義の台頭／流布とマスメディア

### 歴史認識問題の「発見」とバックラッシュ——一九六〇年代後半から九〇年代前半

日本における「歴史否認論」の台頭を印象付けるのは、他でもなく一九九七年一月の「新しい歴史教科書をつくる会」の成立である。また九三年に国会議員として初当選した安倍晋三が、大東亜戦争を「侵略戦争」ではなく「自衛のための戦争」と総括した自民党の「歴史検討委員会」の委員となり、さらに歴史教科書への攻勢をかけるべく自民党内の右派の政治家を集めて九六年六月に立ち上げた「明るい日本・国会議員連盟」や、翌年二月の「日本の前途と歴史教育を考える若手議員の会」(二〇〇四年に「日本の前途と歴史教育を考える議員の会」と改名)の設立が思い浮かぶ。九〇年代後半の「歴史否認論」が当初から「歴史教科書」をターゲットに据えていたことはここからも分かることだが、しかし、このように九〇年代後半に立て続けに右派による「歴史否認論」が台頭してくる背景として見過ごせないのが、六〇年代後半から九〇年代前半の歴史である。「歴史否認論」として捉えられる主なテーマは登場した順に、①朝鮮半島の植民地支配の美化・正当化(7)、②南京大虐殺の否定・矮小化、③歴史教科書問題(戦争責任・植民地責任の記述の有無・内容)(8)、④日本軍「慰安婦」の否定・矮小化、の四つがある(なお、以下では可読性を考慮し「慰安婦」の表記では括弧を用いないことにする)。もちろん、この四つは実際には重なり合って表れていることもあるため厳密には分けられない。たとえば、①②④は、少なからず③をめぐる議論の中で展開されることがある。なお、日本の加害責任を問う議論では戦争責任と植民地責任を理念型として分けて捉えているが、強いて分ければ②は戦争責任に、①④は植民地責任の問題に関わる。[9]

実のところ、①以外のバックラッシュとしての「歴史否認論」が現れてきたのはそれほど古くはなく、②の南京大虐殺の否定・矮小化言説の登場は一九七二年である。[10] これは、ベトナム戦争(およびアメリカ)を媒介にして意識化されるようになった日本のアジアに対する加害責任論への反発として現れてきたものである。逆に言えば、日本においてアジアへの戦争責任・植民地責任が徐々に意識されるようになってきたのは、基本的にはベトナム戦争以降のことである。[11] それより以前に戦争責任を問う意識が希薄であった要因は様々であるが(注1を参照)、本論に関わるものとして教科書検定制度について先に確認しておく。日本における教科書調査官制度が発足し、教科書検定が強化されたのは一九五六年である。これは一九五五年に自由民主党となる前の「民主党」が「うれうべき教科書の問題」と題する報告書を発表したことに端を発しているが、翌年に文部省が「教科書調査官」を省内に置いた結果、教科書からはかつての戦争を侵略戦争とみなす表現や戦争の加害性に関わる叙述はいっせいに姿を消していったのである(岡部・荻野・吉田編二〇一〇、一五三頁、別枝二〇〇二)。

この教科書検定が社会問題になるのは一九六五年の家永三郎の第一次家永訴訟(六七年に第二次

訴訟、八四年に第三次訴訟)からであるが、八二年になるまで歴史教科書は国際問題とはならなかった。八二年の第一次歴史教科書問題で問題になったのは、中国大陸への「侵略」を「進出」と改めるように検定意見がついたという報道であったが[12]、この最初のマスメディア報道も、政治に対する教育の中立性問題という、あくまで国内問題として枠づけされていた。教科書検定が外交問題化するのはこの第一次歴史教科書問題の報道が盛り上がってからである(三谷二〇一二)。そして、このときの外交問題化を踏まえ、歴史教科書の検定基準に「近・現代におけるアジア諸国との関係の記述に配慮する」という「近隣諸国条項」が追加された。なお、『正論』『諸君!』ではこのときに「東京裁判史観」という語を含む論文が初めて掲載され、歴史認識をめぐって「自虐」という言葉が使われるようになった(上丸二〇一一、三七一頁)。『正論』『諸君!』を研究した上丸は「「東京裁判史観」という言葉を触媒にすることで、日本は、まるで魔法のように「被害者」の立場を獲得」(上丸二〇一一、三七二頁)したのだと指摘している[13]。この第一次歴史教科書問題以降、日本人もまたアジアの人々の存在を意識するようになる。A級戦犯が靖国神社に合祀されたのは七八年一〇月一七日だが、八五年の中曽根公式参拝に対し中国をはじめとするアジア諸国が反発したのを目の当たりにしてから、ほとんどの日本人はこの問題を意識するようになった(上丸二〇一一、一三五頁)。

　そして、この「歴史認識」がその後に恒常的に国際問題化するようなパターンを取るようになった要因としては、アジアの国々の国内事情の変化および国際政治の環境変化も効いている。具体的には、韓国内の政治・社会状況と、日米韓の間のパワーポリティクスの変化という事情である(玄《ヒョン》二〇〇八、Cha 1999)。たとえば、韓国における独裁的政権が八七年六月の盧泰愚大統領「民主化宣言」を経て、民主的な体制へ移行していったこと、そして冷戦の終焉により、アメリカの安全保障政策が変化したことである。(14) 冷戦の崩壊、韓国の民主化は、韓国国内においてこれまで潜在化していた「歴史問題」(慰安婦、強制連行などの被害補償問題)を浮上させることになった。他方で、日本の戦争責任・植民地支配の責任を追及する声が現れてきたことへのバックラッシュとして安倍晋三をはじめとした右派勢力の活動が活発化した。新しい歴史教科書をつくる会もこの流れに棹さしたものであった。以上をまとめれば、国際関係の中で日本国内の歴史否認論が形成され顕在化してきたといえるだろう。

とはいえ、日本のアジアへの加害責任を問う声は海外からもたらされただけではなく、それ以前に六〇年代後半から八〇年代にかけて日本国内からも問題提起されるようになってきた歴史がある。むしろ、そのような国内での活動があればこそ「加害責任」が新聞で取り上げられ、公論化するようにもなったのである。

### ベトナム戦争を経由したアジアへの加害責任の意識化

日本のアジアへの「加害責任」が意識化されたのは、ベトナム戦争およびそれへの反戦運動である一九六五年結成の「ベトナムに平和を!市民文化団体連合」(翌年に「ベトナムに平和を!市民連合」に改称。以下、ベ平連)の活動によるところが大きい。社会運動史の道場親信は「加害という視点は、ベ平連代表であった作家・小田実が六六年にベ平連主催の国際会議で定式化したものである」と指摘している[15]（道場二〇一一、一〇四―一一一頁）。ベトナム戦争でのアメリカによる空爆（北爆）は、日本の一般市民がかつてアジア・太平洋戦争で経験した空襲を想起させ、さらにそのアメリカに基地を提供している日本の戦争責任を意識させていったのである。またそれは同時に、日本が高度経済成長を遂げ、海外進出をしていくなかでアジア諸地域を経済的に侵略しているのではないかという問題提起と呼応するものであった[16]。もちろん、この問いは「構造的暴力」への加担や「被害」と「加害」の重層構造を意識化したものであった（道場二〇一一）。

このように一九六〇年代後半から七〇年代を通して高まっていった「加害意識」は、やがて新聞上の記述にも反映されるようになり、たとえば読売新聞一九八〇年八月一五日の記事には「両親、親戚の人々が、どう戦争に関わったのか、どんな被害を受け、また加害者になったのか」という記述が表れるようになっていた（三谷二〇一二、三頁）。一般の兵士たちの戦争体験の証言が本格的に始まるのは七〇年代後半からであり、このような「加害証言」の台頭を象徴するのが、七五年七月から開始された読売新聞大阪社会部による連載「戦争」であった（岡部・荻野・吉田編二〇一〇、一五八―一六一頁）。なお、この連載は七六年から八四年にかけて『新聞記者が語りつぐ戦争』全二〇巻にまとめられた。このように、七〇年代から浮上したかつての戦争の侵略性・加害性をめぐる認識は、八〇年代から九〇年代にかけて一定の深まりをみせ、「世論調査でみる限り、半数をこえる日本人が、かつての戦争を侵略戦争と認識するようになった」（吉田二〇〇五、八九頁）と吉田は指摘している。

このベトナム戦争およびべ平連の活動が、日本のなかで「戦争責任」「植民地責任」をいくつかの道筋で意識化させていくことになった。たとえば、広島・長崎への原爆投下、およびマーシャル諸島での水爆実験に巻き込まれた第五福竜丸事件をきっかけに形成された戦後の「被爆ナショナリズム」のなかで、「八月六日・九日」を語ると同時に戦争責任、加害の問題を語りえた正典とされる栗原貞子の詩「ヒロシマというとき」が誕生したのは一九七二年であるが、これは栗原がべ平連の運動に関わっていたことによる影響が大きい(川口二〇〇四)。広島原爆文学の研究者である川口によれば、この詩は「〈ヒロシマの被爆の歴史ばかりではなく、加害者としての責任を見つめなければ、殺戮の歴史と犠牲者の記憶に答えることができない〉という認識を表現化した〈日本語の文脈においては極めて先駆的なもの〉と高く評価され、現在も国語教育や平和教育の現場で教材として、さらには平和運動の集会などで朗読される機会も多い」(川口二〇〇四)と指摘されている。また、同様に日本人の「被爆ナショナリズム」から排除されていた朝鮮人被爆者に光が当てられるようになった例としては、丸木位里・俊夫妻による「原爆の図」第一四部「からす」(一九七二年)の制作があり、これはベトナム戦争に反対するために行われた「原爆の図」シリーズのアメリカ巡回展(一九七〇年一〇月開始)の経験を踏まえて可能になったものである(小沢二〇〇二)。そして、この「からす」が発表された一九七二年は、「原水禁」(原水爆禁止日本国民会議)の被爆二七周年大会で「はじめて朝鮮人被爆者問題が日本の戦争責任と結びつけて取り上げられ、「被害者の運動」から「再び加害者にならない運動」への転換が宣言された」(小沢二〇〇二、二二五頁)年でもあった。このような流れもあり、広島・長崎では九〇年代以降の「平和宣言」でアジア・太平洋地域やそこに住まう人々への加害と謝罪が言及されるようになった[17](川口二〇〇四)。

また、②の南京大虐殺についての議論がなされるようになったのも、ベトナム戦争の取材を行った本多勝一が日本の戦争責任・加害責任を問う問題意識を育む中で書いたルポルタージュ『中国の旅』(朝日新聞社、一九七二年)の発表によるところが大きい。南京大虐殺の否定・矮小化論は、これへのバックラッシュとして現れてきたものである(笠原二〇〇七)。

日本のアジアへの加害責任はこのように、ベトナム戦争およびそれへの反戦運動を媒介にして形成されてきた部分が大きい[18]。また、日韓基本条約の締結(一九六五年)や日中の間での国交回復(一九七二年)など国際関係の変化が並行して生じていたことも、日本の戦争責任・植民地責任が日本国内で公論化してくることを促したと言える[19]。同時に、この日本の加害責任を否定・矮小化するバックラッシュも生じてきたが、しかしながらこのバックラッシュとしての歴史否認論はマスメディア上では、一九八二年の「第一次歴史教科書問題」まで基本的に批判されてこなかった。たとえば、先行研究である三谷(二〇一二)によれば、日韓国交正常化交渉(一九五一〜六五年)の際の「久保田発言」や「高杉発言」は、当時の日本社会の中で、「妄言」としてマスメディアでは批判されてこなかったという[20]。そして、教科書問題を飛び越えてより直接的に「歴史」が政治問題化するのは一九九〇年であった。この年、「旧日本軍性奴隷」にされた韓国の女性たちが、いわゆる「従軍慰安婦問題」(以下、引用以外では日本軍慰安婦問題と表記)について日本政府に事実関係の調査を依頼し、拒否される。翌年に、三人の韓国人元日本軍慰安婦が東京地裁で日本政府を提訴し、一九九三年八月に河野洋平内閣官房長官(自民党総裁)が「河野談話」を発表し、日本軍慰安婦問題についての政府の関与を認め謝罪した。それに対し、衆議院議員初当選の安倍晋三らが反発し、同月に自民党が大東亜戦争を総括するとして「歴史検討委員会」を設置したのである(九五年までに二〇回程度開催)。このようにして、歴史認識の問題が日本の政局に直結するようになるのである。

## マスメディアにおける「歴史認識」言説の量的経年変化

マスメディア上の「歴史認識」に関する言説の展開を検証するにあたって、その経年変化を追うが、それに先立ってまずはどのような資料を、いかなる手法によって収集し、分析を施すのかという点について確認しておきたい。

本項では、すでに述べた理由により、「読売新聞」の言説を追うことを目的にするが、その特徴を浮き彫りにするために比較対照群として同時期の「朝日新聞」の言説も取り上げることにする。この両者はそれぞれ「ヨミダス歴史館」と「聞蔵Ⅱ」というデータベースが整備されており、本章はそれを利用して、検討に付すデータの整理を行った。以下にその利用条件をまとめておく(表1)。

ここで重要なのが、データベースの性質の違いからくる、検索条件の違いである。まず、朝日新聞のデータベースに比べ、読売新聞のデータベースは詳細な条件設定ができない。したがって、検

表1　データベースの利用条件

| | 読売新聞 | 朝日新聞 |
|---|---|---|
| データベース | ヨミダス歴史館 平成 | 聞蔵II |
| 検索日 | 2014/12/26 | 2014/12/26 |
| 検索条件 | キーワード検索 | 見出し/本紙＋地域面/朝刊＋夕刊 |
| 検索ワード | 歴史認識 | 歴史認識 |
| 記事総数 | 1164件 | 367件 |

索条件として、「キーワード検索」(読売)と「見出し検索」(朝日)には次のような大きな違いがある。それは、朝日新聞の場合には記事の「見出し」に表れた「単語」を検索可能だが、読売新聞の場合にはそうではない。読売新聞の場合には、データベース化をした際に、その記事がどのような問題に関する記事なのか識別するために付された「キーワード」と紐づけられているという点だ。したがって、本章で「歴史認識」で検索をかけた場合、朝日新聞では「見出し」に表れたもののみが拾われるのに対して、読売新聞では「見出し」に「歴史認識」がなくとも検索条件に従った記事として拾われることになる。その結果、朝日新聞では三六七件の記事が収集されたが、読売新聞の場合には三倍以上の一一六四件の記事が収集された。これは、純粋に朝日新聞が「歴史認識」問題に「熱心ではなかった」ことを反映しているのではなく、データベースの性質の違いを反映しているに過ぎない。したがって両紙の数量の差そのものは分析の軸にはならない点が、本章の分析の限界である。

しかし、記事数の変動の仕方自体に注目してみると、実は両紙はほぼ同様の動きを示している点が注目に値する(図1)。このことに鑑みるに、以上の検索条件に基づいた読売と朝日の違いは、比較不可能なまでにデータベースの性質が違うとは言えないと評価することはできよう。本章はこのような前提に立った上で、検索で拾われた全ての記事(読売と朝日で計一五三一件)に目を通し、歴史否認論と排外主義に関して特徴的(重要)と思われる記事をピックアップし、その記事のレトリック分析を行った。

なお次節でも言及するように、「歴史認識」で検索すると拾われる記事には「慰安婦問題」を扱ったものが含まれている。そこで確認のため「慰安婦」を検索ワードに据えて、その他の

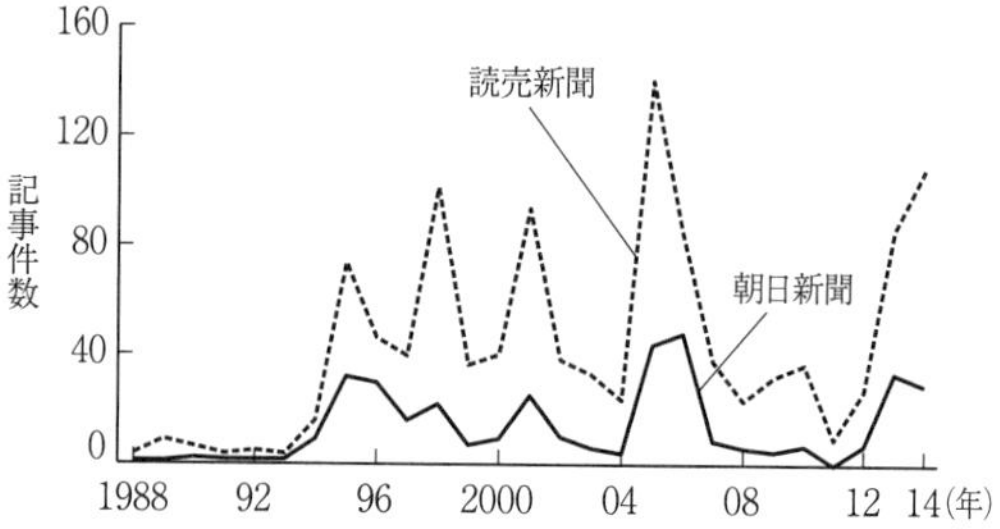


図１　「歴史認識」記事数(1988–2014)

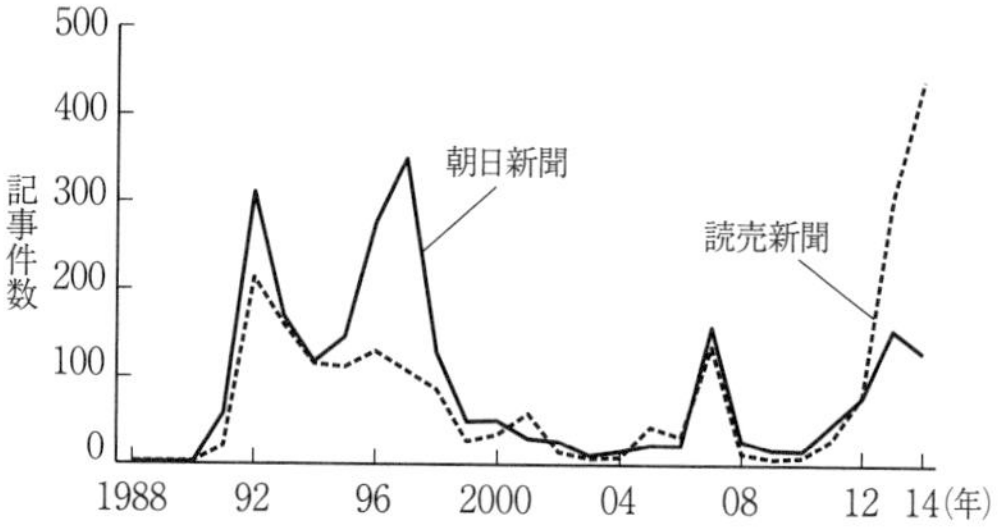


図２　「慰安婦」記事数(1988–2014)

条件は変化させずに両紙を検索してみると、検索記事数そのものは読売の場合が二二〇一件、朝日新聞の場合は二四二九件と、ほぼ同数の記事が得られた。ここでも、基本的には記事数の変動は両紙で一部分を除いて同じ傾向を示していることが多い(図2)。なお、九〇年代後半の報道で両紙は大きな違いを見せているが、この点については次節で論じることにする。

さて、以上の条件を踏まえた上で図1に立ち戻るならば、読売新聞と朝日新聞の両者に共通する傾向として、次のようなポイントが読み取れる。それは「歴史認識」をめぐる報道量には五つの山が存在することである(①一九九五年、②一九九八年、③二〇〇一年、④二〇〇五〜〇六年、⑤二〇一三〜一四年)。最後の五つめの山は朝日新聞のかつての「慰安婦報道」についての訂正記事に始まる「朝日新聞バッシング」に関連しているが、それ以外の四つの山の時期に何があったのかを次項では概括しておきたい。

### 「歴史認識」言説の山とその背景

九〇年代後半から二〇〇〇年代にかけての「歴史認識」記事数の山を示す時期において、どのような政治・社会的事柄があったのだろうか。

まず、一つ目の山である一九九五年の時期であるが、これは日韓国交正常化から三〇周年の時期にして戦後五〇周年、そして村山談話が出された時期であり、北朝鮮との間での日朝国交正常化交渉の再開の日取りが取りざたされた時期である。また、衆議院では「歴史を教訓に平和への決意を新たにする決議」が採択され、他方で韓国併合条約の位置づけをめぐる、渡辺美智雄元副総理や村山富市総理の発言が日韓両国で波紋を広げた年でもある(21)。

二つ目の山である一九九八年であるが、この時期は小渕恵三首相と金大中大統領による「日韓共同宣言」への署名があり、日本が植民地支配により韓国に与えた損害と苦痛に対し小渕首相が「痛切な反省と心からのおわび」を表明し、金大統領がこれを受けて首相の歴史認識を「評価」した出来事があった。しかし、今度は日中の間での共同宣言に際し、韓国の場合と同様に侵略に対するおわびを盛り込むことが要求され、日本側がこれを拒否することで日中共同宣言には「おわび」の記載がなされないというように、「歴史認識」が外交交渉の場面で直接的な交渉事項に入った年でもある。「日韓共同宣言」で「歴史認識問題」は初めて合意文章に盛り込まれ、過去の植民地支配への「反省」と「おわび」を小渕首相が述べたことが明記された代わりに、金大統領は両国政府間で今後は過去の問題を持ち出さないことを表明した。この背景には一九九七年のアジア通貨危機による韓国経済の破綻が存在していたが、他方で共同宣言をすることをもって、韓国側が日本文化を輸入することへの規制を解いていき、公式的にも日韓の間で文化交流が開始されていった。

三つ目の山である二〇〇一年は、小泉首相が靖国神社に参拝したため、日韓および日中関係が冷却する年である(22)。この年は小泉政権が誕生する直前の三月の人種差別撤廃委員会(CERD)による日本政府報告書審査で、東京都や神奈川県の警察署が「中国人かな、と思ったら一一〇番」などと記した防犯チラシを配布した件が問題になった(岡本二〇〇六)。また、『日本の民族差別』の編著者である岡本雅享は、二〇〇一年に参議院議員選挙の比例代表制の選挙方式が「拘束式」から「非拘束式」へ変わったことで、政党票を得ようとし、地道な活動を続けてきた市民派議員たちよりも、有名人、タレント立候補者を優先した点も、国会の右傾化に影響を及ぼしたとする見解を示している(岡本二〇〇六)。さらに、新しい歴史教科書をつくる会が作成し検定に合格した教科書に対し、韓国が三五項目にわたって修正を要求し、中国が八項目の問題点を指摘した年でもあった[23]。このような「教科書問題」は日韓関係に悪影響を及ぼし、たとえば日韓交流イベントが相次いで中止になった。そして、一九九八年から毎年段階的に進んだ日本文化開放でも、二〇〇〇年の第三次開放に続いて翌年に行われるはずだった第四次開放は「無期限の中止」に追い込まれた(金二〇一四、一九一—一九六頁)。他方で、この教科書問題を契機に、日中韓の学者が「歴史認識」についての民間交流を試みていく。二〇〇二年の日韓ワールドカップを目指して日韓交流が活発になりつつあるこの時期は、火種がくすぶり続ける状態が常態化し始めてもいたのである。「嫌韓運動」の端緒として指摘されるのは、第1章の伊藤昌亮論文でも指摘されるように「日韓ワールドカップ」(二〇〇二年五月三一日から六月三〇日まで開催)であるが、同年九月に小泉が北朝鮮を訪問し、日本人拉致問題について金正日が認め、謝罪したことも韓国・朝鮮へのヘイトスピーチを加速化したと言えるだろう。なお、石原慎太郎による「三国人発言」も二〇〇〇年から二〇〇一年にかけて問題になったものだが、本章の記事検索の条件では朝日新聞でのみ見つかった。

四つ目の山である二〇〇五年は、日韓国交正常化から四〇年、戦争終結より六〇年の年にあたる。この年の前半には小泉首相の靖国参拝などを念頭におき、盧武鉉大統領がドイツと日本の歴史問題を処理する態度の違いを取り上げて、間接的に歴史認識に関する日本の態度を批判した。また、中国における「反日デモ」を念頭にして、中国の温家宝首相が歴史認識に関して日本政府に「熟考を促す」などの出来事があった。他方で、国内では島根県が「県民、市町村及び県が一体となって、竹島の領土権の早期確立を目指した運動を推進し、竹島問題についての国民世論の啓発を図るため」に竹島の日を制定し、韓国から反発を招く。また、民主党が「若手議員が増える中、戦争責任など歴史認識を党内で共有することをめざし」て、藤井裕久代表代行を会長にした「日本の近現代史調査会」を立ち上げている(朝日新聞二〇〇五年六月一七日付・朝刊記事)。衆議院では「戦後六〇年決議」が採択されるも、「植民地支配」や「侵略的行為」などの文言がなく、戦後五〇年決議より後退したものとなった。続く二〇〇六年は、第一次安倍晋三内閣が発足した年であり、民主党が「歴史認識」について過去の安倍の発言を取り上げながら、論戦を挑む構えを見せた。また、アメリカのワシントン・ポスト紙が「安倍氏は過去を美化することでは小泉首相を上回る」と懸念を表するなど(朝日新聞二〇〇六年九月二六日付・夕刊記事)、国際的にも「歴史認識」が争点化した年でもある。

## 4 読売新聞における「歴史認識」言説の特徴

### 歴史認識言説における対象としての「在日」の位置

では、歴史認識論は実際にどのような形で日本国内のマイノリティである「在日」の存在とリンクしたのか。ここでは読売新聞の二〇〇〇年九月二六日付朝刊(東京/政治面)に掲載された、編集委員の水野雅之による「外国人選挙権　感情は感情論抜きで」という記事に注目しよう(傍線は引用者による。以下、同様)。

永住外国人に地方選挙権を付与すべきかどうかは、過去の歴史認識問題も含めて難しい政治問題だ。静岡・熱海で行なわれた日韓首脳会談。金大中・韓国大統領は改めて年内解決を迫った。そもそもこの問題が脚光を浴びたのは、二年前の大統領自身の国会演説といっていい。不幸な過去の清算とともに未来志向の日韓関係の確立を呼びかけたこの名演説、一方でこう注文していた。「私は七〇万在日韓国人の未来を考えないわけにはまいりません。特に地方参政権の獲得が早期に実現できれば、在日韓国人だけでなく、韓国国民も大いに喜び、世界も日本の開かれた政策を積極的に歓迎してやまないでしょう」永住権を持つ外国人は計六三万五七一五人(昨年末現在)。うち旧植民地出身者とその子孫に認められる「特別永住者」は五二万二六七七人で、韓国・朝鮮籍は五一万七七八七人だ。在日四世は二万人にのぼるという。韓国側が強気なのも、五年以上在住外国人に二〇〇二年統一地方選から参政権を認める方針を固めていることもあるようだ(もっとも韓国の在留邦人は約一万三〇〇〇人にすぎない)。しかしわが国はとなると、コトは容易ではない。「国民」重視か「人権」重視かの対立はもちろん、根底に外交・安全保障政策を含めた国の在り方の基本にかかわる問題を含んでいるからだ。〔中略〕日米防衛協力指針(ガイドライン)法でも地方の協力を求める場合がある。そうした場合、国益を損ねる議員を選んでは困る。公明党は「『人権大国』を目指す」(神崎代表)というが、自民党内には「在日外国人に公明党支持者が多い」(自民党筋)という疑念もある。ある自衛隊OBから「北朝鮮を中心にスパイが紛れ込んでいる可能性も捨て切れない」という声を聞いたこともある。最近になって、野中幹事長は特別永住者に限定する考えを示唆しているが、なぜそうした人だけが対象なのか。そもそも選挙権がほしいなら、なぜ帰化しないのかなど課題は多い。〔中略〕安易に「人権」という感情論に流されず、「国民」とは何か、憲法問題を含めてじっくりと見つめ直すことが大切だ。

歴史認識問題は、日本に住まう在日韓国・朝鮮人の参政権問題とも結びつけられることで日本の内政問題として浮上した。同時にそれが安全保障政策とリンクさせられることで、外国籍住民が「スパイ」として表象化されるレトリックが用意されることとなった。本来であれば、特別永住者と「国民」の関係は、それこそ歴史的経緯を知れば「なぜ帰化しないのか」などと疑問に付す問題ではないが、「安全保障」の問題として括られることで脱歴史化した問題として焦点化されている。また、この枠組みの中で「国民」と「人権」が対立させられ、人権に基づく議論が感情論として棄却されるレトリックが形成されている。このような言説が用意されるなかで「歴史認識」が不十分であるという議論を提起・展開することは、日本の安全保障面での国益を損なうものとして象徴化される土壌を用意したのではないか。

### 〈歴史認識論＝反日〉というレトリックの浮上

時間はやや遡るが、読売新聞の一九九六年九月二一日付朝刊(東京／国際面)に掲載された「〝尖閣灯台〟で噴出する反日感情　華人社会「新ナショナリズム」」という長文の記事を見てみよう。この記事では「歴史認識論」が「反日」として言及されているが、これは筆者の確認した限りで初めての例である。あわせて、それが尖閣問題や靖国問題と連接させられたものとして提示されている。

尖閣諸島問題に今回、中国側が初めて公式言及したのは、灯台設置から間もない七月一八日の外務省定例会見だ。報道官は、「中国の領有権に対する重大な侵犯」と、型通りの批判はしたものの、「日本政府が有効な措置をとるよう求める」との表現にとどめた。中国独特の外交用語の「有効な措置」は、相手に「事態重視」を伝え、「一定の善後策」を迫る一方で、「円満解決」へのシグナルであることが多い。中国側が当初、穏便決着を探っていたのは間違いない。だが、シナリオを崩す事態が、日中双方で次々と起きる。皮肉にも中国の地下核実験と重なった、七月二九日の橋本首相の靖国神社参拝は、中国側の不信を一気に深め、領有権問題と歴史認識問題が結びつく結果を招いた。中国側が「実験終了」を国際社会に宣言した核実験への、日本側反応は予想以上に厳しく、中国政府を失望させた。台風で破損した尖閣諸島の灯台を政治結社が修理する動きも重なり、日本の排他的経済水域設定と灯台問題で激化した台湾、香港の反日ムードをあおり、これが中国政府の対日政策にもはねかえる状況が続いた。中国外務省の王毅アジア局長はこの九日、「日本政府は右翼を放任し、彼らの行為を助長した。中国側はさらなる措置を取る権限を留保する」と、かつてなく強硬な姿勢を日本側に示した。最初のボタンのかけ違いが、深刻な事態を招いた典型と言って良い。もっとも、それだけでは片付けられない状況も、中国側に生まれ始めている。中国政府は戦後五〇年の節目だった昨年、「抗日戦争勝利五十周年キャンペーン」を大々的に展開した。キャンペーンは当初、「国民の団結を図る愛国主義高揚が目的」(中国政府筋)とされたが、中国の核実験問題で日中関係がぎくしゃくするにつれ、江沢民・国家主席(党書記)自ら日本側要人に、「正しい歴史認識」について度々注文するなど、次第に「反日」の色彩を濃くしていった。

なお、朝日新聞の側では「歴史認識論」を「反日」と結びつけたレトリックを使用している記事の例は確認できなかった。ここで取り上げたのは日中間の関係における「歴史認識論」だが、「歴史認識論」はこの後に参政権の問題と結びついた形で浮上し、それとともに「在日韓国・朝鮮人」の存在がクローズアップされるようになる。また、このことに政治的にリアリティをもたらした背景としては、一九九六年に結党した民主党が当初より歴史認識論や外国人参政権に積極的であり、二〇〇〇年の衆議院選挙で一二七議席を獲得し、二大政党時代の到来を宣言するまでの政治勢力になっていたこともあるだろう。「行動する保守」のデモ参加者へのインタヴューを複数行った樋口直人の研究でも、外国人参政権と二〇〇九年の民主党政権の成立が彼らに強い危機感を与えていたことが確認されている(樋口二〇一二、八八頁)。

### 国内に向けられる排外主義――転轍機としての慰安婦問題

ただし、「歴史認識論」は中国や韓国という言わば「外」からの日本に対する批判(=「反日」)としてだけではなく、国内から「歴史認識論」を問題提起する人々も「反日」であるという風に括られる文脈をつくったものには、「外国人参政権」や「民主党」以外にももう一つ注目すべき流れがある。それは「慰安婦報道」を行う国内メディアを敵視するものであり、それが九七年以降の読売新聞の記事・社説には見られるという点である。

慰安婦報道に関しては、全体量として九〇年代後半の報道量が朝日新聞に比べて読売新聞は少なく、相対的に読売新聞は消極的であった(図2参照)。しかし、この時期に読売新聞が大きく報道姿勢を変化させていることは見逃せない点である。記事の上で確認できる転換点となっているのは一九九七年の四月前後である。まず、九七年一月三一日の社説「見逃せぬ〝言論封じ〟の動き」では、櫻井よしこの神奈川県内での講演会が中止されたことを「言論封じ」として批判しながらも、日本軍が慰安婦問題に関わっていたことは認めている。

政府は九三年八月、当時の河野洋平官房長官が、「総じて本人たちの意思に反して行われた」との曖昧(あいまい)な表現の談話を発表した。だが、この時に公開された調査資料を見る限り、軍による「強制連行」の事実は示されていないことは、桜井さんの指摘するとおりである。ただし、河野談話にもあるように、「慰安所の設置、管理および慰安婦の移送」については、軍が直接、間接に「関与」した事実は否定すべくもない。

しかしながら、九七年四月一三日の社説「憲法施行五〇年 まだ残る〝日本性悪説〟の呪縛」になると一転して慰安婦報道について次のように述べるようになる。

勤労動員だった女子挺身(ていしん)隊を慰安婦徴用のための〝女性狩り〟だったと、歴史を偽造してまで、日本を〝比類なき悪〟に仕立てようとした報道などは、そうした偏った姿勢が行き届いた結果ではないか。憲法を考えるうえで問題なのは、そうした〝日本一国的性悪説〟的な傾向と、左翼護憲運動の流れとが、大部分、重複しているように見えることだ。憲法を一字一句でも変えれば軍国主義の復活を招く、といった調子の議論などは、東京裁判史観とマルクス主義的な左翼史観の尾を引きずるものだろう。

なお、ここでいう「偏った姿勢」とは、後段の「日本一国的性悪説」と「東京裁判史観」「マルクス主義的な左翼史観」を指している。これは一九九七年一月に結成された新しい歴史教科書をつくる会の歴史観と同様のものである。

また、翌年の一九九八年には元日本軍慰安婦三名による山口地裁での日本政府を相手取った裁判の判決が下り、それを読売新聞の論説委員・朝倉敏夫が解説した記事「元従軍慰安婦問題の誤解」(一九九八年五月八日付・朝刊掲載)が掲載されるが、この記事以降では慰安婦報道に関わる日本の新聞社を批判する論調が強化されていく。

「韓国においては、なぜか従軍慰安婦と勤労挺身(ていしん)隊とが混同されたようで……挺身の字の意味からか、従軍慰安婦をいうものと誤解……」元慰安婦三人に慰謝料の支払いを国に命じた山口地裁下関支部の判決文には、こんな一節がある。問題の多い判決だが、この部分は、いわゆる歴史認識をめぐる日韓間のシコリを解きほぐしていくうえで、重要な指摘である。韓国の元慰安婦支援団体は「挺身隊」という名称を使っている。中学、高校用の国定教科書には、挺身隊が〝慰安婦狩り〟の一部だったという叙述がある。金大中大統領も読売新聞との会見で、元慰安婦問題を女子挺身隊問題と表現している。しかも、日本側にも、そうした誤解をあおり立てるような動きがある。九二年一月、日本の新聞が、挺身隊動員は従軍慰安婦強制連行、とする大々的な歴史偽造報道をした。その報道を受けて、韓国の新聞は「一二歳の小学生まで動員、戦場で、もてあそばれたことに煮えくりかえるような憤怒を禁じ得ない」とする社説を掲げた。

この記事冒頭で挙げられている山口地裁判決文では、実際には「挺身隊」という用語の問題は些末な問題でしかなく、それを針小棒大な形で報道することで判決文の全体の内容・趣旨からずらした印象を作り出している[24]。読売新聞は以後、このような論調の報道を続けていくようになる。この記事の三カ月後には国連差別防止・少数者保護小委員会でマクドゥーガル(マクドガル)特別報告者が日本軍慰安婦問題に関して言及した報告書をまとめているが、読売新聞は社説「国連の権威損なう「慰安婦」報告」を八月一一日に掲載している。この中ではマクドゥーガル(マクドガル)報告書を「歴史認識へのバランスに欠けた内容」であると批判し、その背景にある日本国内の動きを問題視する記述を行っている。

どの国、どの民族の歴史も、きれいごとばかりではない。こうした歴史認識のバランスを欠いた、特定国のみを悪とするかのような要求は、「普遍性」を掲げる国連の権威を損なうことになる。ただ、クマラスワミ報告やマクドガル報告が、このような偏った内容になる要因のひとつは、日本国内の動きにもある。詐欺師の偽書を称揚したり、勤労動員だった女子挺身(ていしん)隊を〝慰安婦狩り〟だったと歴史を偽造するような一部マスコミや市民グループ等が、国際社会に対して、偽情報を振りまいてきたからだ。加えて、浅薄な外交的思惑から、裏付けもないまま、慰安婦の「強制連行」を認めたかのような九三年の河野官房長官談話があった。この談話がその後、慰安婦問題をいかに混乱させたかを考えれば、出来るだけ早く修正されるべきである。過去の歴史について反省すべき点は反省しなくてはならないが、その前提は冷静な歴史論議である。

なお、読売新聞の「日本軍慰安婦」についての報道は、「歴史認識」のキーワードで検索できた記事では朝鮮人慰安婦のものにほぼ限定されており、中国人慰安婦や他の国・地域の慰安婦についての報道はほとんど見当たらない。

中国や韓国による日本の「歴史認識」批判が「反日」的なものであると象徴化するレトリックが二〇〇〇年までには用意されてきたことを検討してきたが、本項では「慰安婦報道」を積極的に促した日本国内の「一部マスコミ」「市民団体」をも同時に敵視するレトリックが形成されてきたことも明らかにしてきた。後者に関しては、この九〇年代後半の時期に熱心に「慰安婦報道」を行っていたのは朝日新聞であり、それとは対照的に報道量としては抑制的であった読売新聞との対比が見られたわけであるが(図2参照)、このような報道量の落差を逆手にとる形で「読売新聞」は日本国内の「一部マスコミ」を批判する報道姿勢へ転化していったと見ることも可能だろう。この点については、排外主義をめぐる先行研究でもあまり注目されてこなかった点かもしれない。

### 二〇〇〇年代における歴史認識問題と領土問題の連接

一九九八年の日韓共同宣言から二〇〇二年の日韓ワールドカップ、そして文化交流の活発化による韓流ブームは日韓の距離を縮めて友好ムードを高めていった。他方で、新しい歴史教科書をつくる会が一九九七年一月に結成され、中学校歴史教科書に記載されるようになった日本軍慰安婦の記述を削除するように各地で活動を活発化させていき、そして二〇〇一年には新しい歴史教科書をつくる会が作成した教科書が教科書検定を通過する。保守のバックラッシュにより、歴史認識問題は政府交渉のレベルでは争点化しないとした一九九八年の日韓の「約束」も事実上反故にされざるを得ない事態が生じていた。このような中で日韓歴史共同研究においても「歴史認識を共有する事の難しさも浮き彫り」(二〇〇五年六月二日付・東京朝刊/政治面「日韓歴史共同研究・報告書公開 認識の違い、浮き彫りに」)になっていった。また、日韓ワールドカップ後の動きとして重要な要素に挙げられるのが、同年九月に初めての日朝首脳交渉で「北朝鮮」が日本人を拉致していたことを公式に認めたことである。さらに、二〇〇六年七月および二〇〇九年四月には北朝鮮が弾道ミサイルを発射し、二〇〇九年五月には地下核実験も行っている。他方、二〇〇五年に島根県が竹島の日を条例で制定したことを受けて、韓国との間でも緊張が高まっていた。次に見るのは、二〇〇六年四月二五日付の東京夕刊二面に載った「韓国・盧大統領の特別談話 対日強硬姿勢が鮮明に EEZ交渉、難航は必至」という記事である。

韓国の盧武鉉(ノムヒョン)大統領が二五日、厳しい対日観に基づき、竹島(韓国名・独島)問題への対応の全面的見直しを打ち出したことで、昨年来、島根県議会の「竹島の日」制定や小泉首相による靖国神社参拝などで急速に冷え込んだ日韓関係の一層の悪化は決定的となった。五月中に再開される両国間の排他的経済水域（EEZ）の境界画定交渉も、難航が必至の情勢だ。盧武鉉大統領は談話で、竹島問題に対する日本の姿勢は、靖国問題、歴史教科書問題とともに、日本の歴史認識や韓国・東アジアに対する意思を見極める「試金石」だとの認識を示した。盧大統領はこれまでも竹島、靖国、歴史教科書の三つを日本がただすべき問題として要求してきたが、竹島問題を歴史認識と主権のいずれにもかかわる問題として最重視していることを明確にした。

同時期に、韓国から日本の自治体の教育委員会宛てに新しい歴史教科書をつくる会の教科書を採択しないように働きかける郵便が届けられたり（読売新聞二〇〇五年八月一日付・東京朝刊（岩手）「「つくる会」の教科書採択しないで　韓国から大船渡市教委に手紙」）、韓国民団がその教科書を採択しないように働きかけたり、日韓国交正常化四〇周年を記念して冷え込む日韓関係を好転させようと日韓歴史認識講座が民団主催で行われたりした（読売新聞二〇〇五年五月八日付・大阪朝刊「日韓交流発展が重要　民団顧問が歴史講座で強調　松江で」）。しかし、歴史認識問題が主権に関わる安全保障問題として問題提起されるような状況下で、それは外圧として受け取られる。右に挙げた読売新聞二〇〇五年八月一日の記事では次のように紹介されている。

大船渡市教育委員会に韓国から国際郵便で、教育委員に対し「新しい歴史教科書をつくる会」のメンバーが執筆した扶桑社の中学用教科書を採択しないよう求める手紙が計三六通届いていたことがわかった。文章は日本語で書かれ、差出人は主に韓国北西部の京畿道の中学校の校長や生徒となっていた。市教委は「圧力をかける意図なのか」と戸惑いを隠さない。同じ気仙地区の陸前高田市、住田町にも同様の手紙が届いているという。〔中略〕ワープロか手書きで、「つくる会」の歴史認識を非難し、日韓間の領土問題にも触れながら、扶桑社の教科書を採択しないよう求めた。一方で、サッカーの日韓ワールドカップ共催や韓流ブームを例に、日韓の友情を訴えたりもしている。〔中略〕市教委は、古い名簿をもとに組織的に送ってきた可能性もあると見ている。大船渡地区教科用図書採択協議会のメンバーでもある金野大登・市教育長は「こうした手紙は初めてで驚いている。もし圧力をかけるつもりなら、むしろ逆効果だと思う」と話している。こうした手紙は九州の各県にも届いている。

また、同時期には次のような投書も見られるようになっていた(読売新聞二〇〇五年四月二六日付・大阪朝刊「一方的批判に弱腰になるな! 農業・畠中正一76」)。

中国や韓国が、我が国の歴史教科書の記述に対し、歴史認識に誤りがあるとして、厳しい批判や非難の声を上げている。先の大戦で、我が国が近隣諸国に迷惑をかけたことは事実である。

これらについては歴代首相が率直に反省し、遺憾の意を表明している。にもかかわらず、反日の抗議行動が各地で頻発、暴動にまで発展してきた。原因の一つとして、過去の反省が十分でないとクレームをつけている。とりわけ、我が国固有の領土である竹島を韓国が不法に占拠しているという記述、尖閣諸島の領有権主張に対して強く抗議しているようだ。だが、史実に基づく記述を歴史の歪曲(わいきょく)とし、一方的に批判、抗議することは内政干渉としか思えない。感情的にならず、冷静に対処していくことが大切だと思うが、我が国は主権国家である。国益にかかわる問題だけに弱腰にならず、強く主張して欲しい。

この投書に見られるように、安全保障を想起させる領土問題が歴史教科書問題と結びつけられ、〈歴史認識＝主権の問題〉として認識されるようになっている。歴史認識論がセキュリティ感覚の上昇とつながるものとして捉えられるようになっていったのである。なお、領土問題では中国との尖閣諸島の領有権問題や、韓国との間での「竹島(独島)」の領有権問題があり、本項で見てきたように読売新聞は両方を扱っている。ただし、前項で述べたように、慰安婦報道に関しては朝鮮人慰安婦問題に特化した形で扱われており、このような偏りが排外主義の表出にどのような影響を与えているかは今後の検討課題である。

## おわりに

本章では、マジョリティ／マイノリティの定義の基盤となる「歴史認識」に関しての言説を、読売新聞の記事を素材に追いかけてきた。この中で、歴史認識問題は領土問題や外国人参政権問題と連接する問題として捉えられることで、セキュリティの対象として認識されるようになってきたことを明らかにした。すでに樋口直人による『日本型排外主義』において提起されたように、「日本、韓国と北朝鮮、在日コリアンという三者関係」という捉え方による問題の整理と同じものである。ただし、本章では読売新聞の報道において、国内のマスコミおよび市民団体もまた「反日」的なものであるという捉え方が、「慰安婦報道」を契機にして同時期に形成されてきたことも明らかにしてきた。この問題は国際関係の変化だけでは説明がつかないものであり、先行研究ではあまり注目されてこなかった点でもある。

また、歴史否認論および排外主義に関するこれまでのメディア研究では、『正論』『諸君！』などの右派論壇誌の希少な研究例(上丸二〇一一)を除けば、主に〈マスメディアvsネット言論〉という議論枠組みを立ててきた。だが、本章では読売新聞を素材に分析をすることでマスメディアとネット言論の言説の親和性(もしくは密かな共犯関係)を、間接的にではあるものの分析の俎上に載せた。それによって、本章はマスメディア上における歴史否認論と排外主義の連続性の一端を取り上げることができたものと考えている。さらには、マスメディア間の抗争関係(慰安婦報道における読売新聞の他のマスコミ批判)が、上記の密かな共犯関係(親和性)を形成するのに一役買った可能性を示唆することができたのではないだろうか。

もちろん、以上の課題は本章で十分に論証できたとは言い切れない。今後は、内容分析やクリティカル・ディスコース・アナリシスなどの専門的な分析手法によって、さらなる検証を行う必要があるだろう。他方で、資料としては読売新聞のようなマスメディアだけではなく、週刊誌における「嫌韓」「反中」記事の隆盛を分析対象に含める必要があるため、今後は資料的にも方法論的にも、より系統的な分析が試みられていく必要がある。

## 注

(1) ただし、本書第4章で指摘されるように、西欧においては「極右」政党の台頭期にはホロコースト否定などの歴史否認論が排外主義と結びついていたが、その後歴史否認論を回避する形をとることで、それらの政党が右派ポピュリスト政党として発展していった経緯がある。この背景には、ナチズムを想起させる歴史否認論は西欧では受け入れられないという合意がある程度達成されていたという事情がある。その意味では、歴史否認論の上にヘイトスピーチが成立するのは、ある程度日本に特有の現象かもしれない。

(2) 日本軍「慰安婦」の問題を例にとると、これが全ての中学校教科書で記載がなされるようになった一九九六年の教科書検定以降、優れた授業実践が多数行われてきたことは疑いようがない(小川二〇一四を参照)。しかし、二〇〇一年の検定では中学歴史教科書八社中五社から、二〇〇六年検定では全社から「慰安婦」記述が消えたため、「慰安婦」についての授業実践が多くの学校で、継続して展開されたと考えるのは困難であろう。

(3)「怒り」を動員資源とすることで多くの人が社会運動に参加することを野間易通は官邸前における脱原発デモで発見し、カウンター運動にも応用した。たとえば、吉岡(二〇一四)による野間へのインタヴューでは「これだけの人が来たのは、ひとつは怒っている人が多かったということ。そして、その怒りの感情をストレートに表現するのが〝アリ〟なんだ、というスタイルになっていたのが大きい」と語られている。

(4)ドイツ共和党衰退の原因としては他に、ドイツ統一の影響、党内の紛糾、連邦憲法擁護庁の監視(一九九二―二〇〇六年)、選挙制度、ドイツの政党システムの在り方など多面的な要因がある。他方で、イェルク・ハイダーが党首になるまで「極右」政党ではなかったオーストリア自由党(FPÖ)の右旋回およびその後の盛衰については、オーストリア特有の政党システム(国民党と社会党で議席の大半を取り、かつ両者が大連立の時代以外でも協調的だったこと)や強固なネオ・コーポラティブ(政・労・使間での協調の制度化、「社会的パートナーシップ」)の存在と、その硬直性に対する批判の高まりが背景要因としてある。

(5)産経新聞は縮刷版およびデータベースが整えられておらず、また他の全国紙に比べて部数が少ないために考察対象からはずした。なお、新聞を素材に二〇〇七年の一年間で「慰安婦」をキーワードにして分析した三谷(二〇一〇)の先行研究では、朝日新聞、毎日新聞、読売新聞、産経新聞の四紙を分析対象にしている。三谷はこれら四紙の記事についてフレーム分析を行い、「売春フレーム」「河野談話フレーム」を見出しているが、朝日新聞と毎日新聞から「河野談話フレーム」が見出され、読売新聞と産経新聞の記事が「売春フレーム」に乗っかったものとして括られている。つまり、「慰安婦」の記事に関して言えば読売新聞と産経新聞の間には大きな違いが見られなかったことになる。

(6)たとえば、一九九五年に結成された新右翼団体の維新政党・新風は議席を獲得したことは未だない。

また、日本維新の会から分派した次世代の党は福祉ショービズムを明瞭に打ち出すなどの極右色の強い政党とも言えたが、二〇一四年の衆議院選挙では議席を大きく減らしている。

(7) 注20で述べるように、これは一九五三年に始まる日韓国交正常化交渉での久保田発言や、六五年の高杉発言に見られるものである。これらは韓国との交渉にあたっての発言であり、国内におけるアジアへの「加害責任」の追及の声に対する反発から生まれたものとは言い難いため、バックラッシュとしての歴史否認論である②③④とは位相を異にするものであろう。なお、朝鮮人の強制連行が戦争責任として問題提起されるようになったのは、朴慶植『朝鮮人強制連行の記録』(未来社)が出版された一九六五年以降である(野間二〇一五、一八一頁)。

(8) なお、木村(二〇一四)は、一九七八年から二〇〇四年までの高校の歴史教科書(東京書籍)における日韓近現代史の記述の増減の検討から、少なくともこの期間の日韓での歴史教科書問題の激化を「右傾化」によって説明することはできないと指摘している。

(9) 高橋(二〇〇五)は「戦争責任」と「植民地支配責任」に加えて、「戦後責任」という議論を立てているが、この「戦後責任」は戦後生まれの日本人がどのような「責任」を有するかを考察するために提起した概念である。ただし、本章では「戦後生まれ」の人々の責任に特別に照準を定めていないため、「戦後責任」という概念は使用しない。

(10) 南京大虐殺をめぐる論争に最初に火をつけたのは、『諸君!』一九七二年四月号に掲載された鈴木明の「「南京大虐殺」のまぼろし」であるとされている(上丸二〇一一、三九五頁)。

(11) ただし、一九五七年設立の「中国帰還者連絡会(中帰連)」のような例外的な試みもある(岡部・荻野・吉田二〇一〇)。

(12) なお、これは「誤報」であったとされている。というのは、「侵略」を「進出」と書き換えさせる検定意見はこの一九八二年が初めてではなく、このような指導は一九五六年の教科書検定の強化以降行われてきたものであるからだ(別枝二〇〇二、一三五頁)。

(13) 二〇〇八年に田母神俊雄とともに『日本は「侵略国家」ではない!』(海竜社)を刊行した渡部昇一は、一九八二年一〇月号の『諸君!』の時点では日本の大陸侵略には「一点の疑念もない」と述べていたが、八三年二月号の『正論』では論調を変えている(上丸二〇一一、三三八―三四〇頁)。

(14) 日本と韓国の間に直接的な同盟関係はないものの、アメリカを介して間接的な同盟関係(日米韓の疑似同盟関係)にあり、それはアメリカのプレゼンスが日韓関係に影響を及ぼすということでもある(Cha 1999)。アメリカから見捨てられる危険が後景に退くと、日韓が争い始める(お互いの反目する感情をそれぞれの政治家/政府が国内政治に利用する)という疑似同盟モデルがヴィクター・チャによって議論されているが、八〇年代後半から九〇年代にかけての冷戦体制の崩壊および韓国民主化は日韓関係を新たな局面に押し出したと言える。

(15) 道場は続けて「これが公論化するには数年後まで待たねばならなかった」のであり、それはベトナム戦争が終結を見せ始めた一九七四年の六月に、アジアの市民運動を集めて東京で開かれた「アジア人会議」などの舞台で初めて公論化したと指摘している(道場二〇一一、一〇四―一一一頁)。

(16) 後述するように、日本軍による南京大虐殺や中国大陸への侵略を戦争責任論として問題提起した本多勝一のルポルタージュ『中国の旅』(朝日新聞社、一九七二年)の序文を執筆した森恭三は、その中で戦後の日本経済の海外進出を、かつての日本軍による中国への侵略と重ね合わせる形で議論を展開している。

(17) 広島では一九九一年から九九年に市長を務めた平岡敬が、九一年の平和宣言で「日本はかつての植民地支配や戦争で、アジア・太平洋地域の人びとに、大きな苦しみと悲しみを与えた」ことを宣言文に盛り込んでいる。また、七九年から九五年まで長崎市長を務めた本島等は中国人強制連行被害者の支援に携わり、八八年には天皇の戦争責任に言及、そして九二年には市長として初めて韓国の被爆者を訪問し謝罪している。ただし、長崎では九六年以降「長崎の原爆展示をただす市民の会」が、長崎市長が読み上げる平和宣言の内容について、「侵略」「加害」「謝罪」「反省」の削除を求める要望書を提出するようになり、また四選を目指した伊藤一長市長の射殺事件が二〇〇七年に起こったこともあり、以後の平和宣言からこれらの用語が削除されるようになった(長崎新聞二〇一二年七月一二日、最終アクセス日二〇一五年六月二八日：http://www.nagasaki-np.co.jp/news/peace/2012/07/12092649.shtml)。

(18) なお、日本軍慰安婦の問題とも重なる韓国への売春ツアーである「キーセン観光」については、一九七三年一月に結成された「売春問題ととりくむ会」(日本婦人会議、日本有権者同盟、日本キリスト教婦人矯風会ほか二二団体で構成)が同年六月に「キーセン観光反対」の集会を開いているが、吉武輝子(一九七五年に「国際婦人年をきっかけとして行動を起こす女たちの会」を立ち上げた)が在日朝鮮人女性を通して日本軍慰安婦の存在を知ったのも同時期である(行動する会記録集編集委員会編一九九九、二三五頁)。そして、吉武が日本人女性としてのアジアへの「加害者性」を明確に自覚したのは、一九七五年の国際女性年メキシコ大会に出席した経験が大きい(行動する会記録集編集委員会編一九九九、二二六―二三八頁)。

(19) 一九七二年の日中国交正常化にあたっての共同声明では「日本側は、過去において日本国が戦争を通じて中国国民に重大な損害を与えたことについての責任を痛感し、深く反省する」と述べられている。

(20) 久保田発言とは、日韓国交正常化交渉で一九五三年に日本側首席代表を務めた外務省の久保田貫一郎参与によるものである。日本の植民地支配が害だけではなく益ももたらしたこと、そして敗戦によって日本が韓国内に持っていた資産を失ったことに対して対韓請求権を有しているはずだと主張した点が韓国の反発を呼び、これにより日韓国交正常化交渉が行き詰まった。また、高杉発言とは、一九六五年の日韓国交正常化交渉で日本側の首席代表となった高杉晋一(三菱電機相談役・当時)が、記者会見で日本の植民地支配を正当化したことを指す。

(21) 韓国併合条約をめぐって、一九九五年六月に渡辺美智雄元副総理が「円満裏につくられた国際的条約だ」と発言し、また村山富市首相が一〇月に国会で「韓国併合条約は法的に有効に締結され実施された」

と答弁したことが問題になった。

(22) また、「大東亜聖戦大碑」が「日本をまもる会」によって二〇〇〇年に石川護国神社に建てられた(朝日新聞二〇〇二年八月五日付・朝刊/地域面(石川)「歴史認識の対立、先鋭化「大東亜聖戦大碑」建立二年」)。

(23) ただし、この時期に「つくる会」は「反米」という軸をめぐって分裂している。具(二〇〇九、二七頁)によれば「思想的な「反米」グループであった小林と西部の脱会は二〇〇一年以降、「草の根」市民運動からも離れて、「つくる会」が日本政府とより密着する主な要因になった」と指摘されている。

(24) 判決文では「従軍慰安婦制度は、その当時においても、婦人及び児童の売買禁止に関する国際条約(一九二一年)や強制労働に関する条約(一九三〇年)上違法の疑いが強い存在であったが、単にそれのみにとどまらず、同制度は、慰安婦原告らがそうであったように、植民地、占領地の未成年女子を対象とし、甘言、強圧等により本人の意思に反して慰安所に連行し、さらに、旧軍隊の慰安所に対する直接的、間接的関与の下、政策的、制度的に旧軍人との性交を強要したものであるから、これが二〇世紀半ばの文明的水準に照らしても、極めて反人道的かつ醜悪な行為であったことは明白であり、少なくとも一流国を標榜する帝国日本がその国家行為において加担すべきものではなかった」と指摘されている。

## 文献一覧

岡本雅享監修・編著(二〇〇五)『日本の民族差別』明石書店。

岡部牧夫・荻野富士夫・吉田裕編(二〇一〇)『中国侵略の証言者たち──「認罪」の記録を読む』岩波新書。

小川輝光(二〇一四)「一九九〇年代からの歴史教育論争──学校教育は「慰安婦」問題にいかに向き合ってきたか」歴史学研究会・日本史研究会編『「慰安婦」問題を/から考える──軍事性暴力と日常世界』

岩波書店。

笠原十九司(二〇〇七)『南京事件論争史——日本人は史実をどう認識してきたか』平凡社新書。

川口隆行(二〇〇四)「被害と加害のディスクール——戦後日本の「わたしたち」」『原爆文学研究』三号、二一二頁。

木村幹(二〇一四)『日韓歴史認識問題とは何か——歴史教科書・「慰安婦」・ポピュリズム』ミネルヴァ書房。

金成玟(二〇一四)『戦後韓国と日本文化——「倭色」禁止から「韓流」まで』岩波書店。

具裕珍《クユジン》(二〇〇九)「「新しい歴史教科書をつくる会」の Exit, Voice, Loyalty——東アジア国際関係への含意を中心に」『相関社会科学』一九号、一八—三八頁。

行動する会記録集編集委員会編(一九九九)『行動する女たちが拓いた道——メキシコからニューヨークへ』未来社。

小沢節子(二〇〇二)『原爆の図——描かれた〈記憶〉、語られた〈絵画〉』岩波書店。

上丸洋一(二〇一一)『『諸君!』『正論』の研究——保守言論はどう変容してきたか』岩波書店。

高橋哲哉(二〇〇五)『戦後責任論』講談社。

中村一成(二〇一四)『ルポ　京都朝鮮学校襲撃事件——ヘイトクライムに抗して』岩波書店。

野間易通(二〇一五)『「在日特権」の虚構　増補版』河出書房新社。

樋口直人(二〇一二)「「行動する保守」の論理(一)—(三)」『徳島大学地域科学研究』一号。

——(二〇一四)『日本型排外主義——在特会・外国人参政権・東アジア地政学』名古屋大学出版会。

玄武岩(二〇〇八)「グローバル化する人権——「反日」の日韓同時代史」岩崎稔・上野千鶴子・北田暁大・小森陽一・成田龍一編『戦後日本スタディーズ③』紀伊国屋書店。

ブライシュ、エリック(二〇一四)『ヘイトスピーチ』明戸隆浩他訳、明石書店。

別枝行夫(二〇〇二)「日本の歴史認識と東アジア外交——教科書問題の政治過程」『北東アジア研究』三号、

一三一―一四九頁。

堀田義太郎（二〇一四）「ヘイトスピーチ・差別・マイノリティ」「女性・戦争・人権」学会二〇一四年度大会シンポジウム「表現・暴力・ジェンダー」報告資料、一―五頁。

本多勝一（一九七二）『中国の旅』朝日新聞社。

三谷文栄（二〇一〇）「日本の対外政策決定過程におけるメディアの役割――二〇〇七年慰安婦問題を事例として」『マス・コミュニケーション研究』七七号、二〇五―二二四頁。

――（二〇一二）「歴史教科書問題をめぐるメディア・フレームの分析――外交政策とメディアの関係の観点から」日本マス・コミュニケーション学会二〇一二年度春季研究発表会・研究発表論文〈http://mass-ronbun.up.seesaa.net/image/2012Spring_B2_Mitani.pdf〉。

道場親信（二〇一一）「ポスト・ベトナム戦争期におけるアジア連帯運動――「内なるアジア」と「アジアの中の日本」の間で」『岩波講座　東アジア近現代通史8　ベトナム戦争の時代　一九六〇―一九七五年』岩波書店。

吉岡命（二〇一四）「C.R.A.C 野間易通インタビュー（前編）――反ヘイト集団〝しばき隊〟は正義なのか？首謀者・野間易通に直撃！」『ＬＩＴＥＲＡ』二〇一四年九月四日〈最終アクセス日：二〇一五年一月三日 http://lite-ra.com/2014/09/post-431.html〉。

吉田裕（二〇〇五）「戦争責任論の現在」倉沢愛子・杉原達・成田龍一・テッサ・モーリス＝スズキ・油井大三郎・吉田裕編『岩波講座　アジア太平洋戦争1　なぜ、いまアジア・太平洋戦争か』岩波書店。

Art, David (2007) "Reacting to the radical right: Lesson from Germany and Austria", *Party Politics*, 13(3): 331–349.

Cha, Victor D. (1999) *Alignment Despite Antagonism: The United States- Korea- Japan Security Triangle*, the Board of Trustees of the Leland Stanford Junior University（船橋洋一監訳・倉田秀也訳『米日韓　反目を超えた提携』有斐閣、二〇〇三年）.

# 第３章　社会運動の変容と新たな「戦略」
## ――カウンター運動の可能性

富永京子

## はじめに

二〇〇九年以降、特に顕著に現れた排外主義的運動に対して、新たな「反レイシズム」「反ヘイトスピーチ」「カウンター」の運動が生じている。本章が検討するのは、これら「新しい反レイシズム運動」「カウンタームーブメント」がどのような特性を持っているのか、という点である。反レイシズム・カウンターと呼ばれるこうした運動は、従来の社会運動と異なるどのような特性を持っているのだろうか。

はじめに、戦後日本の社会運動の文脈を踏まえることが重要であろう。一九九〇年以降、一般的に左派の社会運動は穏健化・提言活動化し（山本・渡邊二〇〇一）、具体的な敵手を攻撃・糾弾するという運動と並んで、あるいはそれ以上にＮＰＯやボランティアといった支援型の活動が大きな役割を担ってきた。また、高度経済成長期である一九七〇年代以降、反公害運動や大規模建設への反対運動が相次ぐと同時に、反公害運動に対する抗議行動、大規模施設建設反対運動に対する抗議、といった対立がみられることは少なくなかった。しかしこれらの運動においては、どちらかの担い手が「企業」「政府」といったアクターをバックグラウンドに持っているためか、その「カウンター」色が強調されることは非常に少なかったと言える。

これに対して、反レイシズム・カウンター運動は敵手が眼前におり、短時間・局所的な戦略やコミットメントが重要視される活動である。そのため、持続的に私生活を通じて行う、「居場所」へのこだわりが強い現代の運動とは異なる特質を持っていると言えるだろう。さらに、反公害運動へのカウンターは、ダムや原発などの建設反対に対するカウンターと異なり、「政府」や「企業」といった担い手を含んでいるわけではない。この二点で、戦後日本、また現代日本において反レイシズム・カウンターは希少な活動だと考えられる。カウンター運動の「カウンター」性(敵手が政府でない点)、すなわち現在において希少とされる「時限性・局所性」「対抗性」を中心に、社会運動を解釈する試みが必要なのではないだろうか。

## 1　先行研究

### 社会運動論のあゆみ

反レイシズム・カウンター運動を分析するにあたり、どのような理論的枠組みが有効だろうか。社会運動を対象として分析する議論は数多くあるが、社会運動論はとりわけ分析の対象を政治的な目的のための集合行動・社会変革のための活動へと的を絞ってきた。その古典的なものが「集合行動論」「資源動員論」といった理論であり、七〇年代以降には「新しい社会運動論」が台頭する。また九〇年代以降には、資源動員論の分析枠組みをベースに、さらに運動を説明する枠組みとして精緻化された「フレーム分析」や「政治的機会構造論」が出現した。二〇〇〇年代以降には社会運動と捉える対象をさらに広げ、包括的な分析枠組みとして誕生した「Contentious Politics／たたかいの政治」に関する議論、またグローバル化・個人化の時代に対応した社会運動を解釈するための「経験運動論」が生み出されてきた。

この中で重要と考えられるのは、運動研究が「説明」と「解釈」の二側面を有する点であろう。社会学における社会運動研究は、主に「運動はどのように(How)発生・持続・発展するか」という社会運動の「説明」の議論と、「運動はなぜ(Why)生じ、それは社会のどのような側面を映し出しているのか」という「解釈」の議論に分けられると主張されてきた(大畑二〇〇四)。

例えば、社会運動を「説明」する議論としては、以下のような理論的潮流がある。運動の発生因や人々が運動に参加する動機を論ずるものとして発展したのが「集合行動論」(Smelser 1963)である。この立場は、社会運動を、社会に対する不満・不平をきっかけに行われる活動として説明する。人々が不満・不平のみによって集合行動に参加するという理解は、運動の発生が(「集合」行動であるにもかかわらず)個人的特性に起因するということを示唆する。また、運動参加者と不参加者のもとに心理状態を検討していない点や、運動の「政治性」を看過している点もまた、後に批判されることとなった。この批判を踏まえた上で構築されたのが「資源動員論」であった。

資源動員論(McCarthy and Zald 1977)においては、人々は感情的な要素によって運動に参加するのでなく、運動に参加するための時間や金銭といった資源を持つからこそ活動するのだと論じられる。人々は不平や不満といった感情的側面からでなく、保有する資源の多寡によって運動に参加するか否かを決める。こう主張した資源動員論者らは、それまでの社会運動論者が立っていた階級論者的価値観から離れ、客観的に運動を検討することを可能にした。その一方で、社会運動の発生要因を説明できない点、「不平・不満」を結果的に軽視してしまった点、また「資源」の定義が曖昧である点がこの議論の限界として残った。

以上のように社会運動を「説明」する議論に対し、社会において生じているさまざまな運動を「解釈」する潮流がある。代表的なものとしてあげられるのが、「新しい社会運動論」(Offe 1985)である。一九七〇年代以降、社会運動そのものも大きく変化する。労働運動(階級闘争)が主流であった社会から、環境運動・女性運動・先住民運動・マイノリティをめぐる運動が台頭する。「新しい社会運動論」を唱えた論者たちが読み解こうとしたのは、まさにこのような社会の有様であった。

一九九〇年代には、運動を「説明」する枠組みが多様に花開いたが、運動を「解釈」する枠組みに際立った理論は見られなかった。しかし二〇〇〇年代以降、「新しい社会運動論」の理論的後継者たちによって、グローバル化の時代に対応して形成された理論が、「経験運動論」(McDonald 2002; 2004)であった。

彼らは、これまでの「社会運動」という概念に対抗し、「経験運動」という新しい概念を提示する。人々が集合し、同一の目的のもとに活動するという同質性や同一性を前面に出してきた「社会運動」とは異なり、「経験運動」はばらばらの目的や意識をもつ他者同士が同じ時、同じ場所に集合していることに注目する。グローバル化によって、それまで人々が共有していた国籍や職業、階層といった属性は、多様化し、生活が変化するにつれ変わっていく場合もあるからだ。例えば同じ「女性」による運動といっても、それを構成する人々の生活のあり方はさまざまであり、「女」という属性が運動の中の同質性や均一性を担保するわけではないのである。

現代の運動は、自分自身の経験や主体性をめぐって抵抗する個人が、同時に同じ場所で互いを承認し合いつつ共に存在する場として運動を再構築する試みである――経験運動論者はこのように主張する。この理論は現代日本の運動にもある程度あてはまることが、渡邊(二〇一二)や橋口(二〇一〇)といった論者によって証明されている。反レイシズム・カウンター運動もまた、経験運動論で記述されるような特質を持つものなのだろうか。それについては次節で議論する。

## 社会運動論におけるカウンタームーブメント

社会運動論が「社会運動」として対象化してきた運動はさまざまだ。労働運動に始まり、フェミニズム運動や公民権運動、環境運動といったものからライフスタイルをめぐる運動まで多岐にわたる。その中には、既に存在する運動に対して異を唱える「カウンター」性を持った運動に関する研究も見られる(McCarthy and Zald 1977)。

しかし、日本と欧米、双方の研究において「カウンター」運動研究は決して多くない。この背景には、社会運動の敵手としてある運動ではなく、「政府」や「当局」といったアクターが主に想定されてきたためだと考えられるが、一部の研究は「カウンタームーブメント」(Counter movement, Opposing movement)を運動の主役として分析を行ってきた(Zald and Useem 1987; Meyer and Staggenborg 1996 など)。中でも、D. S. Meyer と M. Staggenborg の議論は、カウンタームーブメントの特性を一般化しようとする試みであり、本章での試みにとっても参考になる。彼らはカウンタームーブメントを「初発の運動に対する後発の運動で、お互いに影響を及ぼし合う性質のもの」(Meyer and Staggenborg 1996)と定義し、「初発の運動のフレーム(主張)を引用しながら自らの性格を決定していく」運動として捉えた。また、資源調達の容易さや運動の過激さといった性質に関しては、議論がわかれていると主張している。

カウンタームーブメントの研究は、基本的には「説明」のための試みとされる。研究の対象となるのは、中絶、市民権改正、同性愛者の権利、動物の権利、銃規制、喫煙、麻薬の使用、人種差別、レイシズム、ポルノ規制、教科書規制、原子力発電といった問題を議論するカウンター運動である(Srivastava 2006; Bernstein 1997 など)。

本章は、海外の先行研究によって提示される要素を手がかりとしながら、日本の反レイシズム・カウンター運動を、実践的な組織論的関心から分析するのではなく、まずは新たな潮流として理解・解釈する試みである。カウンター運動が他の運動に随伴して生じるという特性、敵手が「政府」でない点、また反レイシズム・カウンター運動が目前にある敵の目標を阻止・阻害するという点で切迫性や時限性を有し、また敵手の性格によっては強い局所性を持つといった性格を踏まえた上で、二〇〇九年以降路上に登場した反レイシズム・カウンター運動を扱う。現代日本におけるカウンター運動が社会の何を反映しているのか。従来「体制への抵抗者」とされてきた革新的な社会運動が、排外主義運動へのカウンター運動という特質を持ったとき、どのような性質を持ちうるのか。このような問いに答えていくことで、現代日本をめぐる社会運動の一特性を記述したい。

## 2　分析枠組みと研究の方法

### 分析枠組み1――運動のロジスティックス

本章では分析の対象を、社会運動の設営過程である「バックステージ」としたい。社会運動は、ある意味ではライブやスポーツ大会などと同様に「イベント」として開催されると言える。デモンストレーションを行うにあたっても、どの地域で行うかといった場所の設定や、警察との交渉、道具を用いる場合は物資の調達が必要となる。また、人を呼ぶにあたり、フライヤーやウェブサイトのデザインを行う場合もあるだろう。シンポジウムを開催する場合でも、ゲストの選定や招聘、会場を借りる資金の獲得など、ある社会運動の実行の裏側にはたくさんの設営の過程がある。

社会運動における運営の過程もまた、近年の社会運動論が対象としてきたもののひとつである。なぜなら、社会運動の運営・設営といった「バックステージ」は単なる運動の準備段階にとどまらないためだ。活動家たちはバックステージにおいて「右翼団体の人々を運動に参加させるべきか?」(Haug 2013, 709–710)、「どのような言葉を用いれば、差別的でないと言えるか?」(Wood 2012)といったトピック一個一個について、さまざまな視点から議論を戦わせ、自らの政治的理念を集合行動に反映しようとする。うまく意見が集約され、準備団体の政治的ポジションが明確に定義されることもあれば、お互いの差異が顕著に表出する場合もある(Haug 2013; Flesher Fominaya 2007)。活動家たちは運営に対してさまざまな政治的意味付けを行う。

「バックステージ」とされる要素は多岐にわたる。社会運動組織の運営の仕方(Juris 2008)や活動家同士の会議や合意形成に選ばれるトピック(Della Porta 2009)といった基本的なものから、その中でも全員が納得行くまで議論するという会議の手法(Wood 2012)、また、WWW(World Wide Web)での社会運動が多く行われている今、オンライン・オフラインにおけるコミュニケーション(Kavada 2010)も注目されている。

なぜ、バックステージに注目する必要があるのか。それは、カウンター運動が共有する特質として、運動の「切迫性」があり、また、敵の目標・目的を阻害するために限られた時間と場所の中で行動しなくてはならないという性格があるためだ(Meyer and Staggenborg 1996)。だからこそ担い手たちは、より「効果的な戦略」「影響のある戦略」を選ばなくてはならないと考えられるが、さらに重要なのは、ひとつひとつの意志決定に潜む彼らの政治的意味付けであろう。

社会運動のバックステージには担い手たちの「戦略」にとどまらない、政治的意味付けや理念が反映されている。それは、「切迫性」や「時限性・局所性」を持った運動ではどのように位置づけられているのか。本研究でも、彼らの活動のバックステージに注目して検討を行いたい。

## 分析枠組み2——運動に共在する個人の葛藤と和解

さらに本章では、バックステージにおける個々人のコミュニケーションを通じ、その葛藤や相互理解の過程を分析したい。こうした方法を取る理由は、カウンター運動特有の性質というよりも、現代日本の社会運動を取り巻く性質に起因しているといえる。

前節で言及したとおり、「経験運動」の研究(McDonald 2004)は、それまで同質的・均質的な参加者たちが集合して行うものであった社会運動が、ばらばらの個人による運動となっていることを示唆した。これは、社会のグローバル化や流動化によって社会成員が個人化し、社会を形作る人々に共有の経験やキャリアといった「大きな物語」が消滅しつつあるためである。この議論は、社会運動を構成する人々の「差異」を強調する。例えばフェミニズム運動と言っても、単に「女性」という性で括られるわけではなく、そこには非正規雇用と正規雇用、国籍や民族の差異といった多様性がみられるようになる。こうした運動を形作る多様性は、グローバル化の現代にあってさらに広がっていくこととなる。

二〇〇〇年代の日本でも経験運動論の枠組みを踏まえた社会運動の分析が行われている。その代表的な例として、渡邊太と橋口昌治による研究を取り上げたい。

橋口(二〇一一)による議論は、先述した「経験運動」概念を用いながら、それぞれ境遇は異なりながらも怒りや不平によって運動に参加する人々の姿を描く。労働運動は、戦後五〇年以上の間を経て大きく変動している。労働は高度経済成長を経て「周辺化」され、今や「労働が生活のすべて」という人々は多くはなくなった。労働が生活の最重要課題でなくなったこと、労働組合が「賃上げ」という要求に応えてこなかったことにより、労働問題もまた周辺的な存在となり、若者が「組合離れ」を起こしてしまう。こうした状況と同時に、労働をめぐる意識や労組の問題だけでなく、以前よりも多くの若者が非正規労働化・非労働力化したことで、労働者の個人主義化・アトム化が促されたと橋口は主張する(橋口二〇一一、八四—八五頁)。無力化した労働組合や社会運動に対する失望、また、「生活防衛は個人的に行うものである」という意識が芽生えるなか、個人では対処しきれない問題に直面する人々や、自身の労働環境に違和感がある人々が集まったのが「若者の労働運動」であった。労働運動への参加のあり方は人それぞれだ。中心的に活動する事務局のような人もいれば、悩みを相談する人もいて、組合費だけを払い続ける人、ニュースレターを購読するだけの人もいる。こうした人々がそれぞれ違う形で「つながり」を感じているのが、若者の労働運動である。その中では、例えば学歴や性別の差異をめぐって葛藤が起こることも頻繁にある。お互いばらばらの出自ではあるが、こうした差異について語り合い、乗り越えはせずともお互いに承認し合うことが「経験運動」なのだ、と橋口は結論付け、新しい労働運動のあり方を提起する。

日本と韓国を中心とし、居心地のいい居場所づくりやユーモアに満ちた運動を活き活きと描いた渡邊(二〇一二)の研究も、この流れに連なるものである。渡邊は、日本と韓国を舞台に、活動家や大学関係者が集う「くびくびカフェ」や「スユ・ノモ」といった社会運動の実践を記述する。こうした運動は、人々が自由に学び合い、語り合う「居場所」であり、参加者たちは明確な同様の目的を持って集うのでも、イデオロギーに基づく主張をするわけでもない。むしろこういった運動に参加する人々は、いかに自らの運動の場を「おもしろく」「居心地が良く」するかということを重要視している。渡邊や橋口の描く活動家は、デモや雇用者との交渉、議員への陳情ばかりを行うわけではない。両者の描く社会運動の参加者は、運動の中での他者とのコミュニケーションや、怒りや不満をいかに表現するかという点や、居場所の秩序をいかに守るかといった点を「社会運動」としているのだ。

反レイシズム・カウンター運動は、限られた時間の中で敵手の目的や目標を阻害しなければならない時限性をもつ。また、さらに、場合によっては空間も制限された中で敵と対峙しなければならない「局所性」をもっており、渡邊の描く「カフェ」や橋口の記す「労働運動」とは大きく異なる。こうした特質は、現代日本の社会運動論者たちが主張してきた「経験運動」的な特質とは真逆であるように見える。しかし、社会運動が「社会運動」である限り、完全にイベントとなり得るわけでもまったくない。差別に反対する理由は、その参加者の生い立ちや生活環境によって大きく異なるし、参加のあり方も人によって違うだろう。全く異なる「他者」同士としてカウンターという場に集まる人々は、一つ一つの戦略や意志決定を行う中で、互いの異なる立場を理解し、尊重した上で、共に運動を行うことになる。

限られた時間と場所の中で、「イベント」的な運営・設営を要する一方で、運動は理念を持った政治変革・自己変革の行為でもある。だからこそ、バックステージという過程で行われるコミュニケーションの中で、従事者同士がいかにお互いを理解したのか、理解の試みがあったにもかかわらず衝突したのか、それとも……といった過程をみることが重要であるだろう。そのための分析枠組みとして、経験運動論の提示する「経験」という概念を用いたい。それぞれ異なる出自を持つ活動家たちは、運動のバックステージを通じて、自らの現状や理想、政治的な立ち位置やイデオロギーに基づき、反レイシズム運動を遂行しようとする。こうした「経験」の中で、活動家たちは、お互いに自らの政治的主張や、それを生み出した生活背景や出自を理解し合うことができたのだろうか。

### 方法とデータソース

分析に際しては、調査研究プロジェクト「反レイシズム運動研究」(1)による反レイシズム・カウンター行動の参加者に対する聞き取りを元にしたインタビューデータを用いた。詳細と内訳は、合計二一名(うち、男性一五名、女性六名)、関東居住者が一五名に対し、関西居住者が六名であり、年代別では七〇代一名、六〇代一名、五〇代六名、四〇代六名、三〇代四名、そして二〇代三名である。基本的には聞き取りデータを基として分析を行うが、バックステージに関してはツイッター・ウェブサイトが議論の場となり、また通信・宣伝媒体として用いられることも多いため、活動家たちのツイッターのログやウェブサイトのデータを併用している。

対象について、若干の補足が必要となるだろう。とりわけ、「反レイシズム・カウンター運動」として議論される対象を定めておく必要がある。新たな排外主義運動が台頭することになった二〇〇〇年代後半以前から、特に在日外国人の権利を守り、生活を支援する運動は多く行われてきた。一九八〇年代に行われた、外国人登録証の指紋押捺を拒否する指紋押捺拒否運動や、継続的に行われている在日外国人の就労・生活を支援するタイプの運動が挙げられる。これは広義の「反差別運動」となる。この中でも、二〇〇〇年以降に特に顕著に見られる、排外主義者のデモ行進やアピール行動を妨害するタイプの活動を、反レイシズム・カウンター運動(以下、反レイシズム運動)とする。従来の反差別運動と新たな反レイシズム運動の担い手たちは完全に分かれて活動しているわけではなく、問題意識に重なるところが多いため、情報や物資の共有を行うこともある。ここでは分析の対象を主として反レイシズム運動としながらも、その設営における情報共有や資源獲得を検討するため、従来の反差別運動の参加者たちにも聞き取りを行っている。

反レイシズム運動が切迫性を持つ、路上や制度改廃を通じて排外主義を推し進めようとする敵手への対抗運動であるとするならば、その試みは一つ一つの戦略の集合体として捉えられるだろう。そして、一つ一つの戦略を試みようとする中での議論に、個々人の経験や属性が反映されると考えられる。

排外主義運動の取り組みに対抗して行われる活動の中で、一体どのような戦略が採用されるのだろうか。採用の過程でどのように担い手たちがコミュニケーションを行っているのだろうか。次節では、参加者たちの聞き取りを元に、現代の反レイシズム運動におけるバックステージである、戦略の採用における活動家同士のコミュニケーションと、そこで生じる相互理解や葛藤の過程を見ていきたい。

## 3 分析

### 路上で経験を共有する——問題と自分を接続させる媒介としての「戦略」「戦術」

二〇〇八年以降勢力を増している「在日特権を許さない市民の会(在特会)」などの排外主義運動に対して、多様な人々が活動を行ってきた。主な団体として、二〇〇九年より学習会などの活動を進めてきた「ヘイトスピーチに反対する会[2]」や、二〇一三年に発足され後に「C.R.A.C(Counter-Racist Action Collective)」と改名した「レイシストをしばき隊[3]」、「差別・排外主義に反対する連絡会[4]」、また既に解散はしているが関西を中心として結成された団体「友だち守る団」や、より直接的な排外主義者に対する行動を行う「男組」[5]などがある。これらの団体はそれぞれ同様に「差別に反対する」「レイシストに抵抗する」といった目的を持ちながらも、異なる手法を用いて活動を進めている。

中でも、在特会による路上での営業妨害活動、ヘイトスピーチといった活動は深刻なものとなっている。彼らは関東・関西の在日コリアンコミュニティを含む主要都市において、そこに住む人々への中傷行為を繰り返してきた。それに対して立ち上がったのが、先述した団体を含む反レイシズム運動に従事する組織・個人である。彼らは路上で、思い思いの活動を行うことになる。差別に反対する旨のスローガンやメッセージを記載したプラカードを掲げる、排外主義者たちに対して罵声を浴びせる、ときに身体的な接触を含む実力行使を行って排外主義者たちを押しのけようとする。

こうした試みは、ともすれば旧来の社会運動論によって論じられてきた、同質性・均一性をもつ人々による社会運動であり、運動参加者の理念や、個々人の差異など感じられないかもしれない。しかし、一つ一つの戦略がそれぞれ別々に存在しているということは、そのまま運動の中で「異なる個人が共在している」ということでもある。それを明確に示すのが、横断幕を広げて街頭でアピールする「ダンマク隊」としてカウンターに参与しているA氏の語りである。A氏はサッカーサポーターでもある。

(ダンマクをやっている人を限定していないのは)要するに、サポーターの人のやり方で、固定しない。メーリングリストを固定しないし、常に一回一回やります、やりますってやって。毎回毎回やりますよっていうのは、ゴール裏のサポーターの人がやってるのと同じこと。全く知らない人が参加できないじゃないですか、っていうのを。はじめて参加したい人ができないので。(A氏、二〇一四年二月一五日インタビュー、於東京都新宿区)

サッカーサポーターである彼は、そもそも運動に参加した契機はサッカーと直接的に無関係としながらも、ワールドカップやJリーグにおいて生じた排外主義者の活動やヘイトスピーチを体験の一つとして語る。実は、こうした動機をもつ人々はカウンター運動の中にも少なくない。そこにはKポップ(韓国のポピュラーミュージック)ファンの人々や、他のサブカルチャーに通じている人々も多くいる。反レイシズム運動の中で人々は、差別に対抗する自分なりの動機を見つけ出し、自らの経験と接合させながら問題を解釈しようとしている。場合によっては、そこで得た経験を運動の中で反映し、反レイシズム運動を自分なりに彩ろうとしている。

(男組のスローガンは)非暴力、武闘派、逮捕上等。当時はですよ、結成当時はなんで(笑)。しばき隊とは別組織で、イケイケでいくっていう。そういうコンセプトで。〔中略〕(男組の活動のベースになっている文化は)格闘技、不良文化じゃないですか。僕、凄い文化的な土壌として思ったのは、音楽と、格闘技と、ヤンキー文化と、あとサッカー。その四つ。(B氏、二〇一

四年三月一九日インタビュー、於東京都新宿区）

Ｂ氏の語りは、個々の参加者にとって自分の慣れ親しんだ文化や、それに基づく振る舞いが、直接に社会運動へと参加する動機とならなくとも、運動を継続する上で重要な役割を担っていることを示している。また、さまざまな手法や文化が運動の中で混在することは、目標に賛同しつつも社会運動や路上での行動に抵抗のある人にとって参加しやすいという「手軽」さ、「一般参加がしやすい」という点をもたらすことになる。「居場所」を基盤とする運動とは異なり、反レイシズム運動は眼前に敵をもち、彼らを阻害しなくてはならないという切迫性がある。そうした特質は、場合によっては時限性や局所性をもつことにも繋がる。

これまで経験運動は、異なる属性や出自を持つ個人が「居場所」を共有する運動としてみなされてきた。さらに経験運動論の中で扱われてきたのは、比較的時間の制限をもたない、日常の中でのコミュニケーションを含む活動がほとんどであったように考えられる。しかし、空間や時間が制限され、敵手を眼前に置いた運動においても、やはり人々は自らの経験と運動によって主張される問題とを接合させ、運動を継続することになる。こうした「切迫性」や「時限性」は、個々人の差異や経験の違いといった要素を阻害するものではまったくない。

ここでもう一つの疑問が生じる。反レイシズム運動において、個々人の経験はたしかに、路上でのアピール行動や敵手との直接的な対抗行動という形で、さらに言えばそのなかの多様な「文化」

「動機」あるいはそれを元にした社会運動の手法という形で表出し、共在していることがわかる。では彼らは他の参加者たちと、どのようにして経験を共有し、政治的な相互理解を深めているのか。

### 学習会・ツイッター・飲み会――拡散する経験共有の場

前項の分析から、運動に参加する個々人は、それぞれ異なる手法や動機を持つことで、自らの経験を運動に反映させようとすることがわかった。運動の「カウンター」性や、眼前の敵手と相対しなければならないという特質上、対抗的な側面や表出的な性格が前面に出やすい。しかし「時限的で局所的な場」のみで、参加者たちが互いの社会的背景を理解することは本当に可能なのだろうか。反レイシズム運動の場は、決して路上だけで完結するわけではない。路上での戦略的な行動、多様な戦術を支えるコミュニケーションが、その裏側に存在しているといえる。反レイシズム・カウンター運動の参加者たちは、主としてツイッター上での「リプライ」を通じ、可視化された形で自らの行動に関する議論をし続けている。ツイッターの利用においても、運動の時限性や局所性、「カウンター」性が強く影響している。反レイシズム運動参加者たちの語りは常に、「ネトウヨ」と呼ばれる排外主義活動家たちの攻撃にさらされる可能性を孕んでおり、やはり「敵が眼前にいる」切迫性を免れられない。だからこそ、議論を丹念に行う必要がある。

ツイッターは一四〇文字の「ツイート」と呼ばれる投稿をするためのソーシャル・ネットワーキング・サービスであり、「ミニブログ」「マイクロブログ」と形容されることもある。他のユーザーに対する返信や、他のユーザーの投稿をまた異なるユーザーへと見せることが容易であるため、二〇一一年の反原発運動などでも盛んに用いられてきた。ツイッターを通じて議論を行う傾向は、所属する団体や参加する活動のタイプにかかわらず、反レイシズム運動参加者にある程度共通して見られる性格である。これはまた、コミュニケーションの媒介としてメーリングリスト(Kavada 2010)や会議(Haug 2013)を検討してきたバックステージ研究の知見を適用できない点が多くある。

例えば、社会運動における会議がいかにして平等に行われるかという点に関して、権力を持ちやすいアクターとして「ミーティングのオーガナイザー」「議論を進める人」「ベテラン活動家」「他の参加者との紐帯を多く持つ者」「専門家」「動員を促す者」「参加者の意見を代表する人々」といった特徴が挙げられる(Haug 2013)。しかし、ツイッターという場での議論は、誰から誰に向けて発信してもよく、また、組織的な会議ではそもそもないため、従来検討されてきた「権力を持ちやすいアクター」の存在のありかたが既存のものと異なり、「会議」や「権力」といったものとは無縁のコミュニケーションが可能となる一面もある。また「ツイート」は「つぶやき」であり、特定の誰かに向けているものでもない「自分語り」や「持論の主張」に類するものも投稿可能である。それぞれのユーザーは、自分自身についての語りや経験と、他者とのやりとりや議論を同じ媒体の上で確認することが可能になる。さらにそのコミュニケーションは、運動の時限性・切迫性ゆえに密度と情報量の濃いものとなるのは、先述した通りである。

さらに、参加者は「リアル」と「ネット(ツイッター)」のコミュニケーションを時に切り離しつつ、時に接続させつつ、自らの経験を他者と共有し、反芻することがある。以下は、インターネットでレイシズム運動の映像を目にし、反レイシズム運動に参入したD氏の語りである。

(レイシズム運動の「ヲチャ(ウォッチャー)」をやって、)多分私、鬱憤たまってたと思います。(在特会に)怒りをぶつける。ツイッターいくらやっても仕方ないし、面と向かってできる場所ができた、今までちゃんとアホって言えなかったところができたみたいな感覚はあった。なんか手段ないかなって思っていたときに、ぽっと(路上での反レイシズム運動が)出てきた感がある。(D氏、二〇一四年二月一五日インタビュー)

「ヲチャ(ウォッチャー)」とは、レイシズム運動をインターネット上の動画や2ちゃんねる、ツイッターなどのサイトで観ていた人々と考えられる。彼らの一部は「鬱憤」により運動に参与しようとするが、ツイッターだけでは「いくらやっても仕方ない」という感覚を抱く。そこで、「アホって言う」ための場としてリアルの反レイシズム運動に身を投じるのだ。

また、社会運動論で検討されてきたような対面の会議や会合といった場がなくなったわけではない。例えばある反レイシズム運動団体に参加する人々は、排外主義に関連して入管法などの学習会を開きながら、比較的専門的な議論を交わしている。「在日特権」ではなく日本人の特権を論じることにより、自らの経験に引きつけながら話を展開することもある(6)。また、反レイシズム運動参加者同士が集い「リアル交流会」[7]として飲み会を行うこともある。活動について具体的に話し合うというよりも、「友達」との「交流」に重きを置いたこうした会は、経験運動論が論じてきたような「居場所」やカフェでのコミュニケーションに比較的近いと言えるかもしれない。

以上より、反レイシズム運動の参加者たちは、路上での時限的・局所的な運動だけでなく、それ以外の場でも議論を行い、お互いの経験を共有することがわかる。それは従来の運動がやってきたような「学習会」という形だけでなく、ツイッターという場での自分語りとも言うべきものや、政治的議論を通じたコミュニケーションも含まれる。さらにツイッターでの議論や語りも、反レイシズム運動の対抗的性格や時限性と関連し、多量のコミュニケーションを促進する可能性は十分にある。また、さらに重要なのは、こうした二つの場――ネットとリアル――でのコミュニケーションが、それなりに分節化されつつも、やはり連続したものとして捉えられていることである。D氏の語りからもそれは明らかだ。

## おわりに

本章の問いは、従来「体制への抵抗者」とされてきた社会運動が、排外主義運動へのカウンター運動という特質を持った時、どのような性質を持ちうるかというものであった。さらに本章の目的は、この問いを解くことによって、現代日本をめぐる社会運動の一特性を記述することであった。

こうした反レイシズム・カウンター運動のあり方は、現代社会における社会運動のどういった要素を反映していると言えるのだろうか。

第一節にて示したとおり、現代の社会運動は担い手の個人化・流動化により、統一された集合的アイデンティティを担保することが難しくなっている。そのため、それぞれ異なる出自を持つ担い手たちは、運動を進める過程でコミュニケーションし、互いの問題認識やバックグラウンドといった「経験」を共有する。その経験を共有する媒介は、会議や学習会といったものだけではなく、ツイッターでの政治的議論や、動画でヘイトスピーチが行われている風景を観た人々のコミュニケーションなども含まれている。さらに言えば、路上を彩る、プラカードや横断幕といったさまざまな対抗手段もまた、彼らの生きる日常に存在し、彼らの体験や生き方によって形成される「文化」を反映するという点で、経験共有に一役買っているのだ。

また、自らの政治的経験と運動への参加を接続する場として、主としてツイッターなどにおける「ネット」と、路上での活動や飲み会・学習会を通じた「リアル」に分けられて認識されることが分かる。この二つは双方独立に存在しているわけではなく、ネットでの動画視聴や議論を経て得られた経験が、運動に参入する契機になり、携わっている運動を変質させることもある。その一方で、対面的なコミュニケーションや路上での運動参加が、非対面的な対話の内容に影響を与えることもある。また、リアルとネット、双方の運動は明確な「敵」が眼前にいることにより、参加者たちに戦略や政治問題に関する即時のコミュニケーションを促す。ここから分かることは、運動の「カウンター」的な要素が運動に時限性をもたらし、それが参加者同士の対話を促す可能性が十分にあるのではないかということだ。

現代社会において、運動に携わる人々の属性や出自は多様化しつつある。その中で活動に参加する人々は、たとえ時限的・局所的であれ、手法を通じて自らの経験を政治課題や運動へと接合させようとする。さらに、場をプライベートな飲み会やネットでの議論へと広げることで、経験共有を限られた場にすることなく、絶えず運動にコミットし、連帯し続けようとするのだ。

## 注

（1）明戸隆浩・曺慶鎬・具裕珍・清原悠・富永京子による調査研究プロジェクトであり、二〇一三年から一四年まで行われた。その概要と調査過程については、明戸隆浩の文章(http://researchmap.jp/index.php?action=pages_view_main&active_action=journal_view_main_detail&post_id=49136&comment_flag=1&block_id=1820559#_1820559)にくわしく記されているので参照してほしい(なお、本調査に対する明戸の立場と見解を筆者も共有している)。すべてのインタビューデータはこの共同研究に基づいているが、本章の分析に関しては富永京子個人によるものであり、他の共同研究者は関与していない。なお、本章の内容は、本調査研究プロジェクトに基づく共同報告書(http://researchmap.jp/jobgrj5e1-1820559/?action=common_download_main&upload_id=93169)第四章の内容を増補改訂したものである。

（2）ヘイトスピーチに反対する会ウェブサイト：http://livingtogether.blog91.fc2.com/(最終閲覧二〇一四年一二月一九日)。

(3) C. R. A. C(Counter-Racist Action Collective)ウェブサイト：http://crac.jp/(最終閲覧二〇一五年八月三一日)。
(4) 差別・排外主義に反対する連絡会ウェブサイト：http://noracismnodiscrimination.blogspot.jp/(最終閲覧二〇一四年一二月一九日)。
(5) 男組ウェブサイト：http://otokogumi.org/(最終閲覧二〇一四年一二月一九日)。
(6) 二〇一四年九月八日フィールドノートより。
(7) https://twitter.com/nyanya4649/status/502024574918078465(最終閲覧二〇一四年一二月三〇日)。

## 文献一覧


大畑裕嗣(二〇〇四)「モダニティの変容と社会運動」曽良中清司・長谷川公一・町村敬志・樋口直人『社会運動という公共空間——理論と方法のフロンティア』成文堂、一五六—一八九頁。

橋口昌治(二〇一一)『若者の労働運動——「働かせろ」と「働かないぞ」の社会学』生活書院。

平林祐子(二〇一三)「ポスト三・一一の反原発デモ参加者調査」『社会と調査』一〇号、七〇—七五頁。

山本英弘・渡邊勉(二〇〇一)「社会運動の動態と政治的機会構造——宮城県における社会運動イベントの計量分析、1986–1997」『社会学評論』五二巻一号、一四七—一六二頁。

渡邊太(二〇一二)『愛とユーモアの社会運動論——末期資本主義を生きるために』北大路書房。

Andrews, K. T.(2002)“Movement-Countermovement Dynamics and the Emergence of New Institutions: The Case of ‘White Flight’ Schools in Mississippi”, *Social Forces*, Vol. 80: 911–936.

Bernstein, M.(1997)“Celebration and Suppression: The Strategic Uses of Identity by the Lesbian and Gay Movement”, *American Journal of Sociology*, Vol. 103: 531–565.

Della Porta, D.（2009）*Democracy in Social Movements*, Palgrave Macmillan.
Dugan, K. B.（2004）“Strategy and ‘Spin’: Opposing movement frames in an anti-gay voter initiative”, *Sociological Focus*, Vol. 37: 213–233.
Flesher Fominaya, C.（2007）“Autonomous Movements and the Institutional Left: Two Approaches in Tension in Madrid’s Anti-globalization Network”, *South European Society and Politics*, Vol. 12: 335–358.
Haug, C.（2013）“Organizing Spaces: Meeting Arenas as a Social Movement Infrastructure between Organization, Network and Institution”, *Organization Studies*, Vol. 34: 705–732.
Juris, J. S.（2008）“Spaces of Intentionality: Race, Class, and Horizontality at the United States Social Forum”, *Mobilization*, Vol. 13: 353–371.
Kavada, A.（2010）“Between Individuality and Collectiveness: Email Lists and Face-to-face Contact in the Global Justice Movement”, *International Journal of E-Politics*, Vol. 1: 41–56.
McCarthy, J. D., and M. N. Zald（1977）“Resource Mobilization and Social Movements: A Partial Theory”, *American Journal of Sociology*, Vol. 82: 1212–1241(片桐新自訳「社会運動の合理的理論」塩原勉編『資源動員と組織戦略――運動論の新パラダイム』新曜社、一九八九年、二一―五八頁).
McDonald, K.（2002）“From Solidarity to Fluidarity: Social Movements beyond ‘Collective Identity’—the Case of Globalization Conflicts”, *Social Movement Studies*, Vol. 1: 109–128.
――――（2004）“Oneself as Another: From Social Movement to Experience Movement”, *Current Sociology*, Vol. 52: 575–593.
Meyer, D. S., and S. Staggenborg,（1996）“Movements, Countermovements, and the Structure of Political Opportunity”, *American Journal of Sociology*, Vol. 101: 1628–1660.
Meyer, D. S., and S. Staggenborg（2008）“Opposing Movement Strategies in U. S. Abortion Politics”, *Research in Social*

*Movements*, Vol. 28: 207–238.

Mottl, T.（1980）“The Analysis of Countermovements”, *Social Problems*, Vol. 27: 620–635.

Offe, C.（1985）“New Social Movements: Challenging the Boundaries of Institutional Politics”, *Social Research*, Vol. 52: 817–868.

Rohlinger, D. A.（2003）“Framing the Abortion Debate: Organizational Resources, Media Strategies, and Movement-Countermovement Dynamics”, *Sociological Quarterly*, Vol. 43: 473–507.

Smelser, N. J.（1963）*Theory of Collective Behavior*（会田彰・木原孝訳『集合行動の理論』誠信書房，一九七三年）.

Srivastava, S.（2006）“Tears, Fears and Careers: Anti-racism, Emotion and Social Movement Organizations”, *Canadian Journal of Sociology*, Vol. 31: 55–90.

Wood, L. J.（2012）*Direct Action, Deliberation, and Diffusion: Collective Action after the WTO Protests in Seattle*, Cambridge University Press.

Zald, Mayor N. and Bert Useem（1987）“Movement and Countermovement Interaction: Mobilization, Tactics, and State Involvement”, Zald, Mayor N. and D. John McCarthy, eds., *Social Movements in an Organizational Society*, Transaction Publishers: 247–271.

# 第４章　欧州における右翼ポピュリスト政党の台頭

古賀光生

## 1　右翼ポピュリスト政党とは

### 極右の台頭？

本章の目的は、ヨーロッパにおいて右翼ポピュリスト政党が台頭した原因[1]を検討し、排外的なナショナリズムの高揚を国際比較の観点から分析する素材を提示することにある。

西欧では、一九八〇年代頃から、フランスの国民戦線やオーストリア自由党に代表されるような「極右」と呼ばれる諸政党が支持を伸ばした[2]。これらの党は第二次大戦中の対独協力者を中核として成立した勢力で、その歴史修正主義的な姿勢が多くの批判を招いた。国民戦線の党首であったジャン＝マリー・ルペンは「ホロコーストは、歴史の細部に過ぎない」と言い放ち、オーストリア自由党の党首であったイェルク・ハイダーは、州議会という公の場で、「第三帝国には適切な雇用政策があった」と発言している。これらは、両党の歴史修正主義的な姿勢を象徴するものであった。

欧州において、極右概念の基準はナチズムを参照枠組みとする。具体的には、極右とは、人類の本質的な平等という観念と、その観念に基礎を置くリベラル・デモクラシーを否定する思想として定義される(Ignazi 2003)。ドイツの憲法擁護庁も、こうした枠組みに依拠しつつ、極右主義者を民主主義的な憲法国家に敵対的な勢力として位置づけている。

もっとも、西欧で台頭している排外的な諸政党をこのような意味で「極右」と呼ぶのは難しい。これらの党は、民主主義そのものは否定せず、議会で着実に支持を伸ばしているためである。もちろん、極右の定義は研究者の間できわめて多様であり(Mudde 1996)、議会制を肯定するような、両大戦間期とは異なる「新しい極右」(Ignazi 2003)との位置づけも成り立ちうる。しかし、今日の西欧では、平等や普遍的な人権という概念を否定しない、新たな排外主義政党が台頭している。たとえばデンマーク国民党は、歴史修正主義とは一線を画しながらも、移民排斥やイスラム嫌悪を唱える(吉武二〇〇五)。あるいは、オランダの自由党は、普遍的な人権の観点からイスラムにおける女性や同性愛者への差別を批判する(水島二〇一二)。さらに近年では、国民戦線のような戦間期の極右勢力を継承した政党すら、穏健化の傾向を示している(畑山二〇一三)。

こうした観点から、本章では、非西欧系移民の排斥を訴えるなど排外的ナショナリズムを唱える政党一般を分析の対象として、これらを「右翼ポピュリスト政党」と総称する。その上で、これらの政党がなぜ台頭したのかを、先行研究における蓄積を踏まえて検討する。

## 「右翼ポピュリスト政党」とは何か

右翼ポピュリスト政党との呼称は、これらの政党の性質に関する、以下に示すような理解に基づいている。まず、これらの党は右翼的な傾向を持つ。右翼と左翼の定義については、専門家の間でも議論が分かれている(たとえば、Ignazi 2003)。しかし、多くの論者は平等への態度を重視したボッビオによる定義を採用する。その定義によれば、現状よりも平等な社会の実現を目指す左翼に対して、右翼は、既存の不平等を自然のもの、あるいは、秩序を保つために必要なものと捉え、社会的な序列の維持を目指す(ボッビオ一九九八)。

右翼ポピュリスト政党は、その権威主義(authoritarianism)的な傾向から右翼に分類される。権威主義とは、多様性を拒絶し、差異を抑圧して社会の同質化を志向する傾向である(Stenner 2005)。そうした志向から、権威主義者は個人の自由よりも既存の社会秩序と権威への服従を重視する。その上で、社会における多数派の生活様式を尊重し、少数派にはこれに同調することを求める。また、支配的な文化に同調しないものには不寛容であり、異なる文化的背景を持つ移民を攻撃する傾向がある(Flanagan and Lee 2003)。

さらに、西欧の排外主義政党においてはポピュリズムが顕著である。ポピュリズムの定義は、極右と同じく多様である(たとえば、水島二〇一四、吉田二〇一一)。その中でも、本書第8章の山崎論文の議論に従えば、これらの党が掲げる「純粋な民衆」と「腐敗したエリート」の二分法(Mudde 2004)が重要であろう。右翼ポピュリスト政党は、既存の政治エリートを攻撃する際に、既成政党間の政策的な差異を無視する。その上で、すべての既成政党を「既得権益を持つ人々」として描き、「われわれ民衆」との対立図式を提示する(Schedler 1996)。

こうした二分法を成り立たせるために、ポピュリストは人々の一体性を強調する。それゆえに、人々を分断する中間団体、たとえば労働組合や利益集団にきわめて批判的で、これらを既得権の象徴として攻撃する(Canovan 1999)。さらに、既得権に対する攻撃は政府による経済介入への批判に結びつく。それゆえ、現代のポピュリズムは民営化や規制緩和と親和的である(Weyland 1999)。ただし、現在の西欧の右翼ポピュリスト政党はやや例外的で、経済的には「右翼的」とは呼べない。欧州統合の進展にともなう経済統合に合わせて各国で改革が進んだことで、これらの党が社会問題を重視したためである(古賀二〇〇九・二〇一四)。

ポピュリズムはしばしば「反知性主義」の傾向を示すとされる(Wiles 1969)。その背景には、エリートへの根深い不信感がある。たとえば欧州では、基本的な人権の擁護について、歴史的な経緯も踏まえた議論の蓄積がさまざまな制度に反映されている。しかし、右翼ポピュリスト政党は、これらを、エリートによる支配の道具、あるいは、「人々の意志」の実現を阻害する装置として批判する。右翼ポピュリスト政党が、しばしば、立憲主義的な価値に否定的な姿勢を示すのはこのためである(Mény et Surel 2000)。

## 2　なぜ台頭したのか

### 構造的な「危機」とナショナリズム

右翼ポピュリスト政党が台頭した要因を分析する上で、前提条件として西欧における社会・経済的な構造の変化を無視できない(たとえば、Betz 1994; Kriesi et al. 2012)。西欧の各国は、一九七〇年代の石油危機以降、脱工業化とグローバル化によって産業構造の転換を迫られ、従来の福祉国家像の見直しを余儀なくされた(野田二〇一三、水島二〇一二)。そこで、各国で国有企業の民営化や労働規制の緩和、あるいは、社会保障の削減などの改革が進展した。

既成政党を厳しく批判する右翼ポピュリスト政党への支持は、こうした改革によって打撃を受けた人々からの現状への批判を基礎とする、との指摘も少なくない(たとえば、Flecker eds. 2007; Kriesi et al 2012)。このような観点から、しばしば、研究者はこれらの党の支持者を「近代化の敗者(losers of modernization)」、あるいは「グローバル化の敗者(losers of globalization)」と呼ぶ(Betz 1994; Norris 2005; Kriesi et al. 2012)。つまり、グローバル化と福祉国家改革にともなう労働市場の流動化によって最も打撃を受けた人々が、これらの党の支持層であろうと想定する。実際に、教育程度が高くない人々や非熟練労働者、あるいは失業者などが、これらの党の中核的な支持層であるとの調査結果も数多く示されている(たとえば、Norris 2005)。ベッツは、安定した雇用を持つ人々が減少する一方、労働者の三分の一程度が非正規雇用に従事する「三分の二社会」の登場で、「近代化の敗者」の不満が政治に向かう、との仮説を提示している(Betz 1994)。

もっとも、「誰が」これらの党を支持するのかとは別に、その人々が「なぜ」これらの党に投票するのかを検討する必要がある(古賀二〇一三(一))。一部の論者は、右翼ポピュリスト政党の政策を体系的に分析することに否定的である。なぜならば、これらの党は一貫したイデオロギーを持たず、場当たり的に政策を変更しているに過ぎないと考えるためである(たとえば、Taggart 2000)。このような観点からは、これらの党への投票は、しばしば、有権者の既成政党に対する不満の表出と評される。また、前述の支持者像は、これらの党が、「非理性的」な有権者層に支えられていることの傍証と目される。しかし、これらの党は非理性的な不満の捌け口とは呼び難い、との指摘も有力である(たとえば、van der Brug et al. 2000)。政策を見ても、以下のような主張においては一貫している。

右翼ポピュリスト政党は、産業構造の変化にともなう経済的な危機を「国民的な利益の喪失」と位置づける。その上で、危機に対応できない既存の政治エリートを厳しく批判して、新たな指導者の必要性を強調した(Mény et Surel 2000)。その中で、既存の政治エリートは、既得権に安住する「政治階級」と非難される。イタリアやオーストリア、ベルギーなど、政治腐敗が深刻な問題となった国々では、こうした批判は特に説得力を増した(古賀二〇〇九)。福祉国家が縮減していく過程において、従来の利益を失った人々にとって、これらの「政治階級」が持つ「特権」は、厳しい批判の対象となったのである。

右翼ポピュリスト政党は、グローバル化への反発も梃子《てこ》にしてナショナリズムの高揚を図った（Betz 1994）。西欧では、欧州統合の進展にともなう財政規律の強化が、各国で福祉制度改革にも結びついた。ほぼすべての既成政党がこうした改革を受け入れたのに対して、右翼ポピュリスト政党は、政治エリートの行動を国民の利益を毀損するものとして批判した。ポピュリズムは、「人々」の政治的な利益の一体性を主張する点でナショナリズムと親和的である。改革にともなう痛みが多くの国民に共有されたことで、右翼ポピュリスト政党の掲げるナショナリズムは、説得力を増すこととなる（Mény et Surel 2000）。

ただし、これらの党が掲げるナショナリズムは、国民の統合を図るよりも、文化的、あるいは民族的（ethnic）な背景の異なる人々を排除する傾向を持つ。たとえば、フランスの国民戦線は「国民優先」との名目の下、公営住宅への入居や地方自治体における雇用において、いわゆる「白人」のフランス人を優先するように主張し、選挙に勝利して公選職を獲得した自治体の一部ではそれを実行した（畑山一九九九）。あるいはオーストリア自由党は、「オーストリア優先」と称して、失業率の低下や公営住宅の不足が解消するまで新規の移民・難民の受け入れを停止するように主張するだけではなく、ケルンテン州では標識板の二言語表記に強く反対するなど（馬場二〇一三）、民族的な少数派への攻撃的な姿勢を隠さない。

こうした分断の志向は、エスノ・ナショナリズムを掲げる勢力においてより鮮明になる。たとえば、ベルギーの政党であるフラームス・ブロックは、ベルギーにおける言語紛争を前提としたものではあるが、必ずしも言語問題のみを争点に掲げるものではない。この党が依拠する富裕なフランデレン地域から、経済的に苦境にあるワロン地域への富の移転を批判して、支持を集めた(津田二〇〇四)。あるいは、こうした分断の「境界」が孕む恣意性は、イタリアの北部同盟において顕著である。イタリアでも、ベルギー同様に国内の経済格差が大きな政治課題となっている。北部同盟は、南部の地域が多額の公共投資を受けながら経済状況を一向に改善させないと批判しつつ、その理由として、勤労意識の欠如や「マフィア」などの組織犯罪の横行を挙げる。その上で北部と南部の文化的な違いを強調しながら、北部を独自の「ネイション」として位置づけるに至る(Cento Bull and Gilbert 2001)。

いずれの勢力も、経済的な危機を背景としながら、「国民」の範囲を狭く設定して再配分をはじめとする国家のサービスの提供先を限定するように求める。そのために、「移民」や「外国人」など、「他者」を設定する。右翼ポピュリスト政党のナショナリズムは、こうした排除を基礎とするものである。

### 人々の認識への働きかけ

これらの党に最も顕著な共通点は、移民排斥の主張である(Fennema 1997)。右翼ポピュリスト政党は反移民の単一争点政党であるとは言えない(Mudde 1999)ものの、多くの研究者が、投票理由として支持者の反移民感情を挙げる(たとえば、Lubbers et al. 2002)。

しかしながら、移民の急増によって不可避的にこれらの党が台頭した、と結論づけるのは難しい(たとえば、Rydgren 2004)。なぜならば、有権者がそれを支持の理由とする根拠は複層的であり、政党の側がそれをどのような問題として提示するかが重要となるためである。

右翼ポピュリスト政党は失業率の高止まりや社会保障財源の悪化、治安悪化の「原因」を具体化するために、「移民」の存在を、その理由として指摘する。たしかに、二〇〇五年のフランスにおける「郊外」暴動など、人種差別が紛争に発展する例は少なくない。しかし、就業上の競合や移民による福祉濫用、あるいは犯罪率の高さなどを裏付ける資料は乏しく、専門家の多くは経済的な競合や財政的な負担という議論に否定的である。つまり、右翼ポピュリスト政党の主張の多くは、実態を反映したものではない。

それにもかかわらず、こうした主張が支持される理由のひとつに、人々の認識の問題がある(Rydgren 2004)。先行研究によれば、右翼ポピュリスト政党の支持者は移民労働者との就業上の競合(Lubbers et al. 2002)、あるいは、社会保障の受給をめぐる競合(Swank and Betz 2003)などを根拠に、これらの政党の排外主義を支持している。その背景には、これらの党が、人々が漠然と抱く不安感の根拠として「移民」という可視的な存在を挙げ、「これらの問題に取り組める唯一の存在」として、自党を売り込んだことがある(Meguid 2008)。

人々の不安感の背景として、まず、グローバル化にともなう就業の不安定さに加えて、社会的なリスクの個人化も無視できない(Betz 1994)。脱工業化の進展によって人々のライフスタイルは著しく多様化すると同時に、それらの基礎として人々の「自由な意志に基づく選択」が強調されることから、階級的な連帯は困難なものとなった(Beck 1986)。こうした状況が将来の見通しに関する不確かさと相まって、人々の不安感を高めたと考えられている。

こうした不安感(uncertainty)が、人々の権威主義的な傾向を強める、という知見(たとえば、Jost et al. 2003; 2007)も存在する。加えて、「静かなる革命」(Inglehart 1977)への対抗としての権威主義的な価値観の高揚がある(Ignazi 2003)。すなわち、高度成長にともなう物質的充足や高学歴化は、参加や自己決定などを重んじる「脱物質的価値観」を重視する人々の増加をもたらした。西欧では、こうした価値観は政治にも反映され、死刑制度の廃止や人工妊娠中絶の合法化、性的マイノリティの権利向上など、具体的な政策として結実している。これに対して、権威主義的価値観の持ち主にとって、脱物質的価値観は既存の社会秩序を脅かすものと認識されやすい(Flanagan and Lee 2003)。こうした人々は、自らの価値観が脅かされると、権威主義的な言動を強化する傾向にある(Stenner 2005)。

さらに、二〇〇一年の米同時多発テロ以降、「移民」の存在が「危機」と結びつけられたことも、排外的な主張には追い風となった。テロの脅威や治安悪化への懸念は、権威主義的な価値観を持つ人々の態度を硬化させるためである(Stenner 2005)。右翼ポピュリスト政党の多くは、「反移民」の言説と「反イスラム」の言説を混同させてきた。その際に、イスラム教徒を、世俗主義や男女平等などの「西欧的な価値」とは相容れない存在として描く(水島二〇一二)。権威主義的な傾向を持つ人々は、「異質なものへの不寛容」を基礎として、こうした主張を支持するものと考えられる。

ただし、右翼ポピュリスト政党の主張だけでは、「移民」の存在をこれら諸問題の原因とする認識枠組みは形成されなかったはずである。西欧各国でも、さまざまな事件を契機として、既存の政治家やメディアが、あたかも右翼ポピュリスト政党の言説を裏付けるような発言を行う場合が少なくない(たとえば、Zuser 1996; Meguid 2008)。

### 政党側の動員戦略

右翼ポピュリスト政党は、人々の認識枠組みに働きかけながら、戦略的に支持動員を行っている。これらの党は、しばしば指摘されるような「イデオロギーの囚人」(Adams et al. 2006)とは呼び難く、一定の思想的な中核は持つものの、同時に、有権者の動向を探りながら、得票の上で最も有利な選択を模索している。そのため、これらの党の戦略的主体としての合理性を無視することは、現象の正確な理解を妨げる。

右翼ポピュリスト政党は、既成政党との差別化を通じて支持を伸ばすことに努めてきた。その最たる努力が、政党間の競合における「隙間」市場への進出である(Kitschelt 1995)。右翼ポピュリスト政党は、主要政党の政策的な収斂を受けて、既成政党とは異なる主張を展開することで存在感を発揮してきた。福祉国家建設に関する合意が存在した八〇年代には規制緩和や民営化などの改革を主張した一方で、主要政党が改革を実現した後には福祉を重視する姿勢に転じたのは、まさにこのためである(古賀二〇一四)。

こうした戦略において、移民という争点は、格好の「隙間」争点と呼べる(Meguid 2008)。そもそも、移民排斥の主張は、ナチズムを経験した西欧諸国では「タブー」と目されていた(Rydgren 2004)。さらに、左右の既成政党は、党内の対立から、移民問題に取り組むことが容易ではない。社民政党などの左派政党は、文化的な根拠での移民排斥には反対するものの、労働者層が抱える移民との就業上の競合への懸念には配慮する必要がある。他方、保守政党にとっては、経済的な根拠からは労働力としての移民の受け入れが必要になるものの、文化的な理由からは、非西欧系の移民の受け入れには消極的になりがちである(Höbelt 2003)。こうした状況が、右翼ポピュリスト政党の独自性発揮にとって有利に働いた。

また、移民争点を福祉と結びつけて論じたことも、こうした戦略の一環と考えられる。これらの党が移民争点に傾斜したのは、一部の例外を除けば、一九九〇年代以降である。これらの党は、当初掲げていた「改革」の主張が独自性を失ったことで、新たな動員争点として「移民問題」に取り組んだ(古賀二〇一三—二〇一四)。その際に、移民の排除によって福祉国家の維持を図る「福祉排外主義(**welfare chauvinism**)」に焦点を絞ることで、権威主義的な志向のみならず、経済的な利害への認識からも、移民問題への関心をひきつけた。

福祉排外主義の主張は、「移民」を福祉濫用者として描くことで人種差別的な心情に訴えかけつつ、移民の存在を福祉国家への「負担」として提示する。こうした言説は、潜在的に社会保障を奪い合う人々のみならず、社会保障財源を負担する人々全体に訴えかけるものとなりうる(Swank and

Betz 2003; 水島二〇一二)。

これらの党が、「移民」「外国人」と、非西欧文化圏にルーツを持つ市民とを意図的に混同するのは、単なる用語上の混乱のみならず、福祉排外主義を有利に運ぶためである。多くの国では、非西欧系移民や難民の第二・第三世代の社会的統合が大きな政治課題となっている。言語習得や社会慣習への理解に困難を抱える人々の多くは、脱工業化が進む西欧社会で、就業に際してきわめて不利な立場にある。こうした人々への支援が、財政上の大きな負担となっている、との認識は、各国で、これ以上の移民・難民の受け入れを忌避するか、あるいは、選別的な受け入れ政策を採用するという入管政策の変化に結びついている(水島二〇一二)。こうした中で右翼ポピュリスト政党は、既に定住している人々に対しても、「帰国」と「同化」の二者択一を迫るなど、出入国管理政策と社会的統合政策を意図的に混同している。

もちろん、これらの主張は人種差別との誹《そし》りを免れず、既成政党をはじめ、支持者以外の有権者から激しい忌避の対象となる。そのため、右翼ポピュリスト政党の支持者の多くは、自らの投票先を明らかにしない傾向がある(Oesch 2008)。こうした傾向から、右翼ポピュリスト政党は党の活動家や選挙の候補者を確保することに、一定の困難を抱えている(Art 2011)。質の高い候補者を擁立することが党の勢力伸長にとって重要であることを踏まえれば、独自性を確保することと、人々から受容可能な存在であることを両立するのは容易ではない。

右翼ポピュリスト政党の党員は、高い社会的なコストを負担しながら活動を続けている(Klandermans and Mayer 2006)。このことは、これらの党のリクルーティングを難しくしている。ただし、新たに人々をひきつけるために「連帯的なインセンティブ」の提供が重要となることを視野に入れると、党外からの拒絶が必ずしも活動家に党からの離脱を促すものでないことが窺える。なぜならば、党活動家にとって、社会的に承認されていない活動に従事すればするほど、社会における居場所は、これらの党の内部に限定される事態となるためである(Klandermans and Mayer 2006)。これらの党の急進的な主張は、外部からの拒絶を招く一方で、内部の連帯を強化する作用を持ちうる。ただし、右翼ポピュリスト政党は、活動家のみならず、候補者の擁立を必要とする。党の勢力拡大に不可欠な有力候補者の擁立のためには、これらの人物に対してどのような社会的な上昇機会を提示するかが重要となる。そのため、特に既成政党から徹底的に協力を拒絶されることは、右翼ポピュリスト政党にとって、候補者擁立を著しく困難にする(Art 2011)。

他方、既存の政治エリートが、こうした勢力を政治的に利用しようとする場合、これらの党は組織を拡大する機会を得る。典型的な例として、フランスで国民戦線が台頭した経緯が指摘されよう。国民戦線の台頭は、右派の分断を図るミッテラン大統領の策謀に多くを依存しているとされる(畑山二〇〇七)。具体的には、ミッテランは、八六年の下院選挙を、従来の小選挙区二回投票制ではなく、比例代表制で実施した。この制度改正は、劣勢が予想される左派の敗北の程度を弱めるためであるとともに、小選挙区制度では勝ち目の薄い国民戦線の勢力を拡大させ、保守票の分断を意図したものとされる(Meguid 2008)。結果的に、国民戦線は多数の議席を獲得し、全国政党としての地位を確固たるものとした。次回以降、選挙制度は小選挙区二回投票制に戻されたことで、右派と支持を奪い合い、かつ、選挙協力が困難な国民戦線の存在は、保守政党にとって悩みの種となる。

こうした事実から、先述の移民問題の政治争点化と合わせて、既存の政治家こそが排外主義的な勢力の台頭を左右する最も重要なアクターと言っても過言ではない。

## 3　なぜ、右翼ポピュリスト「政党」なのか――比較の視点から

### 排外的なナショナリズムの政治争点化

いわゆる在特会に代表されるように、日本における排外主義が「運動」として顕在化したのに対して、西欧では「政党」が排外主義を訴えた。たしかに、イスラム系の住民への差別に代表される異文化間の摩擦は、日本と比べてより顕著であるようにも見える。一部の国では右翼ポピュリスト政党が二〇パーセントを超える得票率を記録するような深刻な排外主義の背景には、こうした状況があるとも想定される。

しかし、既に見たように、「移民問題」は人々の認識枠組みに依存する。それゆえ、どのような状況の下で「移民問題」が認識されやすいかを検討する必要がある。また、西欧において排外主義を唱える政党が台頭していることを根拠に、日本と比べて現状がより深刻であると判断すべきかについても、留保が必要となる。なぜならば、運動の形態や主張の内容は、「政治的機会構造」(3)に依

存するためである。

キッチェルトは、西欧の反核運動を比較して、各国の統治制度の違いが運動の合理性を左右することを指摘した(Kitschelt 1986)。具体的には、彼は反核運動や環境保護運動が、各国で異なった運動形態を採用したことに着目する。既成政党がこの問題に熱心に取り組んだ場合には、環境保護運動は既存の政治体制の中で自らの主張の実現を目指した。他方、既存の政治エリートがこの争点に消極的である場合で、かつ、政党としての参入の障壁が低い場合に、「緑の党」などの新たな政党が結成された。

右翼ポピュリスト政党についても、同様の事態が想定できる。西欧では、これらの党の主張が主要政党と大きく異なることで、独自の支持層を確保できた。西欧において、死刑制度の復活や国籍取得要件の厳格化を唱えたのは、もっぱら右翼ポピュリスト政党であった(4)。これと比較すれば、日本では、主要政党が相対的に権威主義的な傾向を示している。もし日本で、たとえば入管政策や対外認識などで排外的な主張を展開したとしても、自民党をはじめとする既成政党との違いは乏しい。

さらに、主張の急進性や穏健さは、運動そのものの性質のみならず、運動の戦略に左右される。在特会に代表される日本の排外運動と比べれば、西欧の右翼ポピュリスト政党の主張は、相対的に穏健である。こうした主張の急進性は、運動の規模と一種のトレード・オフの関係にあり、運動のサイクルに応じて異なる。つまり、運動が成立した初期においては、中核的な活動家層を動員するためにも、イデオロギー的な独自性と急進性を発揮する必要がある(McCarthy and Zald 1977)。他方、一定の活動家層を確保した後には、「良心的参加者」など支援者を獲得するために、過度に急進的な主張を抑制する傾向が見られる。たとえば、国民戦線やイタリア社会運動は、戦後直後から六〇年代末までの急進的な運動の時期を経て、八〇年代以降、議会内部に定着するために主張を穏健化させた。他方、日本における排外主義的な運動は登場から間もなく、運動員を確保して活動を永続化させる段階にあるようにも見える。

また、政党が活動する環境という点においては、日本と西欧では人種差別への対応の厳しさが異なる。西欧では、人種差別や歴史修正主義を疑われれば、政治指導者は政治生命を失いかねない。実際に、ハイダーは「第三帝国の適切な雇用政策」発言によって、州知事を罷免されている。右翼ポピュリスト政党すら「人種差別主義(racism)」との批判を極力回避するように努めるのは、こうした政治的土壌による。こうした違いを背景に、森巣博は、石原慎太郎の都知事時代の「第三国人」発言を評して、西欧であれば公職を追われるのみならず訴追の対象となると追及している(姜・森巣二〇〇二)。

他方、日本と西欧で類似する政治状況も存在する。西欧では、左右の両勢力が「構造的な改革」で一致して民営化や規制緩和を大規模に行った後に、右翼ポピュリスト政党が既成政党の従来の支持層の一部を吸収する形で、勢力を拡大した(古賀二〇一三—二〇一四)。日本では、「構造改革」後、批判の受け皿として政権交代が可能であったが、民主党政権への批判が高まった後、右翼ポピュリスト政党に類似する日本維新の会が台頭した。(5)

## 西欧の政党と日本の政党

西欧において排外主義が政党化した背景として、日欧における政党という組織の位置づけの違いも視野に入れる必要がある(吉田二〇〇九)。日本では、たとえば政党助成法の規定[6]に象徴されるように、政党は「議員の集団」として位置づけられている。これに対して、西欧では、政党は社会に根差しているべき集団と考えられている。

こうした理念の違いは、制度に反映されている。西欧では、何らかの政治的な利益の実現を目指す社会集団が自らの意志を政治に伝えようとする場合、政党を組織することが積極的に支援される制度的な背景が存在する。

まず、西欧と日本では、政党助成金の仕組みが大きく異なる。かつて、公費による政党助成金は、既成政党の「カルテル化」を助長する制度として批判された(Katz and Mair 1995)。しかし、近年では、「カルテル化」の有無は助成金の配分のしかたによるとされる(Scarrow 2006)。具体的には、議席が獲得できなかったとしても、選挙において一定の票を獲得すれば助成金が受け取れる場合には、むしろこの制度は新政党の参入をうながす仕組みとなりうる[7]。他方、日本の制度のように、助成金が議席の数に従って配分される場合には、新規参入には不利に働く(Scarrow 2006)。

また、西欧のほとんどの諸国で採用されている比例代表制度も、新政党の参入を相対的に容易にするとともに、選挙に際しての立候補者個人の負担を軽減させる。これに対して日本では、国政では小選挙区制、地方議会では複数選出の単記非移譲式の選挙制度が採用されており、政党の組織化を難しくしている(上神二〇一三)。

さらに、西欧の多くの国々では、政党の組織化や党内統治に関する法規が整備されている(van Biezen and Borz 2012)。具体的には、たとえばドイツでは、党員の資格や党内の意志決定過程に関して、指導者の恣意的な運用を防ぐ規定が設けられている。こうした法整備は、党の設立に際しての指標を示すのみならず、党員の利益を保証することで政党への参加をうながす。

このように、排外主義を主張の中核とする政党が登場する背景には、多様な利害を政治に反映させる手段として、社会に根差した組織である政党を活用する西欧の政治制度のあり方が存在する。もちろん、既に述べたように西欧では人種差別への対応は日本におけるよりもはるかに厳しい(8)。また、多くの人々が、排外的な政党の台頭を危惧している。しかし、合法的な方法で自らの主張を政治に反映させる経路が用意されていることで、運動の暴力化が抑制(9)されている側面も否定できない。政党結成への相対的に低いハードルは、運動を政党に向けさせる作用を持っているためである。

## おわりに

これまでに見たように、西欧では右翼ポピュリスト政党の台頭をめぐって、さまざまな要因が研究されている。運動と政党の違いには注意が必要なものの、これらの研究蓄積には日本における現象を理解する手助けになる分析も少なくない(10)。

日本と同様に、西欧でもグローバル化にともなう経済構造の転換とともに構造的な改革が進展した。西欧では、改革を通じて労働市場の流動性が増したことで、人々の生活がより不安定な(insecure)ものと認識されるようになった。そして、このことが人々の不安感(insecurity)に結びついていると理解されている。西欧において、「移民問題」は、現実の社会問題であると同時に人々の認識の問題とされているが、排外的な感情の高まりの背景にはこうした不安感がある。日本においても、排外的な運動が提示する「在日特権」なるものの虚構性は繰り返し強調されているが(たとえば、野間二〇一三)、こうした虚構を人々が信じてしまう背景は、今後、深く検討される必要があろう。

他方、日本とは異なり、西欧では排外主義が政党として公的空間で一定の役割を果たしているように見える。ただし、西欧では、これらの右翼ポピュリスト政党の存在が排外主義を公的な空間に封じ込めることに貢献している側面も無視できない。

これらの共通点と相違点を踏まえれば、排外主義の高まりは、市民社会と政治の関係性からも検討されるべきであろう。好ましからざるものも含めて多様な政治的主張が議会に代表される西欧の政治の仕組みから、学ぶ余地は少なくない。

## 注

（1）これらの政党の台頭の詳細は、拙稿(古賀二〇一三―二〇一四)を参照されたい。また、最近の邦語文献として、たとえば、河原・玉田・島田編著(二〇一一)、石田・高橋編著(二〇一三)などが詳しい。

（2）邦語文献では、フランスの国民戦線については、畑山(一九九七、二〇〇七)、オーストリア自由党については、東原(二〇〇五―二〇〇七)が詳しい。

（3）「政治的機会構造」はきわめて多義的な概念であるが(たとえば、Tarrow 2011)、ここでは、Kitschelt (1986)に即して、狭い意味での政治制度を中心に検討する。

（4）ただし、これらの党の台頭に影響を受けて、既存の保守政党も入国管理の厳格化を支持しつつある。こうした状況については、たとえば、水島(二〇一二)参照。

（5）善教と坂本は、日本維新の会の支持層の傾向が西欧の右翼ポピュリスト政党のそれとは異なると指摘している(善教・坂本二〇一三)。しかし、その際に右翼ポピュリスト政党への投票を非理性的な不満の表出と理解しており、本稿とは見解が異なる。

（6）政党助成法では、「所属する衆議院議員又は参議院議員を五人以上有するもの」(第二条一項一号)、または、「衆議院議員又は参議院議員を有するもので」(同二号)、直近の選挙で有効投票数の二パーセント以上を得たものとされている。

（7）ドイツでは、議席を得るには五パーセント以上の得票が必要であるが、助成金は〇・五パーセント以上の票を得た政党に配分される。あるいはデンマークでは、議席を得るためには二パーセント以上の得票が必要であるが、全国で一〇〇〇票獲得すれば助成金が得られる(Scarrow 2006)。

（8）欧米などの人種差別禁止立法については、たとえば、有田(二〇一三)参照。

（9）近年の最大の暴力事件は、二〇一一年のノルウェーにおける銃乱射事件であろう。この事件を起こした人物は、かつて右翼ポピュリスト政党である進歩党に所属した経歴を持つが、穏健化を図る党の姿勢に飽き足らず、党を離れている(吉武二〇一一)。

(10) 同様の観点から、西欧における「極右政党」の研究蓄積を活かして日本の現象との比較を試みている研究として、樋口(二〇一四)がある。ただし、「近代化の敗者」論をはじめとして、本稿は樋口(二〇一四)とは先行研究の理解が大きく異なる。

## 文献一覧


有田芳生(二〇一三)『ヘイトスピーチとたたかう!』岩波書店。

石田徹・高橋進編著(二〇一三)『ポピュリズム時代のデモクラシー』法律文化社。

上神貴佳(二〇一三)『政党政治と不均一な選挙制度』東京大学出版会。

河原祐馬・玉田芳史・島田幸典編著(二〇一一)『移民と政治』昭和堂。

姜尚中・森巣博(二〇〇二)『ナショナリズムの克服』集英社新書。

古賀光生(二〇〇九)「脱クライエンテリズム期における選挙市場の比較分析」日本政治学会編『政治と暴力 年報政治学II』木鐸社。

――(二〇一三―二〇一四)「戦略、組織、動員(一)―(六)」『国家学会雑誌』一二六巻五・六号―一二七巻三・四号。

――(二〇一四)「福祉排外主義から新自由主義へ」『選挙研究』三〇巻二号。

善教将大・坂本治也(二〇一三)「維新の会支持態度の分析」『選挙研究』二九巻二号。

津田由美子(二〇〇四)「フラームス・ブロックとベルギー政党政治」『姫路法学』三九巻。

野田昌吾(二〇一三)「デモクラシーの現在とポピュリズム」石田徹・高橋進編著『ポピュリズム時代のデモクラシー』法律文化社。

野間易通(二〇一三)『在日特権の虚構』河出書房新社。

畑山敏夫（一九九七）『フランス極右の新展開』国際書院。

――――（一九九九）「国民戦線（ＦＮ）の自治体支配」『佐賀大学経済論集』三二巻一号。

――――（二〇〇七）『現代フランスの新しい右翼――ルペンの見果てぬ夢』法律文化社。

――――（二〇一三）「二〇一二年大統領選挙・国民議会選挙と〈マリーヌの国民戦線（ＦＮ）〉」『佐賀大学経済論集』四六巻一号。

馬場優（二〇一三）「ケルンテン州の民族問題とオーストリア連邦制」『社会科学研究年報（龍谷大学）』四三巻。

東原正明（二〇〇五―二〇〇七）「極右政党としてのオーストリア自由党（一）―（七）」『北学園大学法学研究』四一巻二号―四三巻一号。

樋口直人（二〇一四）『日本型排外主義』名古屋大学出版会。

ボッビオ、ノルベルト（一九九八）『右と左――政治的区別の理由と意味』片桐薫・片桐圭子訳、御茶の水書房。

水島治郎（二〇一二）『反転する福祉国家』岩波書店。

――――（二〇一四）「ポピュリズムとデモクラシー」『千葉大学法学論集』二九巻一・二号。

吉武信彦（二〇〇五）「デンマークにおける新しい右翼」『地域政策研究』八巻。

――――（二〇一一）「ノルウェー・テロ事件の背景を探る」『世界』八二三号。

吉田徹（二〇〇九）『二大政党制批判論』光文社新書。

――――（二〇一一）『ポピュリズムを考える』ＮＨＫ出版。

Adams, James, Michael Clark, Lawrence Ezrow, and Garrett Glasgow（2006）“Are niche parties fundamentally different from mainstream parties?” *American Journal of Political Science* 50(3): 513–529.

Art, D.（2011）*Inside the radical right: the development of anti-immigrant parties in Western Europe*. Cambridge University Press.

Beck, U.（1986）*Risikogesellschaft auf dem Weg in eine andere Moderne*. Frankfurt: Suhrkamp(東廉・伊藤美登里訳『危険社会』法政大学出版局).

Betz, H.-G.（1994）*Radical right-wing populism in Western Europe*. Macmillan.

Canovan, Mt.（1999）"Trust the people! Populism and the two faces of democracy," *Political studies* 47(1): 2–16.

Cento Bull, A. and Gilbert, M.（2001）*The Lega nord and northern question in Italian politics*. Palgrave.

Fennema, M.（1997）"Some conceptual issues and problems in the comparison of anti-immigrant parties in Western Europe," *Party Politics*, 3(4): 473–492.

Flanagan, S. C., & Lee, A. R.（2003）"The new politics, culture wars, and the authoritarian-libertarian value change in advanced industrial democracies," *Comparative Political Studies*, 36(3): 235–270.

Flecker, J., eds.（2007）*Changing working life and the appeal of the extreme right*. Ashgate.

Höbelt, L.（2003）*Defiant Populist*. Purdue University Press, 2003.

Ignazi, P.（2003）*Extreme right parties in Western Europe*. Oxford University Press.

Inglehart, R.（1977）*The silent revolution: changing values and political styles among Western publics*. Princeton University Press(三宅一郎訳『静かなる革命』東洋経済新報社).

Jost, J. T., Glaser, J., Kruglanski, A. W., and Sulloway, F. J.（2003）"Political conservatism as motivated social cognition," *Psychological bulletin*, 129(3): 339.

Jost, J. T, Jaime L Napier, Hulda Thorisdottir, Samuel D Gosling, Tibor P Palfai, and Brian Ostafin（2007）"Are needs to manage uncertainty and threat associated with political conservatism or ideological extremity?" *Personality and social psychology bulletin* 33(7): 989–1007.

Katz, R. S. and Mair.P.（1995）"Changing models of party organization and party democracy the emergence of the cartel party," *Party Politics* 1(1): 5–28.

Kitschelt, H. P. (1986) "Political opportunity structures and political protest: Anti-nuclear movements in four democracies," *British Journal of Political Science*, 16(1): 57–85.

Kitschelt, H., in collaboration with McGann, A. J. (1995) *The radical right in Western Europe: a comparative analysis*. Ann Arbor: University of Michigan.

Klandermans, B., & Mayer, N. (2006) *Extreme right activists in Europe: through the magnifying glass*. Routledge.

Kriesi, H., Grande, E., Dolezal, M., Helbling, M., Hoglinger, D., Hutter, S., & Wuest, B. (2012) *Political Conflict in Western Europe*. Cambridge University Press.

Lubbers, M., Gijsberts, M., & Scheepers, P. (2002) "Extreme right-wing voting in Western Europe," *European Journal of Political Research*, 41(3): 345–378.

McCarthy, John D. and Mayer N. Zald (1977) "Resource Mobilization and Social Movements: A Partial Theory," *American Journal of Sociology*, 82(6): 1212–1241.

Mény, Y., et Surel, Y. (2000) *Par le peuple, pour le peuple: le populisme et les démocraties*. Fayard.

Meguid, B. M. (2008) *Party competition between unequals: strategies and electoral fortunes in Western Europe*. Cambridge University Press.

Mudde, C. (1996) "The war of words defining the extreme right party family," *West European Politics*, 19(2): 225–248.

———. (1999) "The single-issue party thesis: extreme right parties and the immigration issue," *West European Politics* 22(3): 182–197.

———. (2004) "The populist zeitgeist," *Government and Opposition*, 39(4): 542–563.

Norris, P. (2005) *Radical right: voters and parties in the electoral market*. Cambridge University Press.

Oesch, D. (2008) "Explaining Workers' Support for Right-Wing Populist Parties in Western Europe," *International Po-*

*litical Science Review* 29(3): 349–373.
Rydgren, J. (2004) *The populist challenge: political protest and ethno-nationalist mobilization in France.*: Berghahn Books.
Scarrow, S. E. (2006) "Party subsidies and the freezing of party competition," *West European Politics* 29(4): 619–639.
Schedler, A. (1996) "Anti-political-establishment parties," *Party Politics*, 2(3): 291–312.
Stenner, K. (2005) *The Authoritarian Dynamics*. Cambridge University Press.
Swank, D., & Betz, H.-G. (2003) "Globalization, the welfare state and right-wing populism in Western Europe," *Socio-Economic Review*, 1(2): 215.
Taggart, P. (2000) *Populism.*: Open University Press.
Tarrow, S. (2011) *Power in movement*. [3rd ed.] Cambridge University Press.
van Biezen, I. and Borz, G. (2012) "Models of party democracy," *European Political Science Review* 4(3): 327–359.
van der Brug, W., Fennema, M., and Tillie, J. (2000) "Anti-immigrant parties in Europe," *European Journal of Political Research*, 37(1): 77–102.
Weyland, K. (1999) "Neoliberal Populism in Latin America and Eastern Europe," *Comparative politics*: 379–401.
Wiles, P. (1969) "A syndrome, not a doctrine," G. Ionescu, and E. Gellner, eds., *Populism*. Weidenfeld & Nicolson.
Zuser, P. (1996) "Die Konstruktion der Ausländerfrage in Österreich Eine Analyse des öffentlichen Diskurses 1990," *IHS Political Science Series* 35.
ドイツ連邦共和国・憲法擁護庁(極右の定義に関するページ)http://www.verfassungsschutz.de/de/service/glossar/_lR#rechtsextremismus(二〇一四年一二月二一日最終閲覧)

# 第5章　制度化されたナショナリズム
## ――オーストラリア多文化主義の新自由主義的転回

塩原良和

### はじめに――公定多文化主義と批判的多文化主義研究の射程

国民形成がいったん確立した国家では、ナショナリズムは国民社会の統合[1]の維持・強化を志向する政策を通じて「再構築型ナショナリズム」(吉野一九九七)として制度化される。トランスナショナルな人の移動の増大と国内におけるエスニシティの活性化に直面する現代国家において、制度化されたナショナリズムが表現される主要な政策領域のひとつは、移民、難民、少数・先住民族といったエスニック・マイノリティのもたらす民族・文化的差異への対処である。自由民主主義を志向する国家の場合、民族・文化的アイデンティティ承認がマイノリティの個人としての尊厳の保障の前提であるという規範が、強い正当性を維持している。それゆえに、こうした差異を完全に否定する同化主義や排除は、その政府の統治の正当性を弱めてしまいかねない(大澤他二〇一四、二六九―二七〇頁)。そのため、エスニック・マイノリティの民族・文化的差異を一定程度承認するという意味での「多文化主義」の要素を含む社会統合政策が採用されることが多い。政府の公共政策とそれを正当化する言説としての多文化主義、すなわち「公定多文化主義(official multiculturalism)」(Fleras 2009)は、グローバリゼーションにともなう国民国家の多民族・多文化化の進行に対応するために国家によって制度化されたナショナリズムの一形態なのである。

オーストラリアは先進諸国の中では比較的早く、一九七〇年代に多文化主義を導入した。当初から公定言説・公共政策として展開してきたオーストラリア多文化主義に関する研究において、「批判的多文化主義」と総称されうる視座が一九九〇年代から発展してきた。批判的多文化主義研究は、公定多文化主義が制度化されたナショナリズムの一形態であることを暴き出し、移民や難民の民族・文化的差異を尊重して社会統合を図ること自体がマジョリティ国民の優位性を固定化する企てであると主張する(ハージ二〇〇三、塩原二〇〇五、八八—九三頁、Carter 2006, 333–334)。こうした研究は、多文化主義をナショナリズムとは相容れないものと見なす通俗的な見解や、多文化主義を現代国家の社会統合に関するひとつの規範として描き出す政治哲学的議論に対して、有効な批判的視座を提供した。ただし今日から振り返れば、批判的多文化主義研究は公定多文化主義とナショナリズムの共謀関係の存在を強調するいっぽうで、たとえナショナリズムであるにせよ、オーストラリアの公定多文化主義が福祉国家と社会的シティズンシップを前提とした移民・難民の社会的包摂/結束を志向してきたことを適切に評価する視座をもたなかったともいえる。そのこともあり、新自由主義の台頭とともに一九九〇年代以降起こったオーストラリア公定多文化主義の変質を、批判的多文化主義研究は十分にとらえきれていない。(2)

そこで本章では、オーストラリア公定多文化主義の変容過程を概観することで、制度化されたナショナリズムとエスニック・マイノリティの民族・文化的差異との関係に新自由主義がどのような影響を及ぼすのかを考察する。それにより、批判的多文化主義研究の分析の射程を拡大することを試みる。なお本稿では紙幅の都合上、ケヴィン・ラッド労働党政権(第二次)に代わってトニー・アボット保守連合政権が登場する二〇一三年九月より以前の時期を主な考察対象とする。二〇一三年九月以降のオーストラリア公定多文化主義の変容については、稿を改めて論じたい。

## 1　リベラルな多文化主義とリベラル・ナショナリズム

今日の西欧諸国において、多文化主義は政治家や知識人、マスメディアによってしばしば批判される。安達智史によれば、そうした批判は、多文化主義をエスニック・マイノリティの民族・文化的差異への寛容を過度に推進することで国民社会の分断を招く「断片化された多元主義」と見なし、それに代わる社会統合理念として「社会的結束(social cohesion)」「市民権(citizenship)」といった概念を強調する(安達二〇一三)。また、近年では多文化主義に代わる社会統合理念として、「インターカルチュラリズム」が強調されることもある(Weinstock 2013)。

このような多文化主義への批判は、エスニック・マイノリティはもともと集団として排他的な傾向があり、多文化主義はそれを助長するという想定に基づいている(安達二〇一三、六三頁)。たしかに、オーストラリアを含め一九六〇・七〇年代の欧米諸国で活発化したエスニック・マイノリティのマジョリティ国民に対する異議申し立ての運動は、国民社会の「分裂」を企てるものとして、マジョリティ国民側にはしばしば受け止められた。しかしウィル・キムリッカも述べるように、主流社会への統合を徹底的に拒絶するエスニック・マイノリティは、実際には先進諸国では例外的である。とりわけ移民や難民による多文化主義の主張は、主流社会からの分離ではなく、差別や不平等の是正による主流社会への「公正な」統合を求める傾向が強い(3)(キムリッカ二〇一二、二三一—五四頁)。

オーストラリアの多文化主義が一九七〇年代に導入された背景にも、移民の権利保障と社会的不公正の是正を目指すアクティビズムがあった。ジョック・コリンズは、一九六〇年代に移民や先住民族の人々が同化政策に反対の声をあげたことが多文化主義政策の成立に大きな影響を与え、一九七〇年代に入ると専門的職業に従事する若い移民たちによる政治的な働きかけが起こったと論じた(Collins 1991, 230–232)。マーク・ロペスは、こうした運動の背景にあった思想を「エスニック権利多文化主義(ethnic rights multiculturalism)」と名づけた。それは一九七〇年代初期に見られたオーストラリア多文化主義のイデオロギー的源流のひとつであり、移民やエスニック・グループを資本主義的分業や人種主義に由来する構造的不平等をこうむる労働者階級と見なし、ソーシャルワークやコミュニティ開発の実践を通じた階級闘争による権利獲得を目指すものであった(Lopez 2000, 447–448)。

こうした移民やその支援者の運動や主張は、オーストラリア連邦政府による多文化主義政策の形成過程にある程度の影響を与えた。そして移民の民族・文化的差異の承認への要求は、交渉や妥協をともないながらも社会統合政策へと組み込まれていった(塩原二〇一二、二一―二二頁)。こうして一九七〇年代以来、移民や難民の文化的差異の承認と、マジョリティ国民の中心性を前提としたナショナリズム(マジョリティ・ナショナリズム)との「バランスのとれた」両立が、公定多文化主義の課題となった。やがて、マジョリティ国民中心の社会統合(その核心は自由民主主義的規範と公用語としての英語とされる)を揺るぎないものとするために、エスニック・マイノリティの民族・文化的差異の承認はある程度「制限」されうるという原則が定着していった(塩原二〇〇五)。このように、オーストラリアの公定多文化主義は「断片化された多元主義」ではなく、むしろ差異の承認を通じた主流社会への「適切な」統合によって、「断片化された多元主義」を克服することを目指して展開してきた。

ジェフリー・レヴィが論じるように、オーストラリアの公定多文化主義は、自由民主主義の制度的枠組みの中での移民の文化的多様性を承認する「リベラルな多文化主義」の特徴を備えている(Levey 2013)。ロペスによれば、一九七〇年代初期の段階ですでに連邦政府の多文化主義は「文化多元主義」、すなわち移民のエスニック文化とその多様性を承認すると同時に、移住先社会の「中核的制度／価値」の堅持を求める主張に基づいていた(Lopez 2000, 447–448)。その後の連邦政府による多文化主義の公定言説も、移民・難民の集団的権利の保障には自由民主主義との両立という点から否定的であり、あくまで移住者個人としての文化的多様性の尊重と社会的平等の保障が原則となった(Levey 2008)。それは多文化主義を「調和的で寛容で団結した国民社会を創出」する最善の方法と位置づけ、議会制民主主義、法の支配、言論の自由といった「オーストラリア的価値観」の枠内で多様性を承認しようとする「主流派リベラル(mainstream liberal)」の価値規範であった(Carter 2006, 333–334; 塩原二〇一二)。

公定多文化主義のリベラルな多文化主義としての側面は、一九九九年から二〇〇〇年にかけて発表された『NMAC報告書』『新アジェンダ』といった連邦政府の政策文書で改めて確認された。そこでは文化的多様性がすべてのオーストラリア人を結びつける力であることが「包摂(inclusiveness)」という言葉で示された。そして、民主主義やナショナリズムと結合したオーストラリア独自の多文化主義を表す「オーストラリアン・マルチカルチュラリズム」という理念が掲げられた(塩原二〇〇五、一三六—一三八頁)。これらの理念はオーストラリアを多文化的なネイションとして規定し、移民の個人としての文化的多様性の尊重を強調するとともに、すべてのオーストラリア人がこの多文化的なナショナル・アイデンティティを共有することを求める。したがって、それは自由民主主義の前提条件としてのナショナル・アイデンティティの共有を強調する「リベラル・ナショナリズム」(キムリッカ二〇〇五、三六七—三九〇頁)の考え方と親和性がある。

キムリッカによれば、リベラルな多文化主義とリベラル・ナショナリズムはともに「リベラルな文化主義」と見なすことができる。リベラルな文化主義とは「自由民主主義諸国は、すべての自由民主主義諸国で守られているシティズンシップの共通の市民的・政治的権利の周知のセットを支持するだけではなく、民族文化集団の特徴的なアイデンティティやニーズを承認し包摂するための、さまざまな集団別の権利や政策も採用すべきであるという見解」である（キムリッカ二〇一二、五九頁）。リベラル・ナショナリズムとリベラルな多文化主義は、自由民主主義体制の維持を前提とした上で、文化的差異の公正な承認のためのエスニック・マイノリティの権利を保障する政策と、その国家のナショナルなシティズンシップの堅持との両立を目指すという目標を共有していると、キムリッカは主張する（キムリッカ二〇一二、五五―七〇頁）。

## 2　福祉多文化主義

ナンシー・フレイザーが主張したように、エスニック・マイノリティに対する公正な経済・社会的資源の再配分がなければ、エスニック・マイノリティ個人の文化やアイデンティティの適切な承認も困難である（フレイザー二〇〇三、一九―六二頁、フレイザー／ホネット二〇一二）。それゆえリベラルな多文化主義は、エスニック・マイノリティ個人の文化やアイデンティティを承認するだけではなく、そうした人々の公正な経済・社会的包摂を推進する公共政策をしばしばともなう（キムリッカ二〇一二、ヴィヴィオルカ二〇〇九、九九―一二七頁）。

オーストラリアの公定多文化主義の特色も、移民・難民の文化的差異に基づく社会経済的不平等の是正に比較的初期から配慮してきたことにあった。ゴフ・ウィットラム労働党政権下で導入が宣言された多文化主義は、続くマルコム・フレイザー保守連合政権期の一九七八年に発表された、いわゆる『ガルバリー・レポート』を契機に、文化多元主義に基づき「エスニック・グループの自助」を活用した移住者の定住・統合支援のための社会政策として整備されていった(塩原二〇〇五、四七―五一頁)。労働党がふたたび政権を担当した一九八〇年代には、ロペスのいう「福祉多文化主義(welfare multiculturalism)」、すなわち移民が直面する貧困問題などを解消するため、社会福祉サービス制度を文化的・エスニック的に多元化することを求めるという主張(Lopez 2000, 447)が公定言説において影響力を強めた。その結果、非英語系住民向けの社会福祉・定住支援施策は、福祉国家的制度の一環として組み込まれていった。ボブ・ホーク労働党政権期の一九八六年に発表された『ジャップ・レポート』では、「主流化(mainstreaming)」という方針が打ち出され、あらゆる政策分野で多文化主義的な措置が制度化されていった。さらに文化やエスニシティによる社会的不公正の是正を目指す「アクセスと公平(Access and Equity)」という理念が採用され、その後の公定多文化主義の鍵概念となった(塩原二〇〇五、六一―六四頁、ハージ二〇〇八、一七二頁)。

この福祉多文化主義の発展を正当化したのは、エスニック・マイノリティの公正な社会統合のためには、彼・彼女たちの文化的差異やアイデンティティの自己決定が保障されなくてはならない、という理念であった。エスニック・マイノリティの文化やアイデンティティの尊厳を守ることは、福祉国家がその前提としてきた、市民の生存権の保障を国家に要求する権利としての社会的シティズンシップの前提であり、それゆえ福祉国家理念に基づく社会・文化・教育政策によって実現されるべきだとされた(塩原二〇一四)。こうした発想が定着する上で、移民・難民支援の現場を担う移住支援センター(Migrant Resource Centre: ＭＲＣ)といった非営利団体やコミュニティワーカーによるネットワーキングが大きな役割を果たし、移民・難民の権利保障を政府に要望する役割を果たしてきた(塩原二〇一〇、四九―八一頁)。

こうしてオーストラリアの公定多文化主義は一九八〇年代半ばまでに、福祉国家体制を前提とした、移住者の民族・文化的に公正な社会統合の確立のための政策群としての輪郭を整えていった。その時々の政権の姿勢によっても異なるが、「主流化」以降のオーストラリア連邦政府においては「多文化主義政策」として特定される個別の政策領域はそれほど目立たず、むしろ社会・経済・人口・労働・教育・保健・メディアなどあらゆる分野の政策に「文化的に適切な措置」が組み込まれている。近年では、ソーシャルワーク、児童福祉、家族政策、生活保護、公教育、職業訓練等、広い意味での社会政策が多文化主義政策の主な領域になり、その中心も連邦政府から州政府レベルへと移行している。

## 3　ネオリベラル多文化主義の台頭

### ファンクショナルな正当化の論理

オーストラリアの公定多文化主義は、多民族・多文化共生の理想を実現するために政府やマジョリティ国民によって率先して導入されたというわけでは必ずしもない（ハージ二〇〇三、三二七―三三七頁）。一九七〇年代半ばに連邦政府が多文化主義を導入した要因としては、マイノリティ当事者の運動の成果というよりは、当時のオーストラリアが直面していた国内外の状況、とりわけ国際政治・経済面において「アジア太平洋国家化」「ミドルパワー国家化」を推進するという戦略的要請の影響が大きかった（関根一九八九、竹田一九九一）。実のところ、多文化主義は望ましい規範だからということ以上に、オーストラリアの「国益」を守る手段として一九七〇年代以来今日に至るまで正当化されてきたのである。これを多文化主義の「ファンクショナルな正当化の論理」と呼びたい。

国民社会において民族・文化的差異と共生すべきという規範に関心のない人々でも、「国益」に適うと説得されれば公定多文化主義を比較的受け入れやすい。それゆえ社会的公正の実現のための規範として多文化主義を支持している人にも、ファンクショナルな正当化の論理は公定多文化主義を社会的に定着させる戦略として了承されがちである。にもかかわらず、この論理はマジョリティ・ナショナリズムの優位性を前提としている。その前提に立てば、リベラルな多文化主義がエスニック・マイノリティの「公正な」統合を目指す理念であるといっても、何が「公正な」のかを決めるのは結局のところマジョリティ国民の意志を反映した世論と政府であることが当然視される(ハージ二〇〇三、二四四—二四七頁)。それゆえファンクショナルな論理によってのみ正当化される限り、公定多文化主義によるエスニック・マイノリティの権利承認はその国家のマジョリティ国民の優位性を揺るがさない範囲に留まり、マジョリティの既得権益を保障する社会構造や制度を変革してまでマイノリティとの対等な関係が目指されることはない。これがテッサ・モーリス＝スズキのいう「コスメティックな」多文化主義、あるいはナンシー・フレイザーのいう「主流派の多文化主義」という公定多文化主義のあり方である(モーリス＝スズキ二〇〇二、一四二—一六六頁、フレイザー二〇〇三、一九—六二頁)。

## 新自由主義と公定多文化主義の変質

一九八〇年代以降の先進諸国では、グローバリゼーションの進展によって国家の経済・社会政策の自律性が低下し、リベラルな多文化主義の前提となっていた福祉国家理念そのものの正当性が衰退してきている。オーストラリアを含む多くの政府は、「国益」を確保するために経済・社会政策をグローバル市場の動向に従属させる新自由主義的な姿勢を採用せざるを得なくなっている(オング二〇一三、二〇頁、武川二〇一二、四六—四七、七八—七九頁)。しかし、そもそも新自由主義は国民国家の自律性を低下させるのであり、国民の自己決定の追求・維持を目指すナショナリズムとは原理的に両立困難なはずである。それゆえ、政府が新自由主義的政策によって「国益」を追求するというとき、「国益」という概念自体がグローバル資本や一部のエリートの無制限な活動による利益追求の極大化という意味に変質している。新自由主義がもはや大多数の国民の福祉と生活の質を保障しようとはしないことは、「トリクルダウン」という仮説／神話(ラトゥーシュ二〇一〇)によって辛うじて隠ぺいされてはいる。にもかかわらず、国民のあいだの格差や貧困の拡大を許容し助長する新自由主義的政策が進行すればするほど、「すべての国民」の福祉や自己決定権を求めるリベラル・ナショナリズムの理想(キムリッカ二〇一二、二八五―四一二頁)との乖離は広がっていく。

新自由主義の台頭は、リベラル多文化主義／福祉多文化主義としてのオーストラリア公定多文化主義にも大きな影響を与えた。移民・難民の文化やアイデンティティの尊重という、先述した公定多文化主義を正当化するもうひとつの論理は、ファンクショナルな論理に基づいて移民・難民がマジョリティ国民にとって「役に立つかどうか」で選別され、一方的に同化・排除されるのを抑制する役割を果たしていた。しかし新自由主義の影響の中で一九八〇年代後半以降、公定多文化主義は次第に関根政美のいう「福祉主義的多文化主義」から「経済主義的多文化主義」へと転換していった(関根二〇一〇)。経済主義的多文化主義とは、グローバル化する市場経済の中で文化的な違いに拘らずに優秀な人材を集めて活用しつつ、多様な人材がもたらす創造性によって経済活動を活発化させ、グローバルな経済競争でオーストラリア国家が勝利することを目指すという、民族・文化的多様性の「活用」を強調する公定言説および政策である。それは初期の公定多文化主義言説でも散見されたが、一九八八年に発表された『フィッツジェラルド・レポート』以後、公定多文化主義言説の中で大きな位置を占めるようになった(塩原二〇〇五、六四—七二頁)。一九九〇年代初頭になると、多文化主義・移民政策における「経済合理主義」に基づき、移民の文化的多様性を経済活力に結びつけようとする「生産的多様性」という概念が用いられるようになった。一九九〇年代末から二〇〇〇年代初頭には、この言葉は先述の『NMAC報告書』『新アジェンダ』といった政策文書において、公定多文化主義の中核をなす理念として強調された(塩原二〇〇五、一二八—一三九頁)。

経済主義的多文化主義が選別的に受け入れようとする人々は、国境を越えた移動によって社会的上昇を達成しようとする「ミドルクラス移民(グローバル・マルチカルチュラル・ミドルクラス)」である[4](塩原二〇一五)。理念型としてのグローバル・マルチカルチュラル・ミドルクラスは、グローバリゼーションの進展の中で国境を越えて比較的自由に移動し、自分たちの仕事や居場所を自分自身で決めるだけの潜在能力や資本を有している人々である。政府はそのような人々を誘致するために、入管制度上の優遇措置を設けることも多い。オーストラリアの移民受け入れ体制もまた、有用な技術移民を優先的に受け入れるために、移住希望者の属性や技能等を得点化して、国内の労働市場の動向と連動させて受け入れの可否を決定する「ポイント・システム」を活用してきた(塩原二〇一三a)。

その結果、公定多文化主義は社会的下層に位置するエスニック・マイノリティに対する公的支援を主眼とするものから、グローバル・マルチカルチュラル・ミドルクラスにとって安全で快適な環境を整備するためのレイシズムや差別の顕在化の抑制と、文化的多様性を享受するコスモポリタン的消費文化(ミドルクラス的多様性)の奨励を強調するものへと変化した(塩原二〇一二、九〇―九一頁)。それにともない、下層移民向け支援サービスのコスト削減や再編への圧力が増加していった。二〇〇〇年代になると、移民・難民定住支援政策の現場における民営化・アウトソーシングの傾向が顕著になった(Roumelitois and Paschalidis-Chilas 2013)。二〇〇五年には定住支援助成制度(Settlement Grants Program)の導入にともなうMRCへの機関助成(コア・ファンディング)の廃止という改革がなされ、MRCをはじめとした移民支援サービスの業務の「重点化」「個人化」「柔軟化」が進行していった(塩原二〇一〇、七一―七三頁)。二〇〇七年から一三年にかけての労働党政権期においても福祉多文化主義への回帰は起こらず、グローバル市場における競争力強化のための文化的多様性の活用がいっそう強調され、移住者向け社会政策の民営化が推進された。こうした移民支援サービスの改革・民営化により、MRCなどの移民・難民支援組織や移民当事者団体は財政的基盤がぜい弱となり、移民・難民の権利を政府に要求するアドボカシー能力を低下させていった(塩原二〇一〇、四九―八一頁)。

こうしてオーストラリアの公定多文化主義における新自由主義の影響力が増大するにつれて、エスニック・マイノリティの社会的包摂・社会的結束を進めようとするリベラルな福祉多文化主義は後退を余儀なくされていった。その結果、ファンクショナルな正当化の論理に合致しない人々、すなわちその受け入れが「国益」にならないと見なされた移民・難民の権利保障は、公定多文化主義の中でますます比重を低下させていく。こうして出現する「ネオリベラル多文化主義」の公定言説は、以下のような特徴をもつ。第一に、それは市場のニーズに基づいて「民族や文化に関わりなく」「役に立つ人材」を選別して受け入れようとする。第二に、その裏返しとして、「役に立つ人材」として選別されなかった「役に立たない人々」が「民族や文化に関わりなく」排除される。第三に、それは移民・難民支援政策の実際の運営における民営化・効率化を徹底的に推進していく。つまりネオリベラル多文化主義とは、優秀な人材を文化・民族の区別なしに市場のニーズに最適化したかたちで選択的に導入するという意味での「効率性」と、移民・難民向け支援サービスのコストパフォーマンスをときにサービスの質の低下をともなってまでも徹底的に高めるという意味での「効率性」とを追求する公定多文化主義なのである。

## 4 「ゾンビ・ナショナリズム」の召喚

ネオリベラル多文化主義は、グローバル・マルチカルチュラル・ミドルクラスをグローバル資本の利益に資する人々として選択的に誘致するための政策をともなう。そのようにして確保される人的資本の移動の柔軟性は、グローバル資本の利益の増大にとってきわめて重要である。しかし、それによってグローバル・マルチカルチュラル・ミドルクラスの国内での影響力が強まれば、マジョリティ国民たちが抱く、国民社会のあり方を決定するのは自分たちであるのが当然だという「統治的帰属」(ハージ二〇〇三)の感覚が脅かされる。その結果、グローバル・マルチカルチュラル・ミドルクラスに対するマジョリティ国民の反感が呼び起こされうる。しかし他方では、新自由主義の推進には、規制緩和や民営化に対する社会的抵抗を排除して「改革」を断行できるだけの権力と正当性をもった、強力な政府が必要とされる(ハーヴェイ二〇〇七、九四―一二四頁)。それゆえ新自由主義を推進する勢力はネオリベラル多文化主義を、それが実はマジョリティ国民の権益を脅しうるということを隠して、「国益」に合致するものであるかのように装う必要がある。そのために行われるのが、「望ましくない/必要ない」と見なされたエスニック・マイノリティたちの物理的・社会的排除なのである。(5) そうした人々の移動の自由や自己決定権を政府が「国益」の名のもとに奪ってみせ、それをマジョリティ国民に目撃させることで、かれら自身の自己決定権がまだ保持されていると納得させるという政治的見世物が演じられる。

ボリス・フランケルは二〇〇〇年代半ばのオーストラリアの政治状況を批評する際、過去の時代に囚われた思考しかできない人々を「ゾンビ」と形容した(Frankel 2004, 10)。とりわけ、いまだにオーストラリアを英国からの植民者の子孫中心の社会と見なす時代錯誤のナショナリズムに基づいて思考・行動する人々が「ゾンビ・ナショナリスト」である。フランケルは、ゾンビ・ナショナリストと、国家主権の形骸化を伝統的ナショナリズムのレトリックを利用して隠ぺいしながら、新自由主義的「改革」を進めようとする人々とは区別されるべきだと主張した。新自由主義による国家政策の市場経済への従属化に対する反発から伝統的ナショナリズムは一時的に勢いを得ることもあるが、ゾンビ・ナショナリストたちは基本的に時代遅れの存在であり、オーストラリア政治の主役となることはもはやない(Frankel 2004, 28–51)。主役となるのはあくまでも新自由主義を掲げる勢力なのであり、ゾンビ・ナショナリストたちはかれらに召喚されて利用される存在に過ぎない。ゾンビ・ナショナリズムは、マジョリティ国民中心の社会秩序を崩壊させると見なす対象に排外的になる。この排外主義的ナショナリズムを政府が活用することで、マジョリティ国民の権益を侵食するはずの新自由主義を推進する政府は、「国益の守護者」としてマジョリティ国民からの支持を集めることが可能になる。

今日、オーストラリアを含む多くの先進諸国において、移民受け入れ政策の選別性の強化、すなわちネオリベラル多文化主義によるグローバル・マルチカルチュラル・ミドルクラスの誘致・歓待と「望ましくない」移民・難民たちの厳格な排除、そしてそれを支持する排外主義的ナショナリズムの活性化という共通した傾向が見られるのは、こうした理由による。この排外主義的ナショナリズムは、本書の序論で山崎望が「奇妙なナショナリズム」と呼んだものである。このナショナリズムが奇妙に見えるのは、それがグローバリゼーションと新自由主義によって国民国家の自律性が「死に体」になっていくさなかで活性化するにもかかわらず、新自由主義的政策に抵抗することでマジョリティ国民の自律と自己決定を強めるという意味での合理的な目標を追求しないからである。ゾンビは思考停止している。そしておそらく反射的に、目の前に現れた標的を攻撃する。したがってそれは、合理的に思考する人々にとっては便利な道具である。だがゾンビを操る者たちにとっての合理性とは市場原理であり、もはや国民の自己決定権や国民的アイデンティティ・伝統の保持は根本的な目的ではない。

## 5　スケープゴートとしての庇護申請者

一九九六年に成立したハワード保守連合政権においては、ハワード首相個人のアングロ・サクソン的価値観を重視する保守的傾向もあり、多文化主義という言葉自体が連邦政府によってほとんど使用されず、いわば「隠ぺいされた」状態であった(塩原二〇一一)。それゆえ同時期には、ネオリベラル多文化主義と排外主義的ナショナリズムの共謀関係は顕在化しなかった。しかしハワード政権に代わり二〇〇七年に成立した第一次ケヴィン・ラッド労働党政権を経て、二〇一〇年から一三年にかけてのジュリア・ギラード労働党政権期には、多文化主義は政策言説の中でふたたび注目されるようになった。その結果、政府が特定の移住者をオーストラリアの「国益」に資するものとして誘致・歓待するネオリベラル多文化主義と、「国益」を侵害すると見なされた人々を徹底的に排除する排外主義の同時進行という現象が観察されるようになった。その際、最もあからさまな排除の対象になったのが、急増した庇護申請者(asylum seekers)であった。

ラッド労働党政権(第一次)は、少なくとも当初は、排外主義的で庇護申請者の人権を軽視していると批判されたハワード前政権の政策をより人道的にしようとした(Billings 2011, 280)。その一環として、船で密航してくる庇護申請者(Irregular Maritime Arrival: ＩＭＡ)(6)が一九九八年から二〇〇二年にかけて急増した際にハワード政権が採用した、ＩＭＡを入国させずに国外(ナウルとパプアニューギニア)の収容施設で拘留する「パシフィック・ソリューション」政策の廃止が宣言された。またＩＭＡが難民として認定されても、永住ビザではなく一時保護ビザ(Temporary Protection Visa: ＴＰＶ)のみが交付される措置も撤廃された(7)。

しかし到来するＩＭＡの数が二〇〇八年以降ふたたび急増したため、ラッド政権は庇護申請者政策の方針転換を余儀なくされた。二〇一〇年には新たなＩＭＡの到来を抑制すべく、スリランカやアフガニスタンからの庇護申請者の審査手続きを一時停止する措置などがとられた。労働党の内部対立からラッドに代わり同年六月に首相となったジュリア・ギラードはＩＭＡの国外抑留を再開させる方針を示し、漂着したＩＭＡの庇護認定審査をいっそう厳格化した。七月には、オーストラリアを目指してきた八〇〇人のＩＭＡをマレーシアに移送し、その代わりにマレーシア国内の難民を四年間で四〇〇〇人以上オーストラリアに受け入れるという両国政府の合意が発表された。「マレーシアン・ソリューション」と呼ばれたこの二国間協定は二〇一一年七月に結ばれたが、同年八月には連邦最高裁がこれを無効とし、さらに議会では野党の反対によって必要な法案が可決されなかった(Koleth 2012, 27–35)。

二〇一一年にはＩＭＡの漂着者数はさらに増加し、オンショア(オーストラリア国内での庇護申請)による難民受け入れ数が、オフショア(国外での申請)の難民や人道的見地からの移住受け入れ者の数を上回るという、異例の事態が生じた(EPAS 2012, 22–26)。一層強硬な対策を迫られたギラード政権は二〇一二年九月、IMAとして到着してオーストラリアに移住した人がオフショアによる移住者よりも得をしないようにする("No Advantage")という名目で、元IMAの人々が後から人道的移住ビザで家族を呼び寄せるのを難しくした。また事態を打開するため、IMAの経由地である東南アジア諸国政府などとの連携強化を模索した(DIAC 2012, 3–6)。そして人道的移住プログラムの受け入れ人数枠を二〇一一〜一二年度の約一万四〇〇〇人から二〇一二〜一三年度には二万人に拡大し、そのうちオフショアでの難民・人道的見地からの移住受け入れ枠を前年度の約二倍の一万二〇〇〇人に設定した(DIAC 2012, 15–16)。しかしそれでもIMAは増加し続け、二〇一三年一月から三月にかけての三カ月間だけで、二〇一一年七月から二〇一二年六月の一年間の数を上回る約七五〇〇人がオーストラリア連邦政府によって庇護申請を受理された(DIAC 2013)。他の政治的争点における不人気も相まってギラード政権の支持率は低迷し、二〇一三年九月の連邦総選挙における労働党の敗北と政権交代は必至とされた。

二〇一三年六月に首相に返り咲いたラッドは、パプアニューギニアとナウルの両政府の同意のもとに、オーストラリアにやってきたすべてのIMAを両国にある収容施設に送り、その後の審査を経て両国政府が難民として受け入れるという、従来にない強硬策を打ち出した。これは野党保守連合の提唱した、軍隊主導の作戦でIMAの乗った密航船を洋上で拿捕して追い返すとともに、国外における密航仲介業者の撲滅に取り組むという提案(The Coalition 2013)に対抗したものであり、総選挙直前に与野党が強硬な庇護申請者対策を競い合う構図になった。しかし第二次ラッド政権は党勢を回復できずに九月の総選挙で敗れ、トニー・アボット保守連合政権が発足した。

## おわりに――「例外状態」に抗して

二〇〇七年から二〇一三年にかけての労働党政権期において露呈したのは、庇護申請者に対する排外主義的ナショナリズムの高まりに対してオーストラリアの現在の公定多文化主義が歯止めになりえないということである。とくにギラード政権において公定多文化主義の復権が見られたのにもかかわらず、そのまさに同時期に庇護申請者政策の厳格化が再加速することになった。その理由は、かつての批判的多文化主義研究が示したような、公定多文化主義が制度化されたナショナリズムの側面をもっているからということではない。確かに、あらゆるナショナリズムは国民と非－国民のあいだに境界をつくりだすが、それだけではオーストラリアにおける庇護申請者がこれほどまでに執拗に排除の標的になり続けている理由が説明できない。そのメカニズムを明らかにするためには、リベラルな福祉多文化主義としての公定多文化主義を批判の対象としてきた批判的多文化主義研究の射程を、ネオリベラル化した多文化主義を捉えられるように拡張しなければならない。

本章で述べたように、オーストラリアにおける公定多文化主義は、移民の「公正な」社会統合を目指すリベラル・ナショナリズムと親和的であった。それは、可能な限り多くの移民・難民を社会的に包摂することを通じた社会的結束の強化を目指した。しかしそのいっぽうで、実際の公定多文化主義は当初からファンクショナルな論理、すなわち「国益」のために移民を導入するという正当化の論理に強く規定されてきた。新自由主義の台頭とともにリベラルな福祉多文化主義の影響力が低下していくにつれて、ファンクショナルな正当化の論理は新自由主義に適合的なかたちに変化していった。そして、なるべく広範囲の人々の社会的包摂と結束を目指すのではなく、新自由主義的に再定義された「国益」に適うグローバル・マルチカルチュラル・ミドルクラスのみを絞り込んで包含しようとするネオリベラル多文化主義が台頭した。その包含の範囲から漏れた庇護申請者は排外主義的ナショナリズムの格好の標的とされ、原理的にナショナリズムとは相反するネオリベラル多文化主義(あるいは、新自由主義そのもの)が、あたかも国民国家の利益を擁護するかのような錯覚を広めることに貢献した。つまり、庇護申請者政策の厳格化は制度化されたリベラル・ナショナリズム自体によって引き起こされたというよりは、制度化されたリベラル・ナショナリズムが新自由主義によって劣化し、「すべての国民」の利益をもはや守ろうとしなくなったことを隠ぺいする見世物として、庇護申請者たちがゾンビの生贄にされた結果なのである。

こうして排外主義的ナショナリズムに晒され続ける庇護申請者は、ジョルジョ・アガンベンのいう「例外状態」(アガンベン二〇〇七)における「剝き出しの生」(アガンベン二〇〇三)の状況に近づいていく。[8] ジョン・ストラットンはこうした議論を参照しつつ、ハワード政権期の庇護申請者原則全員収容政策と「パシフィック・ソリューション」を、新自由主義国家が経済合理性の追求のために設定する法的例外状況の空間的設定のバリエーションと位置づけた(Stratton 2011, 131–149)。クリスティン・フィリップスもアガンベンを引用しつつ、庇護申請者の収容という例外状況のなかで、女性や子どもの保護という名目で行政が庇護申請者の生に介入して家族を分断していくありさまを分析した(Phillips 2009)。テッサ・モーリス＝スズキは、一九九〇年代末にオーストラリア国内の非合法入国・滞在者収容施設がグローバルに展開する民間警備企業グループの現地法人に業務委託された結果、二〇〇〇年代初頭までに収容施設内部で被収容者に対する劣悪な処遇や人権侵害が頻発して社会問題化した経緯を報告した(モーリス＝スズキ二〇〇四、一一三―一一九頁)。モーリス＝スズキはこれを、従来は市場原理が及びづらかった精神・肉体の健康管理や教育、安全保障といった領域にまで市場原理が影響を及ぼす「市場の社会的深化」の事例とみなし、それが国家権力による超法規的状況(「ワイルドゾーン」)を社会の中に顕在化させると主張した(モーリス＝スズキ二〇〇四、一三一―一二四頁)。こうした状況が二〇〇七年から二〇一三年にかけての労働党政権でも繰り返されたのは先述したとおりである。そして現在のアボット保守連合政権下では、庇護申請者の置かれた状況はいっそう深刻化しているように見える。

そのアボット政権下のオーストラリアで改めて社会問題化してきた、いわゆるイスラム過激派によるテロリズムへの脅威に対して、ネオリベラル多文化主義は非常に脆弱であることを最後に強調しておきたい。リベラルな福祉多文化主義が下層マイノリティを、少なくとも規範の上では可能な限り包摂しようとしたのに対し、ネオリベラル多文化主義ではそうした人々は基本的に排除ないし放置される。そしてこうした人々は治安悪化の元凶とされるばかりか、国外の「敵」と通じている人々とみなされ、危険視される。こうして階層的に疎外され心理的に排除された結果、深い不満や絶望を抱いた下層移民はグローバルな過激主義によって容易に動員されてしまう。つまり「地元育ちのテロリスト」の予備軍とされた移民たちが排除され、放置され、危険視されていけばいくほど、そこから自己成就的予言としてテロリストが再生産されていく負の連鎖が起こってしまうのだ。

この連鎖をどのように断ち切れるのか、安易な提言はできない。しかし方向性としては、①公共政策のレベルでは、庇護申請者や下層移民を含む、社会のより広範囲の人々を包摂するリベラルな福祉多文化主義を再強化するとともに、②その前提条件として、人々の日常実践のレベルにおける他者との交流、対話、交渉としての「日常的多文化主義(everyday multiculturalism)」(Harris 2013)、あるいは「ありふれたコスモポリタニズム(ordinary cosmopolitanism)」(Skrbiš and Woodward 2013)を再活性化させる、ということになるだろう。②は日本の文脈ではやや理想主義的に聞こえるかもしれないが、現在のオーストラリアでは(万能薬ではないにしても)比較的実施可能で効果が期待できる処方箋である。なぜなら先述のように、今日の公定多文化主義は連邦政府レベルの政策というよりはそれぞれの地域社会における行政の施策の中に広範に埋め込まれており、無数の事業受託団体とその連合組織、ロビー団体、そして移民・先住民族組織と地方行政との協働の網の目が地域社会に緊密に張り巡らされているからである。それは民営化されたネオリベラル多文化主義による差異の管理/放置のインターフェースとしての側面を次第に強めてしまっているものの、人々がエスニシティや階層、支援者‐被支援者の垣根を越えて出会い、対話し、協働し、混交する場としての役割を依然として維持しているし、それを再強化していくことも不可能ではない(9)。

## 注

(1)『現代社会学事典』(弘文堂、二〇一二年)において、「統合(integration)」は「社会を構成する諸要素の間の矛盾・対立・葛藤が十分に小さくなり、それらが共存し相互作用することで、社会の同一性が維持される過程」と定義されている。本稿では社会統合を、「社会的包摂(social exclusion)」と「社会的結束(social cohesion)」の両方を包含した概念として位置づける。前者は、個人が自分が望むだけ、あるいは必要なだけ、同じ社会に住む他者と結びついていられる(すなわち、労働をはじめとする社会的活動に参加できる)状況を表す。後者は、その社会の構成員が何らかの価値規範、アイデンティティ、コミュニティへの帰属感覚を共有している状況を表す(Jupp et al. eds. 2007, 2)。

(2)デヴィッド・ハーヴェイは新自由主義を「強力な私的所有権、自由市場、自由貿易を特徴とする制度的枠組みの範囲内で個々人の企業活動の自由とその能力とが無制約に発揮されることによって人類の富と福利が最も増大する、と主張する政治経済的実践の理論」と定義する(ハーヴェイ二〇〇七、一〇頁)。

(3)ジョージ・クラウダーによれば、チャールズ・テイラー(テイラー他一九九六)、ウィル・キムリッカ(一九九八・二〇一二)、ナンシー・フレイザー(二〇〇三、フレイザー／ホネット二〇一二)、ビクー・パレク(Parekh 2000)、タリク・モドゥード(Modood 2007)など、英語圏を中心に展開されてきた多文化主義をめぐる論争は、自由民主主義の理論枠組みの中に多文化主義を位置づけようとするキムリッカに代表される主張に対する、多文化主義を自由主義の限界そのものを越える理念として位置づけようとする主張の挑戦として整理される(Crowder 2013)。

(4) 渋谷望によれば、ミドルクラスとは実体的な人口集団ではなく「資本による労働力の商品化の圧力に対して、「個人単位」の上昇志向によって対応しようとする戦略を採用する人々」として定義される(渋谷二〇一〇、五四頁)。

(5) 本稿ではオーストラリアの移民・難民をめぐるネオリベラルな選別と排除の問題を扱うが、同様の問題は先住民族の自己決定権の保障の後退というかたちでも現れている(塩原二〇一三b)。

(6) 二〇一三年九月のアボット保守連合政権の成立以降、連邦政府においてＩＭＡは"Illegal Maritime Arrival"の略称として用いられるようになった。

(7) ハワード政権期の庇護申請者政策については塩原(二〇〇八・二〇一〇、一一〇—一一五頁)を参照。

(8) アイファ・オングはアガンベンを援用しつつ、新自由主義的な政策が国家内部に従来の法規制の「例外」とされる空間を設定することで、規制緩和や民営化などの「改革」を推進しやすくする戦略の存在を示唆した(オング二〇一三)。

(9) こうした地域社会における多文化的協働が社会的包摂・結束に与える効果を測定するのは容易ではない。参考までに挙げれば、本稿が考察の対象とした時期に行われた意識調査では、政府による庇護申請者へのネガティブ・キャンペーンにもかかわらず、オーストラリア社会における文化的多様性に対する許容度は、特に比較的若い世代で一定の水準を維持していたことが報告されている(Markus 2014; Laughland-Booÿ et al. 2014)。なお筆者は二〇〇一年から本稿を執筆している二〇一五年前半まで、シドニーを中心とした移民定住支援組織やエスニック・コミュニティ組織関係者への聞き取り調査と参与観察を続けてきた。二〇〇〇年代前半までの調査の成果については塩原(二〇一〇)などに収録したが、その後の調査の成果は近刊にまとめる予定である。

## 文献一覧


アガンベン、ジョルジョ（二〇〇七）『例外状態』上村忠男訳、未来社。

――――（二〇〇三）『ホモ・サケル――主権権力と剝き出しの生』高桑和己訳、以文社。

安達智史（二〇一三）『リベラル・ナショナリズムと多文化主義――イギリスの社会統合とムスリム』勁草書房。

ヴィヴィオルカ、ミシェル（二〇〇九）『差異――アイデンティティと文化の政治学』宮島喬・森千香子訳、法政大学出版局。

大澤真幸・塩原良和・橋本努・和田伸一郎（二〇一四）『ナショナリズムとグローバリズム――越境と愛国のパラドックス』新曜社。

オング、アイファ（二〇一三）『《アジア》、例外としての新自由主義――経済成長は、いかに統治と人々に突然変異をもたらすのか？』加藤敦典他訳、作品社。

キムリッカ、ウィル（二〇一二）『土着語の政治――ナショナリズム・多文化主義・シティズンシップ』岡崎晴輝他監訳、法政大学出版局。

――――（二〇〇五）『新版　現代政治理論』千葉眞・岡崎晴輝他訳、日本経済評論社。

――――（一九九八）『多文化時代の市民権――マイノリティの権利と自由主義』角田猛之他監訳、晃洋書房。

塩原良和（二〇一五）「グローバル・マルチカルチュラル・ミドルクラスと分断されるシティズンシップ」五十嵐泰正・明石純一編著『「グローバル人材」をめぐる政策と現実』明石書店、二二二―二三七頁。

――――（二〇一四）「外国につながる子どもの教育――シティズンシップの視点から」『別冊　環』二一号、二五〇―二五五頁。

――――（二〇一三a）「二〇〇七～二〇一三年の労働党政権期におけるオーストラリアの庇護申請者政策」

『Mネット』一六六号、一八―一九頁。

――(二〇一三b)「エスニック・マイノリティ向け社会政策における時間/場所の管理――オーストラリア先住民族政策の展開を事例に」『法学研究』八六巻七号、一二五―一六四頁。

――(二〇一二)『共に生きる――多民族・多文化社会における対話』弘文堂。

――(二〇一一)「隠された多文化主義――オーストラリアにおける国民統合の逆説」日本移民学会編『移民研究と多文化共生』御茶の水書房、二〇―三七頁。

――(二〇一〇)『変革する多文化主義へ――オーストラリアからの展望』法政大学出版局。

――(二〇〇八)「あらゆる場所が「国境」になる――オーストラリアの難民申請者政策」『Quadrante』一〇号、一五一―一六四頁。

――(二〇〇五)『ネオ・リベラリズムの時代の多文化主義――オーストラリアン・マルチカルチュラリズムの変容』三元社。

渋谷望(二〇一〇)『ミドルクラスを問いなおす――格差社会の盲点』NHK出版。

関根政美(二〇一〇)「白豪主義終焉からシティズンシップ・テスト導入まで――多文化社会オーストラリアのガバナンス」『法学研究』八三巻二号、一―三八頁。

――(一九八九)『マルチカルチュラル・オーストラリア――多文化社会オーストラリアの社会変動』成文堂。

武川正吾(二〇一二)『政策志向の社会学――福祉国家と市民社会』有斐閣。

竹田いさみ(一九九一)『移民・難民・援助の政治学――オーストラリアと国際社会』勁草書房。

テイラー、チャールズ他(一九九六)『マルチカルチュラリズム』佐々木毅他訳、岩波書店。

ハーヴェイ、デヴィッド(二〇〇七)『新自由主義――その歴史的展開と現在』渡辺治監訳、作品社。

ハージ、ガッサン(二〇〇八)『希望の分配メカニズム――パラノイア・ナショナリズム批判』塩原良和訳、御茶の水書房。
――(二〇〇三)『ホワイト・ネイション――ネオ・ナショナリズム批判』保苅実・塩原良和訳、平凡社。
フレイザー、ナンシー(二〇〇三)『中断された正義――「ポスト社会主義的」条件をめぐる批判的省察』仲正昌樹監訳、御茶の水書房。
フレイザー、ナンシー／アクセル・ホネット(二〇一二)『再配分か承認か？――政治・哲学論争』加藤泰史監訳、法政大学出版局。
モーリス＝スズキ、テッサ(二〇〇四)『自由を耐え忍ぶ』辛島理人訳、岩波書店。
――(二〇〇二)『批判的想像力のために――グローバル化時代の日本』平凡社。
吉野耕作(一九九七)『文化ナショナリズムの社会学――現代日本のアイデンティティの行方』名古屋大学出版会。
ラトゥーシュ、セルジュ(二〇一〇)『経済成長なき社会発展は可能か？――〈脱成長〉と〈ポスト開発〉の経済学』中野佳裕訳、作品社。
Billings, Peter (2011) "Juridical Exceptionalism in Australia: Law, Nostalgia and the Exclusion of 'Others'," *Griffith Review* 20(2), pp. 271–308.
Carter, David (2006) *Dispossession, Dreams and Diversity: Issues in Australian Studies*, Frenchs Forest NSW: Pearson Education Australia.
Collins, Jock (1991) *Migrant Hands in a Distant Land: Australia's Post War Immigration*, 2nd ed., Leichardt NSW: Pluto Press Australia.
Crowder, George (2013) *Theories of Multiculturalism: an Introduction*, Cambridge: Polity Press.
Department of Immigration and Citizenship (DIAC) (2013) *Immigration Detention Statistics Summary* (31 August 2013).

——— (2012) *Australia's Humanitarian Program 2013–14 and Beyond* (Information Paper).

Expert Panel on Asylum Seekers(EPAS) (2012) *Report of the Expert Panel on Asylum Seekers August 2012.*

Fleras, Augie (2009) *The Politics of Multiculturalism: Multicultural Governance in Comparative Perspective*, New York: Palgrave Macmillan.

Frankel, Boris (2004) *Zombies, Lilliputians and Sadists: The Power of the Living Dead and the Future of Australia*, Fremantle WA: Curtin University Books.

Harris, Anita (2013) *Young People and Everyday Multiculturalism*, New York: Routledge.

Jupp, James et al. eds. (2007) *Social Cohesion in Australia*, Cambridge: Cambridge University Press.

Koleth, Elsa (2012) *Asylum Seekers: An Update* (Briefing Paper No. 1/2012), Sydney: NSW Parliamentary Library.

Laughland-Booÿ, Jacqueline et al. (2014) "Toleration or Trust? Investigating the Acceptance of 'boat people' among young Australians," *Australian Journal of Social Issues* 49(2), pp. 195–217.

Levey, Geoffrey B. (2013) "Inclusion: A Missing Principle in Australian Multiculturalism," Balint, Peter and Sophie Guérard de Latour eds., *Liberal Multiculturalism and the Fair Terms of Integration*, New York: Palgrave Macmillan, pp. 109–125.

——— (2008) "Multiculturalism and Australian National Identity," Levey, Geoffrey B. ed., *Political Theory and Australian Multiculturalism*, New York: Berghahn Books, pp. 254–276.

Lopez, Mark (2000) *The Origins of Multiculturalism in Australian Politics 1945–1975*, Carlton: Melbourne University Press.

Markus, Andrew (2014) "Attitudes to Immigration and Cultural Diversity in Australia," *Journal of Sociology* 50(1), pp. 10–22.

Modood, Tariq (2007) *Multiculturalism*, Cambridge: Polity Press.

Parekh, Bhikhu (2000) *Rethinking Multiculturalism : Cultural Diversity and Political Theory*, Basingstoke and London: Macmillan.

Phillips, Kristen (2009) "Interventions, Interceptions, Separations: Australia's Biopolitical War at the Borders and the Gendering of Bare Life," *Social Identities* 15(1), pp. 131–147.

Roumelitois, Violet and Esta Paschalidis-Chilas (2013) "Settlement and Community Development: Moving and Shaping Our Civil Society," Jakubowicz, Andrew and Christina Ho eds., *'For Those Who've Come across the Seas...': Australian Multicultural Theory, Policy and Practice*, North Melbourne: Australian Scholarly Publishing, pp. 83–93.

Skrbiš, Zlatko and Ian Woodward (2013) *Cosmopolitanism: Uses of the Idea*, London: Sage.

Stratton, Jon (2011) *Uncertain Lives : Culture, Race and Neoliberalism in Australia*, Newcastle: Cambridge Scholars Publishing.

The Coalition (2013) *The Coalition's Operation Sovereign Borders Policy*.

Weinstock, Daniel (2013) "Interculturalism and Multiculturalism in Canada and Quebec: Situating the Debate," Balint, Peter and Sophie Guérard de Latour eds., *Liberal Multiculturalism and the Fair Terms of Integration*, New York: Palgrave Macmillan, pp. 91–107.

# 第6章　ナショナリズム批判と立場性《ポジショナリティ》
## ——「マジョリティとして」と「日本人として」の狭間で

明戸隆浩

## はじめに——ナショナリズム批判と立場性《ポジショナリティ》の問題

近年、日本においても「在特会」に代表されるような差別的なレイシズムが増加しているが、その一方で、こうしたレイシズムに対抗する反レイシズム運動も大きな影響力を持つようになってきている。そうした中で、レイシズムや人種差別にかかわるマジョリティの立場性の問題が、あらためて重要な論点として浮上しつつある。ここで言うマジョリティの立場性の問題とは、ある社会にエスニックな意味でのマジョリティとマイノリティの違いがあったときに、マジョリティの側に立つ人々が自分たちの立場性をいかにとらえ、同時に自分たちとは異なるマイノリティといかに関わるかという問題である(明戸二〇〇九)。一九九〇年代の日本のナショナリズムをめぐる議論、とりわけナショナリズムに批判的な議論(以下「ナショナリズム批判」と表記)においては、こうしたマジョリティの立場性の問題が、おもに「日本人であること」との関係でたびたび議論されていた。本章ではこうしたことをふまえて、九〇年代の日本のナショナリズム批判において議論されたマジョリティの立場性の問題が、二〇一五年現在の日本の状況とどのように接続しうるかについて考えたい。

本章で言う九〇年代のナショナリズム批判には、歴史認識や戦争責任をめぐる議論をはじめ、いわゆる「国民国家論」、ナショナリズム研究、ポストコロニアリズム、あるいはカルチュラル・スタディーズなど、多くの潮流が含まれる。こうした議論がもっとも活性化したのは九〇年代後半のことだが、そこでは「戦後五〇年」の区切りとなった一九九五年を中心に「歴史認識」や「戦争責任」といったキーワードがメディアの注目を集め、近代国家としての日本の成り立ちを再検討する一連の著作が「国民国家論」として話題となっていた。また、ベネディクト・アンダーソン『想像の共同体』をはじめとする重要な国外のナショナリズム研究が紹介され、ポストコロニアリズムやカルチュラル・スタディーズといった新しい研究上の潮流が既存の学問領域を超えて研究者の関心を引いたのもこの時期である。そしてこれらの潮流にはその共通の前提として、近代における国民国家、とりわけ日本という国民国家を、反省的にとらえなおすという方向性があった。

しかしその一方で、この二〇年のあいだにこうした議論を取り巻く社会的条件は大きく変化した。たとえば、日本経済の凋落が明確に意識され、それに伴って格差や貧困の問題が注目を集めるようになったのは二〇〇〇年代以降のことだ(逆に言えば九〇年代というのは、こうした問題が明示的にはほとんど意識されなかった時代である)。またそれとも重なるが、韓国や中国の経済成長に伴い(韓国についてはエレクトロニクス産業やエンターテイメント関連の躍進、中国については二〇一〇年のGDPの日本との順位逆転など)、日本の相対的な経済力が低下したことも、背景の変化として重要だろう。さらにこれらとは直接的な関係はないが、本書第1章の伊藤論文で詳細に検討されているように、インターネットがレイシズムや人種差別に関わる言説の「拡散装置」として機能するようになったのも、やはり二〇〇〇年代以降のことである。冒頭で触れた「在特会」をはじめとする差別的なレイシズムは、まさにこうした状況の中で現れたものだ。

このような変化の中で、「歴史認識」や「戦争責任」はむしろ九〇年代の議論に否定的な文脈において扱われることが多くなり、また国民国家論は過去の一時期の流行として書棚の隅に追いやられる形になっている。『想像の共同体』は英語圏のナショナリズム研究の一文献という(ある意味では本来の)位置に戻り、ポストコロニアリズムやカルチュラル・スタディーズの略称を並べた「ポスコロ・カルスタ」は、この時代の雰囲気を表層的かつ揶揄的に伝える言葉として使われがちだ。こうした中で、これらの議論に共通して見られたナショナリズム批判という方向性もまた、当然の前提ではなくなっている。実際九〇年代には「それはナショナリズムではないか」という問題提起が否定的な意味合いをもって行われることが多かったが、ある言説をナショナリズムだと見なすことそれ自体が批判として機能することは、現在は一部の文脈を除いてそれほど一般的ではない。

こうしたこの二〇年の状況の変化は、九〇年代的なナショナリズム批判をすでに「過去のもの」

にしてしまったようにも見える。しかし本章ではむしろ、こうした変化を経てなお(あるいは経たからこそ)九〇年代の議論から継承しうるものについて考えたい。具体的に検討したいのは、明戸(二〇〇九)で論じた(エスニックな意味での)マジョリティの立場性の問題が、九〇年代のナショナリズムをめぐる議論の中でどのように論じられたのかということである。マジョリティの立場性の問題を考える上では、(a)自分たちの立場性をいかにとらえ、(b)自分たちとは異なるマイノリティの状況といかに関わるか、この二つの要素のバランスが一つの焦点となる。九〇年代の日本では、とくに前者の問題が「日本人であること」を引き受けるかどうかという形で論じられることが多かったが、そうした議論は結果として「それはナショナリズムではないか」という問いをめぐるやりとりに終始しがちであった。そのため、マジョリティの立場性の問題は当時重要な論点として意識されつつも、その射程について十分に議論されたとは言い難い。本章ではこうしたことをふまえて、九〇年代のナショナリズム批判の中でマジョリティの立場性をめぐって行われた議論がもつ可能性を、二〇一五年現在の状況との接続を念頭に置きながら、描き出すことを試みたい。

## 1 「エスニック・ネーション」日本におけるナショナリズム批判

### ナショナリズム批判の四つの潮流

すでに触れたように、本章で言うナショナリズム批判には、(1)歴史認識や戦争責任をめぐる議論、（2）いわゆる「国民国家論」、（3）ナショナリズム研究、（4）ポストコロニアリズムおよびカルチュラル・スタディーズ、などが含まれる。こうした議論はアカデミックな研究から「論壇」における論争まで、あるいは国内の議論から国外の文献の翻訳までさまざまだが、いずれも「戦後五〇年」である一九九五年あたりに注目を集め、その後九〇年代後半を通して活況を呈し、二〇〇〇年代以降次第に勢いを失っていった点で共通している。本章で焦点となるマジョリティの立場性の問題がおもに議論されたのはこのうち（1）なので、第二節以降ではこれが議論の中心となるが、ここではそれに先立ち、他の潮流も含めて当時の大まかな流れを概観しておきたい。

まず（1）歴史認識や戦争責任をめぐる議論についてだが、こうした議論にかかわる論文や書籍が集中的に出されるようになったのは、すでに述べたように戦後五〇年である九五年以降のことである。具体的な端緒となったのは、九五年一月に評論家の加藤典洋が「敗戦後論」を『群像』に掲載したのに対して、哲学者の高橋哲哉がナショナリズム批判の観点から一連の反論を行ったことだった。翌九六年には社会学者の上野千鶴子が「「国民国家」と「ジェンダー」」（『現代思想』）で論争に参加、高橋・上野のほか徐京植や吉見義明が参加した九七年九月の戦争責任資料センターのシンポジウムも話題となった。また九七年八月には加藤が続編を含めた論考を『敗戦後論』として出版するが、この年は一月に設立された「新しい歴史教科書をつくる会」（「つくる会」）への批判が巻き起こった年でもあり、九八年五月の高橋哲哉・小森陽一編『ナショナル・ヒストリーを超えて』では「つくる会」と加藤が「ネオナショナリズム」としてともに批判されることになる。ただしこうした議論が活発に行われたのは九八年ごろまでで、二〇〇〇年以降はおもに作品社の「思想読本」シリーズや岩波書店「思考のフロンティア」シリーズでの「まとめ」が中心となっていった(これは後述するポストコロニアリズムやカルチュラル・スタディーズも同様)。

次に(2)いわゆる国民国家論だが、この流れに位置づけられる最初の本は、フランス文学者の西川長夫による『国境の越え方』(一九九二年)である。西川はここで「文化/文明」を「国民国家のイデオロギー」という観点からとらえたが、これはその後「国民国家」を批判的に再検討する議論の端緒となった。こうした流れは、九五年に社会学者の小熊英二による『単一民族神話の起源』、および西川の「日本型国民国家の形成」(『幕末・明治期の国民国家形成と文化変容』所収)が出され、翌九六年にそこに李孝徳『表象空間の近代』、イ・ヨンスク『「国語」という思想』、酒井直樹『死産される日本語・日本人』といった本が加わることで、特定の学問領域を超えた重要テーマとして確立することになる。とはいえこうしたテーマが注目を集めたのは九八年に小熊『〈日本人〉の境界』が出されたあたりまでで、二〇〇一年に出された『国境の越え方』増補版解説では、上野千鶴子がすでに「過去形」で国民国家論を語っている(1)。

続いて(3)ナショナリズム研究について、便宜上ここでは邦訳の出版を指標とするが、アンダーソン『想像の共同体』の翻訳は八七年と意外と早く、またエリック・ホブズボーム他編『創られた伝統』も九二年に翻訳が出ている。しかしこうした研究が大きな注目を集めるようになるのは、これらが先に見た国民国家論と連動し、ナショナリズム批判の文脈において参照されるようになる九〇年代後半のことである。とりわけアンダーソン『想像の共同体』は、九七年五月にその増補改訂版が出て再注目されたこと、また「ネーションは想像された共同体である」というフレーズが国民国家やナショナリズムを批判する際に参照しやすかったこともあり、分野を問わず多くの文献で引用されることになった。なおその後、アントニー・スミス『ネイションとエスニシティ』(一九九九年)、アーネスト・ゲルナー『民族とナショナリズム』(二〇〇〇年)、ホブズボーム『ナショナリズムの歴史と現在』(二〇〇一年)などこの時期までのナショナリズム研究の重要文献はほぼ翻訳されているが、とくに二〇〇一年以降は現実問題としては9・11テロ事件、思想としてはネグリ&ハート『帝国』(二〇〇三年)に言論界の「主役」を奪われる形となり、ナショナリズム研究が分野を超えて話題になることはなくなっていった。

最後に(4)ポストコロニアリズムおよびカルチュラル・スタディーズ、ここでも邦訳の出版を中心に見ていくが、このうちまずポストコロニアリズムについては、最重要文献の一つであるエドワード・サイード『オリエンタリズム』がすでに八六年に翻訳されている。しかし議論が活性化するのはやはり九〇年代半ば以降、九五年三月号で『現代思想』がサイード特集を組み、翌九六年四月に政治学者の姜尚中が『オリエンタリズムの彼方へ』を出版してポストコロニアリズムを日本の植民地主義批判と接続するあたりからだ。またカルチュラル・スタディーズについては、もっとも議論が盛り上がったのは九六年にスチュアート・ホールを招いて東京大学でシンポジウムが行われた前後であり、実際この時期には『思想』(九六年一月)、『現代思想』(九六年三月)、『インパクション』

(九六年一〇月)などで関連する特集が集中的に組まれている。しかし二〇〇〇年代以降は、ポストコロニアリズムについてはガヤトリ・スピヴァク『ポストコロニアル理性批判』(二〇〇三年)やホミ・バーバ『文化の場所』(二〇〇五年)、カルチュラル・スタディーズについてはポール・ギルロイ『ブラック・アトランティック』(二〇〇六年)などの翻訳が出されているが、先に見たナショナリズム研究同様、学問分野を超えて議論がなされるような形にはなっていない。

## 「エスニック・ネーション」としての日本

以上のように、前項で見たようなナショナリズム批判は、いずれも「戦後五〇年」である九五年前後に活性化し、その後世紀が変わるあたりまで盛んに行われた。ただしそこでの議論は、ナショナリズム研究やポストコロニアリズム、あるいはカルチュラル・スタディーズなど国外の議論を参照する場合も含め、基本的には「日本」というネーションを念頭に置いたものであった。したがって本来ならば、そこでは「日本」というネーションが他のネーションと比べてどのような特性をもつのかについての議論が不可欠である。しかしこれについては九〇年代当時は局所的にしか議論されておらず、全体で共有される論点にはなっていなかった。ここではこうしたことをふまえて、おもに英語圏のナショナリズム研究における「シビック・ネーション/エスニック・ネーション」の区分を参照しつつ、日本というネーションの位置づけについての見取り図を提示しておきたい。

「シビック・ネーション/エスニック・ネーション」の区分は、英語圏のナショナリズム研究では比較的なじみのある概念であり、それをふまえて議論を展開する論者も多い。たとえばナショナリズム研究の源流の一人としても知られるハンス・コーンは、啓蒙主義にもとづく合理的で個人主義的なナショナリズムを「西欧ナショナリズム」、啓蒙主義に対する反動として現れたロマン主義的で集団主義的なナショナリズムを「非西欧ナショナリズム」と呼び、前者にフランス、イギリス、アメリカなどを、後者にドイツなどを対応させた(Kohn 1961)。またコーンの枠組みを受け継いだイギリスの社会学者アントニー・スミスは、「領域」「法」「市民権」「共通の文化」によって規定されるネーション を「領域的ネーション」、「血統」「ポピュリズム」「習慣と方言」「歴史」によって規定されるネーションを「エスニック・ネーション」と呼んで区別し、自らのナショナリズム研究の概念基盤の一つとした(Smith 1986)。さらにアメリカの社会学者ロジャース・ブルーベイカーも、フランスとドイツの国籍制度を比較社会学的に考察する論考で、フランスの国籍制度(生地主義)を拡張的・同化主義的なもの、ドイツの国籍制度(当時は血統主義、ただしその後二〇〇〇年の国籍法改訂で生地主義を導入)を血統共同体に基づくエスノ文化的なものと位置づけたが(Brubaker 1992)、これは「シビック・ネーション／エスニック・ネーション」の区分を国籍制度の比較に適用した議論ということになる。

　さて、こうした「シビック・ネーション／エスニック・ネーション」の区分は、悪くすれば「教科書的」な整理に終わりかねないところがあるが、実際にはこの区分は本章の焦点である(エスニックな意味での)マジョリティの立場性の問題を考える際にもきわめて有用である。あるネーション内部においてエスニックな意味で「マジョリティ／マイノリティ」の区別が成り立つためには、その前提として、そのネーション内部に複数の「エスニック・グループ」があることが不可欠である（その中で支配的な地位にいるものが「エスニック・マジョリティ」、それ以外が「エスニック・マイノリティ」となる）。そしてこうした前提は、基本的にはそうした複数のエスニック・グループを包含するネーションそれ自体はエスニックなものではない、という仮定のもとに成り立っている。たとえばアメリカは生地主義の国籍制度をとる典型的な「シビック・ネーション」だが、そこではこうした仮定が無理なく成立しており、ゆえにエスニックな意味での「マジョリティ／マイノリティ」の区別も比較的明瞭に位置づけられる。

これに対して日本は、血統主義の国籍制度をとる典型的な「エスニック・ネーション」である。「エスニック・ネーション」と「エスニック・グループ」はいずれも「血統」を重要な要素とするため競合関係に陥りやすく、そのためネーション内部に複数の「エスニック・グループ」を包含することが難しい（具体的には、〇〇系日本人、といった表現が成立しにくい）。その結果として、そこでは「シビック・ネーション」のような形でエスニックな意味での「マジョリティ／マイノリティ」を区別することも困難になる。そしてそうした区別に代わって、ネーションに属する人々（日本語では「国民」）と、そこに属さない人々（日本語では「外国人」）の区別が強調されることが多くなる。実際第三節で取り上げる「日本人／在日コリアン」の区別は、エスニックな意味での「マジョリティ／マイノリティ」の違いであると同時に、「ネーション」の内と外の違いでもある（もちろんアイヌや沖縄など、日本にも「マジョリティ／マイノリティ」と「日本人／外国人」が重ならない事例があることは言うまでもない)。

こうした日本というネーションの特性は、マジョリティの立場性にかかわる議論に対して、次のような影響をもたらすことになる。(1)エスニックな意味での「マジョリティ／マイノリティ」の区別と「日本人／外国人」の区別が重なることで、「マジョリティとして」という観点と「日本人として」という観点が混同されやすくなる。日本でマジョリティの立場性を考えることが「それはナショナリズムではないか」という批判を受けやすいのは、こうした背景によるところが大きい。(2)こうしたナショナリズム批判は、日本が「エスニック・ネーション」であることによってとりわけ「エスニック」なナショナリズムに向けられるが(そこでは「シビック」なナショナリズムは相対的には「マシ」なものとされる)、結果としてそこでは「エスニックなもの」全般が忌避されやすくなる。そしてこうした忌避は、マジョリティとマイノリティの区別を「エスニック」な意味で考えようとする見方についても、しばしば適用されることになる。以上のことを確認した上で、次節からはあらためて九〇年代の具体的な議論を見ていくことにしたい。

## 2　加藤典洋と高橋哲哉——ナショナリズム批判の呪縛

### すれ違う問い

前節でも触れたように、戦後五〇年を迎えた一九九五年は、「歴史認識」や「戦争責任」をめぐる議論がさまざまな形で交わされた年でもあった。そしてそうした議論の「巻頭」を飾る形になったのが、九五年一月に『群像』に掲載された文芸評論家・加藤典洋の「敗戦後論」である。加藤は『アメリカの影』(八五年)でデビューして以降一貫して「戦後日本」の問題にこだわってきた論者であるが、彼が直接政治的な議論にかかわるようになったのは、基本的にはこの「敗戦後論」以降である。加藤はそこで戦後日本における「保守」と「革新」(あるいは「改憲派」と「護憲派」)の対立、とりわけ「戦争責任」をめぐるそうした対立の乗り越えという課題に取り組むのだが、その背景にあったのは、九三年八月に総理大臣に就任した細川護熙がアジア・太平洋戦争は侵略戦争だったとする発言を行ったのに対し、その後閣僚の中からそれに逆行する発言が相次いだことである。加藤はこうした課題に対して、「保守」と「革新」の対立を「人格分裂」にたとえた上で、その克服の必要性を説くことになる。

日本に戦争責任があるということを、ジキル氏、つまり外向きの半分の自己としてでなく、一個の人格としていうとはどういうことか。(中略)わたしの考えでは、このジキル氏とハイド氏の分裂をどうすれば克服できるか、これが、戦後の起点におかれたねじれを隠蔽することでやってきたわたし達の「戦後」が、この「さかさまの世界」から脱けでるために答えられるべき、唯一つの問いである。(加藤一九九五、二七二―二七三頁)

しかし、このように「保守」と「革新」の対立を越えた形で戦争責任を考えようとする加藤の議論は、ナショナリズム批判の文脈が強かった九〇年代当時においては、結果として「保守」に近い立場とみなされることになる。実際その後加藤の議論は多くの論者によってそうした批判を受けることになるが、その代表的な論者が、哲学者の高橋哲哉である[3]。高橋はもともとデリダ研究で知られていたが、九三年の映画『ショアー』を一つのきっかけとして現実的な問題への関心を強め[4]、そうした中で日本における従軍慰安婦をめぐる問題についても発言するようになっていた(高橋一九九五b)。そして、高橋は九五年三月に「敗戦後論」に対する批判を(加藤の論文が掲載されたのと同じ)『群像』に掲載し(高橋一九九五c)、その後議論はおもに加藤と高橋のあいだで展開されていくことになる。この二人の論争においてもっとも先鋭的な論点となったのは、日本の戦争責任をめぐって、加藤が日本の死者をアジアの死者よりも「先に」弔う、という見方を示したことだった。この点についての高橋の最初の批判は、以下のようなものである。

日本のあの戦争が「〈義〉のない戦争、侵略戦争」であったことを認めながら、その戦争の死者たちへの責任に関して、なぜ「日本の三百万の死者」への「哀悼」を、「二千万のアジアの死者」への「哀悼」と「謝罪」の「先に置く」ことを求めるのか。アジアの死者への責任は「当然ながら」「加害責任」であり、日本の「兵士の死者」は「侵略者である〈汚れ〉た死者」だったと認めながら、なぜその「侵略者」への「哀悼」を、被害者への「哀悼」や「謝罪」の「先に置く」ことを求めるのか。（高橋一九九五c、一八〇頁）

こうした高橋の批判の背後にあるのは、エマニュエル・レヴィナスのいう「他者」の顔にいかに向き合うべきかという問い、ここでの文脈に即して言えば「加害者」が「被害者」にいかに向き合うべきかという問いである。こうした観点からすれば、確かに加藤の議論は、「被害者」に謝罪する前に「加害者」を弔うべき、という「奇妙な」理屈だということになるだろう。しかしここで確認しておく必要があるのは、加藤のこうした議論が、戦後日本における「保守」と「革新」の対立の乗り越え、という問いに対する答えとして示されたものだったということである。したがってそこでは、戦争責任は「保守」も「革新」も含めた「日本人」全体が納得するような形で引き受けるべきものだということになる。これに対して高橋の問題意識は「他者」にいかに向き合うべきかという点にあり、そうした観点からは加藤の議論は「身内」の党派対立をどう収拾するかという話にしか見えない。つまり加藤の「問い」と高橋の「問い」は異なっており、そうした意味で二人の

「論争」は当初からすれ違っていた。当時の加藤と高橋の議論が嚙み合わないまま終わったということは当事者二人を含め同時代的にそこに関わった多くの人々に共通する見解だが、それはこの当初の「問い」の時点でかなりの程度方向づけられていたように思われる。

### ナショナリズム批判の中の「敗戦後論」

そしてこうした「問いのすれ違い」は、結果として加藤の議論が「ナショナリズム」として位置づけられることへとつながっていく。その直接的な理由は、先に触れたように加藤が「保守」「革新」双方を含んだ形で(場合によっては「保守」を優先する形で)戦争責任を考えようとしたために、「保守」に近い立場とみなされたからである。しかしここでもう一つ見ておかなければならないのは、その背景として加藤自身の中に「保守」的、より正確には非「革新」的な要素が含まれていたという点だ。加藤はこうした立場を「ノン・モラル」と表現するのだが[5]、加藤が論争の中でこうしたことを明確にしたのは、「敗戦後論」の続編として発表された「戦後後論」を九七年八月刊行の『敗戦後論』に収録した際である。加藤はそこで高橋の批判に答えて、次のように書いている。

……「自分にはそんなことは引き受けられない」という声に権利がなければ、「自分はこれを引き受ける」という行為の白紙性が、逆にわたし達から奪われるのではないだろうか。ほんらい引き受けなくともいいものを引き受ける、そのことがわたし達にとっては責任の敢取が自由

で主体的な行為であることの基底である。(加藤一九九七b、一〇八頁)

ここで加藤が述べていることは、戦争責任はそれを「引き受けない」可能性がなければ「引き受ける」ということが自由で主体的な行為にはならない、ということである。他者からの呼びかけに答えざるを得ない状況を出発点とする高橋からすれば、加藤の発想はそうした呼びかけに答えない可能性があるという点で明らかに許容できないものだろう。しかし「責任をとらない」という選択肢がありうることをふまえつつそれでもあえて責任を引き受けるという加藤の議論は、そうした「無責任」な選択肢をとりうる自分の立ち位置に対して自覚的なものだとも言える。実際多くの「日本人」はこうした「無責任」な選択肢をとるのであり、加藤にとってはそのことこそが自らの議論の出発点なのである。

とはいえ、自らの中にある「無責任」さをある意味率直に表明し、「責任をとらない」可能性に言及する加藤の議論は、「保守」的、少なくとも非「革新」的なものであり、そのことは結果としてその後加藤の議論が「ナショナリズム」として批判される要因となった。その具体的な経緯は、以下のとおりである。高橋は最初の批判(九五年三月)で加藤の議論について「「内向き」の態度」という評価を示し(高橋一九九五c、一八一頁)、また二回目の批判(九五年一一月)では「われわれ日本人」の立ち上げということを批判しているが(高橋一九九五d、二四九頁)、「ナショナリズム」という言葉自体は使っていない。これに対して加藤は先に触れた「戦後後論」(九六年八月)および「語り口の問題」(九七年二月)で高橋に対する反論を行うのだが、とくに後者の「語り口の問題」において、加藤は戦後日本における「保守」と「革新」(あるいは「改憲派」と「護憲派」)の対立の乗り越えという自らの基本的モチーフを繰り返しながら、高橋の議論を「護憲派」の議論の一バリエーションとして位置づける(加藤一九九七a、一九五、二〇五頁)。つまりそこで加藤は、高橋の議論は自分にとっては乗り越えるべき古いカテゴリーに属するものだという見方を示したわけである。

これに対して高橋は、九七年七月の『現代思想』に掲載された政治哲学者の岩崎稔との対談の冒頭で、「加藤さんの「敗戦後論」以来の議論は「自由主義史観」と同一視することはできないとしても、ネオナショナリズムの動きとして確実につながっている」(岩崎・高橋一九九七、一三〇頁)と述べ、初めて加藤の議論を明確に「ナショナリズム」として位置づけた。そして高橋は同年九月の『現代思想』の論文(七月に日本の戦争責任資料センターで行った講演をもとにしたもの)でこうした議論をさらに展開し、「自由主義史観」と加藤の議論は(1)左右両派の立場を越えた第三の立場として提起されていること、(2)いわゆる「健全なナショナリズム」の立場であること、(3)「国益中心主義」であること、(4)アジアの被害者と連帯しようとする日本人に対して否定的・攻撃的・冷笑的であること、の四点において共通していると述べるに至る(高橋一九九七、二六四―二六八頁)。さらに、翌九八年五月に「自由主義史観」に対する批判を目的として編まれた論文集『ナショナル・ヒストリーを超えて』では、編者の一人である高橋こそ明示的に加藤の議論には触れていないものの、もう一人の編者である日本文学者の小森陽一のほか、文学者の李孝徳、女性学者の大越愛子らが加藤批判を展開することになった。

このように、加藤の議論がその内容以上に「ナショナリズム」とみなされるようになったのは、加藤と高橋が論争の中で互いに相手の議論を自らのカテゴリーの中に固定化していったという部分が大きい。そしてその背後には、第一節で見たようなナショナリズム批判の文脈があった。こうした前提のもとではネーションやナショナリズムにかかわるあらゆる議論が「それはナショナリズムではないか」という指摘を受ける可能性をもつが、加藤のように自らの中にある「無責任」さをあえて表明し、結果として「保守」的な見解に理解を示すような議論に対しては、そうした傾向はより強いものとなる。そしていったん「ナショナリズムかどうか」という論点が設定されると、直接そこにかかわらない論点もすべて関連づけられる形になり、結果的議論全体が「ナショナリズムかどうか」という点に基づいて展開されていく。当時のナショナリズム批判の文脈はこうした形でナショナリズムをめぐる議論に大きな影響を及ぼしていたわけだが、加藤と高橋の「論争」もまた、そうした「呪縛」から自由でなかった。それどころかこの二人の「論争」は、まさにそうした呪縛を象徴的に示す事例として、九〇年代後半を代表する議論となったのである。(7)

## 3　高橋哲哉と徐京植——エスニック・ネーションという磁場

前節で見たように、加藤の議論は九〇年代後半当時のナショナリズム批判の文脈の中で、「ナショナリズム」として位置づけられる結果となった。しかしここで興味深いのは、実は加藤と対立関係にあった高橋の議論についても、それがある種のナショナリズムとみなされる可能性がありえたということである。実際高橋は従軍慰安婦問題に関わる過程で「日本人としての責任」ということを積極的に表明するようになるのだが、こうした高橋のスタンスは、その後まさにナショナリズムとの関連を問われることになった。具体的にそうした議論が行われたのは、九七年九月に日本の戦争責任資料センター(8)が開いたシンポジウム「ナショナリズムと「慰安婦」問題」である。高橋はこのシンポジウムの「ナショナリズムをめぐって——責任と主体」というパネルに作家の徐京植とともに登壇したが(もう一つの「「慰安婦」問題と歴史学」というパネルには社会学者の上野千鶴子と歴史学者の吉見義明が登壇)、高橋はその基調報告で「「慰安婦」問題に関して日本人が責任をとるというのはどういうことなのか」という問いを示した上で、次のように述べている。

　というのは、まさにこの問題はこの「日本人として」というところに集中してきているからです。「日本人として」ということを強調することでナショナリズムのワナにはまってしまうのではないか、という懸念は確かに存在するわけですね。現在の日本のネオナショナリズムの動きを批判しようとする側も、責任を負うということを強調することで日本という国民国家に同一化し、逆説的にもナショナリズムを強化してしまうのではないか、そういう問題があるわけです。私は日本ナショナリズムを批判しつつ、しかし同時に、日本人として責任を負うことを肯定したいと思います。(日本の戦争責任資料センター編一九九八、四八頁)

すでに触れたように、「日本人として責任を負う」ことを明示的に肯定するこうした高橋の議論は、当時のナショナリズム批判の文脈では「それはナショナリズムではないか」という問題提起を呼び込みやすいものである。そして実際、その後に行われたパネルディスカッションでは、冒頭から上野千鶴子によってこの点が批判的に取り上げられることになった。上野は社会学者の橋爪大三郎の「日本という政治的共同体に属している個人として責任をとる」という議論を引き合いに出しつつ、高橋の主張はそれとどう異なるのか、と問う(日本の戦争責任資料センター編一九九八、六〇頁)。これに対して高橋が提示したのは、次のような議論である。

先ほど、他者から来るのが責任、他者からのアピールに応じるのが責任の起源というふうに申し上げました。日本国家の法が我々に責任を課しているという側面もありますが、しかしその根源はそうではない、つまり根源はあくまでも被害者がいるということ、その被害者からの告発、呼びかけであって、そこから私たちの法へのかかわりが出てくる。(日本の戦争責任資料センター編一九九八、七一頁)

高橋がここで強調しているのは、先に述べた「日本人としての責任」が、「他者からの呼びかけ」によって成立するという点である。これは加藤との「論争」の際にも繰り返し言及された点であり、高橋の議論の基本的なモチーフだと言えよう。しかしここで重要なことは、まさにそのモチーフによって「日本人としての責任」ということが肯定的に語られている、ということである。

そしてこうした高橋の立場表明は、パネリストとして同席した徐京植によって、おおむね肯定的に受け止められることになる。徐京植は、[9]一九七一年に留学中の韓国で政治犯として逮捕された二人の兄(徐勝・徐俊植)に対する救援運動を行う中で名を知られるようになった在日朝鮮人[10]の作家で(徐編訳一九八一)、とくに先に触れた「つくる会」設立を受けて九七年一月の「「自由主義史観研究会」「新しい歴史教科書をつくる会」等の動きを憂慮する在日朝鮮人のアピール」の提言に加わって以降(徐一九九七b)、時事的な論点にも積極的にかかわるようになっていた。徐が高橋と同席した日本の戦争責任資料センターのシンポジウムは翌九八年九月に書籍としてまとめられているが、そこで徐は先ほど紹介した上野による批判とそれに対する高橋の反論を取り上げ、「高橋氏の「日本人としての責任」論は明確に、「他者」に対してのものであり、「他者」に応答しようとするものである」(徐一九九八、一六五頁)と述べ、高橋の側に立つことを明確にしている。

しかしそこで興味深いのは、徐がこうした議論を行うにあたって「韓国人としての責任[11]」に言及していることである。そこで徐が例に挙げているのは、自身が南フランスに旅行した際に偶然入ったベトナム料理店で、ベトナム人らしき店主が自分のナショナリティについて何か尋ねてくるのではないかと身構えながらあれこれと思索するエピソードである(これはベトナム戦争で徐と同世代の韓国軍兵士が「傭兵」として最前線に立たされた、という経緯をふまえたものである)。そこで徐は、次のように言う。

水をかけられたり声高に非難されたりすることがなかったとしても、こわばった微笑や突然の口ごもりによって、ベトナム人という他者から私は「韓国人」と名指される。「韓国人の血」や「韓国文化」など、何らかの民族的本質(そんなものがあるだろうか?)のゆえにではなく、自分の属している集団と他者の関係ゆえに、他者からそのように名指されるのだ。私はその名指しを承認せざるをえないのである。(徐一九九八、一五一—一五二頁)

ここでは、「他者からの呼びかけとその応答」というモチーフが、「日本人」や「慰安婦問題」といった具体的な問題を超えて、より普遍的な形で提示されている。これは、少し状況が違っていれば「それはナショナリズムではないか」という形で退けられたかもしれない議論が(実際上野による批判はそうした効果をもちうるものであった)、高橋と徐のやりとりの中で肯定的な位置づけを与えられた、稀有な場面だったと言えるだろう。

## 「日本人として」と「マジョリティとして」の狭間で

そしてこうした徐と高橋の「一致」は、「日本人」である高橋と「在日朝鮮人」である徐という異なる立場性をもつ者どうしの対話関係として、その後も長期にわたって継続することになる。実際高橋と徐は九九年五月から雑誌『世界』において連続対談を行っているが(対談自体が最初に行われたのは九八年一一月)、そこではこうした構図が両者に明示的に了解された上で議論が進むことになった。たとえば高橋は対談の初回、徐と一緒にポーランドのユダヤ人収容所を訪れた際のことを想起しつつ次のように言う。

一緒にポーランドを回っていたとき、徐さんと私のポジションの違いをひしひしと感じました。徐さんは力が抜けてしまうとおっしゃっていましたね。「きょうは自分はホテルにこもる。調子悪いんだよ」と。徐さんは在日朝鮮人を、日本帝国主義による植民地主義のサバイバー、生き証人としてとらえておられるし、ご自身はまた、徐勝さん、徐俊植さんのお二人の事件を通して、戦後の東アジアにおける冷戦体制のサバイバーでもある。ポーランドでもお兄さんたちの事件の余韻というか、そのときの記憶が疼いているということがよくわかりました。そこに、いわゆる「普通の日本人」の一人として育ってきた私のポジションとの大きな差があると感じたのです。(徐・高橋二〇〇〇、一〇頁)

対する徐も、別の箇所で「日本で生まれた一人の在日朝鮮人として、私は「日本人の責任」という問題を長年にわたって指摘し続けてきたのです」（徐・高橋二〇〇〇、九三頁）と述べ、自らの役割を明確にしている。

しかしその上で指摘しなければならないことは、ここで一見問題なく「一致」しているように見える高橋の見方と徐の見方が、ある重要な点で食い違っているということである。それが明らかになるのは、徐が「〇〇人」にかかわるカテゴリーを「〈国民的レベル〉＝政治的共同体の成員」と「〈文化的・民族的〉レベル＝エスニック〇〇人」の二つに分けた上で、両者の関係を問題にする場面である。徐は次のように言う。

日本ではエスニック・ジャパニーズ、いわば日本系日本人が圧倒的多数派であるために、自らが日本社会内の一つのエスニシティーであるという自覚もない。ところが、この人たちこそが、だれを日本国民とするかを決定する権力を握っているのです。（徐・高橋二〇〇〇、一一四頁）

そして徐は「日本という政治的共同体の成員ではあるがエスニックな日本人ではない」人を「周縁部日本国民（「帰化」朝鮮人など）(12)」と位置づけた上で、「責任」を問われるべき対象をこうした「周縁部日本国民」を除いた「エスニック・ジャパニーズ」のみに限定する。つまり徐が「日本人の責任」というとき、そこで名指されるのは国籍を持つかどうかで決まる「日本国民」全体ではなく、日本国民でありかつ「エスニック」にも日本人である人々、本章で言う「〈エスニックな意味での〉マジョリティ」なのである。

しかしそれに対する高橋の応答は、こうした徐の議論に対するものとしては必ずしも適切なものではない。先に見た議論をふまえれば、徐にとって高橋が自らの呼びかけに応答すべき立場にいるのは、高橋が「エスニック・ジャパニーズ」だからである。しかし高橋は、自らの「日本人としての責任」を「エスニック・ジャパニーズ」であることからではなく、むしろそれと対立する「政治的共同体への所属」から生じるものとみなしている。実際高橋は、徐との対話を始めるずっと以前、加藤との論争の初期の段階で、すでに「日本の戦後責任を引き受けるためには、とりあえず、日本国家への政治的帰属を肯定することが前提だろう」（高橋一九九五d、二四九頁）と述べている。高橋のこうした立場はその後も変わっておらず、すでに触れた岩崎・高橋（一九九七）、高橋（一九九七）、および日本の戦争責任資料センターのシンポジウムでも繰り返されている。端的に言えば、高橋が引き受けようとしているのは徐の言い方でいう「〈国民的レベル〉」の話であって、「〈文化的・民族的〉レベル」ではない。

そしてこうした齟齬は、高橋が徐の議論を受けて、加藤の議論を徐のいう「エスニック・ジャパニーズ」に対応させるところでより明確なものとなる。高橋は次のように言う。

「われわれ日本人」の同一性を自国の死者を弔うことによって一気に立ち上げる、そうでないとアジアの他者と向き合えないという加藤典洋さんの議論のなかの「日本人」は、まさにそのエスニック・ジャパニーズに対応しているんですね。「父の弔い」という観念も、子孫以外を排除している。〔中略〕彼は戦前と戦後を貫く「自己の同一性」という言い方をしていますが、「父の弔い」によって構築される「われわれ日本人」とは、エスニック・ジャパニーズの共同性以外の何ものでもない。(徐・高橋二〇〇〇、一一七頁)

つまり高橋にとっては、「エスニック・ジャパニーズ」は「ネオナショナリズム」として批判されるべき加藤のような議論に該当する話であり、自らが引き受けるのはあくまでも日本というネーションへの政治的帰属なのである。そこでは、「日本人としての責任」を引き受けるのはエスニックな共同体への所属ではなくあくまでも政治的共同体への所属を通じてであるという高橋自身の選択が、「他者からの呼びかけとその応答」というモチーフよりも優先されているように見える。(13)

しかしその上で最後に触れておかなければならないことは、この徐との対話とは別のところで、高橋が徐の問いかけにより的確に答えている場面があるということだ。それは、次のような形で示されている。

たとえば戦後に日本に「帰化」した在日朝鮮人や中国人の人たちは、何世代も前からいわゆる「日本民族」に属している人たち――私もその一人です――と、現在の日本国家が負っている戦後責任にかんして、あらゆる意味で同じ責任を負うことになるのでしょうか。私はそうは思いません。〔中略〕そもそも日本社会において、在日朝鮮人や外国人の日本への「帰化」を認める権限、つまり日本国民としての政治的権利をだれに認め、だれに認めないのかの権限を握っているのは、圧倒的多数派であるこの「日本民族」系日本人なのですから、この人たちの責任は実質的にははるかに大きいといわざるをえないと思うのです。私はこのことを、とりあえず、「日本人」としての政治的責任を共有する人々の中での歴史的責任の相違と呼んでおこうと思います。(高橋一九九九、四九―五〇頁。傍点は原文)

こうした高橋の「応答」は、徐の「エスニック・ジャパニーズ」にかかわる問いかけに対して、「(エスニックな)マジョリティ」の立場から誠実に答えるものであると言えるだろう。もちろんここで高橋が述べているのは「「日本人」としての政治的責任を共有する人々」の中での「二段階目」の違いではあるのだが、それでもそうした政治的共同体内部のエスニックな違いを「歴史的」な違いとして引き受け直していることは、注目に値する。しかし同時に指摘しなければならないことは、当時のナショナリズム批判の文脈、とりわけエスニックなナショナリズムが批判されやすい文脈においては、こうしたエスニックな違いに言及する議論が容易に「批判されるべき側」に位置づけられてしまいうるということである。このことは、先の引用で見たように、ほかでもない高橋自身が「エスニック・ジャパニーズ」を加藤の議論に結びつけ、それを批判的に語っていた点に明瞭に現れている。

第一節で述べたように、九〇年代のナショナリズム批判の文脈はとりわけ日本という「エスニック・ネーション」についてより顕著に現れるものであり、それゆえそこでは「エスニック」なもの全般に対して忌避感が生じやすい。こうしたエスニック・ネーションの磁場のもとでは、「日本人として」責任を引き受けると語る高橋にとってさえ、そこでの「日本人」は第一義的には政治的共同体でなければならず、それとは微妙にずれる「エスニック・ジャパニーズ」、本章で言うエスニックなマジョリティは、にわかには引き受けえないカテゴリーとして現れるのである。しかし先に見た最後の高橋の引用がきわめて説得的に語っているように、こうした問題における「エスニック」な違い、高橋の言い方では「歴史的」に生じる相違は、政治的共同体に属しているかどうかという違いと少なくとも同じ程度には、重要な意義をもつ。そうした点で徐の問題提起に的確に答えていると言えるのは、やはり「エスニック・ジャパニーズ」を安易に加藤の議論と重ねて批判的に扱う高橋ではなく、エスニックな意味でマジョリティであることを「歴史的」な違いという形で引き受け直す高橋であるように思われる。

## おわりに――「在特会」以降の日本における立場性の問題

以上見てきたように、九〇年代後半の日本ではナショナリズム批判の文脈が非常に強く、またエスニック・ネーションである日本ではナショナリズムの中でもとくに「エスニック」なものが忌避されがちである(第一節)。こうした中で加藤典洋と高橋哲哉の論争は、戦争責任の問題に対して「無責任」な選択もしうるという観点から責任の引き受けを行う加藤の立場と、他者からの呼びかけに対しては否応なく答えざるをえないとする高橋の立場との対立として行われたが、二人の論争はナショナリズム批判の文脈の中で加藤の立場がナショナリズムかどうかという議論へと収斂してしまった(第二節)。またその後に行われた高橋哲哉と徐京植のやりとりでは、「日本人として責任をとる」という高橋の立場が幸運にもナショナリズム批判の文脈を回避する形で成立したが、日本というエスニック・ネーションの磁場の中で、「マジョリティとして」という観点については必ずしも明快な形で示されないまま残された(第三節)。

さて、冒頭でも述べたように、こうした議論が行われた九〇年代後半から二〇一五年現在までのあいだに、状況は大きく変化した。その中でもとりわけ重要なのは、「在特会」に代表される差別的なレイシズムが、社会のさまざまな場面で見られるようになったということである。言うまでもなく「差別」それ自体は新しい現象ではないが、ここでポイントになるのは、こうしたレイシズムが「差別扇動」という形をとることだ。「在特会」はそれまでインターネット上でなされていた差別的な言動を街頭に持ち込んだが、そうした言動は再びインターネットを通じて「中継」され、拡散されていく。こうした言動はそれ自体としてもきわめて重大な被害をもたらすものだが、さらに問題なのは、それらが人々の差別意識をかき立て、さまざまな場面での差別行為を増大させ、場合によっては差別的な動機に基づく犯罪行為を引き起こすということだ。「在特会」に象徴されるレイシズムは、まさにこうした「差別扇動」をこの社会に持ち込んだのである。

そしてこうした差別的なレイシズムは、本章で議論してきたマジョリティの立場性の問題についても、無視できない影響を与えるものとなる。というのは、「在特会」およびそこに共鳴する人々は、ごく一部の例外を除いて自らの立場を「極端な」ものだとは位置づけず、むしろ「普通の日本人として」といった観点から先に見たような差別扇動を行うからである。もちろんそれはあくまでも彼ら／彼女らの「自称」でしかないが、こうした立場表明は、とりわけレイシズムの被害を受ける側にとって「差別者」が「日本人」全体に拡大されて見えるという効果をもたらす。言い換えれば、実際には「ごく一部」の人々の行為であるにもかかわらず、彼ら／彼女らの言動はあたかも「日本人」全体が「在特会」的な考え方をもっているかのような影響を社会に与えるのである。こうした状況において、マジョリティの立場性の問題は、「在特会」のようなあからさまな差別扇動が行われていなかった九〇年代とは異なる文脈で、再び問われることになった。

こうした中で、これも冒頭で触れたように、「在特会」などのレイシズムに対抗する反レイシズム運動が、インパクトを持つようになってきている。言うまでもなく、反レイシズム運動はレイシズムに対抗する運動であり、それ自体はマジョリティの立場性を主題にするものではない。しかし、「在特会」が「普通の日本人」を「自称」し、「日本人」全体が「在特会」と同じ側にいるかのような主張がなされる状況では、反レイシズム運動もまたマジョリティの立場性の問題にかかわらざるをえなくなる。たとえばとくに二〇一三年以降の反レイシズム運動では、在特会に「簒奪」された「日本人」というカテゴリーを奪還すべく、反レイシズム運動に参加する際にあえて「日本人として」という立場を強調する場合があるが、それもこうした状況に対応した主張として位置づけることができるだろう。

こうした議論に対して九〇年代的なナショナリズム批判を適用することはたやすいかもしれないが、結果としてマジョリティの立場性についての議論を成立させにくくするのであれば、それは悪い意味での九〇年代の反復である。九〇年代の議論から何かを継承するのなら、それは単純なナショナリズム批判ではなく、そうした文脈の中にありながらなお「日本人として」、さらには「マジョリティとして」状況に向き合おうとした試みであるべきだろう。二〇一五年現在において必要とされているのは、九〇年代のナショナリズム批判とその限界をふまえた、「その先」の議論である。

注

(1)「「国民国家」論は、魅力的なパラダイムとして受け入れられ、あっというまに流通し、仕掛け人の思惑を越えた流行現象を起こし、そして日本の他の知の流行と同じく、その概念が十分に咀嚼され成熟しないうちに、またたくうちに飽きられた」(上野二〇〇一、四六九頁)。

(2) 加藤典洋は一九四八年山形県生まれ。東京大学文学部フランス文学科卒業。九五年一月時点では明治学院大学国際学部教授。

（3）高橋哲哉は一九五六年福島県生まれ。東京大学大学院哲学専攻博士課程単位取得退学。九五年八月時点では東京大学助教授。現東京大学大学院教授。

（4）高橋は一九九五年八月に出された『記憶のエチカ』で、この本にまとめられる諸論考を書くきっかけとなったのが九三年に見た映画『ショアー』であったと述べており(高橋一九九五a、ii頁)、実際九五年六月に鵜飼哲との共編で『『ショアー』の衝撃』を出版している。

（5）こうした加藤の立場は、加藤(一九九八)でより具体的に展開されている。なお、こうした加藤の立場が「ナショナリズム」とどういう関係にあるのかについては解釈が分かれる形になっている。たとえば高橋は加藤のこうした立場を「自己中心主義」と位置づけ、そうであるがゆえにナショナリズムと親和性が高いという解釈をとるのだが(高橋一九九五d、二四〇頁)、これに対して安彦一恵は、加藤のこうした立場はむしろ個人の利益よりも全体の利益を優先する「国家主義」とは対極であるとしている(安彦一九九九、三八頁)。

（6）「自由主義史観」は教育学者の藤岡信勝が提唱した歴史観で、藤岡が九五年一月に設立した「自由主義史観」研究会は、その後九七年一月に結成された「新しい歴史教科書をつくる会」の前身となった。

（7）なお加藤によれば、加藤の議論が「自由主義史観」と並んで日本の右派的言説を代表するものだという認識は、近年アメリカの日本研究の一部でも定着しつつあるのだという(加藤二〇一〇、vi–vii頁)。

（8）日本の戦争責任資料センターは一九九三年四月に発足し、現在も活動を続ける。機関誌は『季刊 戦争責任研究』。慰安婦問題の研究で知られる歴史学者の吉見義明はセンターのメンバーの一人。なお高橋は、シンポジウムに先立つ九七年七月に「「従軍慰安婦」問題とネオナショナリズム」というタイトルで講演を行っており、シンポジウムが書籍化された際にこの講演の記録も併せて収録されている(日本の戦争責任資料センター一九九八)。

（9）徐京植は一九五一年京都市生まれ。早稲田大学第一文学部フランス文学科卒業。九八年九月時点では

作家・大学非常勤講師。現在は東京経済大学教授。
(10) 徐は「日帝の植民地支配の歴史的な結果として旧宗主国である日本に住むことになった朝鮮民族とその子孫」を「在日朝鮮人」と呼ぶとしている(徐一九九七a、八一頁)。
(11) 徐は「私の一家は日韓条約以前から「韓国籍」だった」と述べている(徐一九九八、一四六頁)。
(12) 逆に「エスニックには日本人であるが日本という政治的共同体の成員ではない」人は「日本国民でないエスニック・ジャパニーズ(日系○○人など)」となる。
(13) なお興味深いことに、まさにこの裏返しとして、むしろ徐のような立場の論者が加藤の議論を(あくまで部分的にだが)「評価」する、ということも起こっている。たとえば徐は、加藤がある対談で「日本人おかしいじゃないか、おまえたちおかしいじゃないかと言われたそのときに、その「おまえたち」に合致する「われわれ」というのはもはやいないし、その「おまえたち」を引き受ける人は誰もいない。敗戦後論というのは、だったらおれが全部引き受けてやるよ、と書いたものなんですよ」と語ったことを紹介した上で、次のように書いている。「この声を聞いたとき私は、ほんの一瞬だけだが、あやうく頷きそうになった。事実、私たち朝鮮人のなかから、日本にもようやく強靭な謝罪の論理が登場したと、誤って加藤説を肯定的に評価する声があらわれている」(徐一九九八、一六九—一七〇頁)。

## 文献一覧


安彦一恵(一九九九)「何が論点か——一つの序論として」安彦一恵他編『戦争責任と「われわれ」——「「歴史主体」論争」をめぐって』ナカニシヤ出版。

明戸隆浩(二〇〇九)「一九六〇年代アメリカにおける〈リベラル・マジョリティ〉の成立——公民権運動をめぐるマイノリティの問題提起とマジョリティの応答」『年報社会学論集』二二号、六八—七九頁。

岩崎稔・高橋哲哉（一九九七）「対談　「物語」の廃墟から」『現代思想』七月号。

加藤典洋（一九九五）「敗戦後論」『群像』一月号。

――（一九九六）「戦後後論」『群像』八月号。

――（一九九七a）「語り口の問題」『中央公論』二月号。

――（一九九七b）『敗戦後論』講談社。

――（一九九八）『戦後を戦後以後、考える――ノン・モラルからの出発とは何か』岩波ブックレット。

――（二〇一〇）『さようなら、ゴジラたち――戦後から遠く離れて』岩波書店。

日本の戦争責任資料センター編（一九九八）『ナショナリズムと「慰安婦」問題』青木書店。

徐京植編訳（一九八一）『徐兄弟　獄中からの手紙――徐勝、徐俊植の一〇年』岩波新書。

徐京植（一九九七a）『分断を生きる――「在日」を超えて』影書房。

――（一九九七b）「もはや黙っているべきではない――なぜ私は「憂慮する朝鮮人・アピール」への賛同を呼びかけるのか」『あごら』二二七号。

――（一九九八）「「日本人としての責任」をめぐって――半難民の位置から」日本の戦争責任資料センター編『ナショナリズムと「慰安婦」問題』青木書店。

徐京植・高橋哲哉（二〇〇〇）『断絶の世紀　証言の時代――戦争の記憶をめぐる対話』岩波書店。

高橋哲哉（一九九五a）『記憶のエチカ――戦争・哲学・アウシュヴィッツ』岩波書店。

――（一九九五b）「満身創痍の《証人》――〈彼女たち〉からレヴィナスへ」『現代思想』一月号。

――（一九九五c）「汚辱の記憶をめぐって」『群像』三月号。

――（一九九五d）「《哀悼》をめぐる会話――「敗戦後論」批判再説」『現代思想』一一月号。

――（一九九七）「ネオナショナリズム批判のために」『現代思想』九月号、二六二―二七五頁。

――（一九九九）『戦後責任論』講談社。

上野千鶴子（二〇〇一）「解説——「国民国家」論の功と罪」西川長夫『増補 国境の越え方——国民国家論序説』平凡社ライブラリー。

Brubaker, William Rogers (1992) *Citizenship and Nationhood in France and Germany*, Harvard University Press（佐藤成基・佐々木てる監訳『フランスとドイツの国籍とネーション——国籍形成の比較歴史社会学』二〇〇五年、明石書店）.

Kohn, Hans (1961) *The Idea of Nationalism*, Macmillian.

Smith, Anthony D. (1986) *The Ethnic Origins of Nations*, Blackwell（巣山靖司他訳『ネイションとエスニシティ』名古屋大学出版会、一九九九年）.

# 第７章　日本の保守主義――その思想と系譜

五野井郁夫

日本における近代保守主義は、思想伝統としても政治的伝統としても、安定した実体を形成しなかった。〔中略〕近代日本の国家理性の中には、保守の原理を容れるようなゆとりがなかった。それはもっぱら権力原理にもとづく反動の機能をいとなむ場合にのみ、公認の役割を認められるという形になった。保守はある意味での権力原理に対する反対物であり、権力の発動形態としての反動とは本来結びつかない。しかし近代日本が明治開国にさいして選びとったものは強力国家という権力原理であり、保守と反動の区別は社会的実体と結びついて理解されるような条件がなかった。（橋川二〇一三、四一三頁）

二〇〇〇年代に入ってから、日本で急速に意味が軽くなった言葉のひとつに「保守」がある。山崎正和は、近代社会においてもし保守というものが成立しうるとすれば、それは広い意味での「文化」の領域に限られるにすぎず、「政治的な保守」というものは存在しないし、存在しえないと述べている（山崎二〇〇六）[1]。これは冒頭での橋川の「思想伝統としても政治的伝統としても、安定した実体を形成しなかった」という主張とも平仄が合う。それでも、政治学で保守主義といえば、政治制度が制度疲労を起こして変更せねばならない場合を除いて、現代政治における急激な変化を避け、過去から続く伝統の連続性を何よりも重視する立場をさす(宇野二〇一四、八四頁)。

ではなぜ「保守」という言葉は漂泊し、融通無碍な使用がなされるようになったのか。おそらく、保守主義の説明で欠くことのできない「過去」を、どの時点の「過去」に力点を置くのかによって、保守主義のイメージが千変万化するがゆえだろう。武家の世になる前の伝統と、武家の世になってからの伝統、江戸までの伝統と明治維新以降の伝統を、ひとつの連続性のもとに語ろうとした場合には、その時代の公儀における権威基盤が変化しているため、破綻が生じる。それゆえ、どこかに伝統の連続性の起点となる「過去」を定めなければならない。

たとえば靖国神社には吉田松陰や坂本龍馬が祭神として祀られ、遊就館でも多くの史料が展示されている。だが、維新の功労者であるものの叛乱を起こしたため祀られていない者も多い。この事実について、山崎は以下のように記している。

> 靖国は明治政府が、近代政府の生み出す負の面である「国家のための戦死者」を慰めるためにつくった。政治的イデオロギーの産物であって、信仰ではない。現に、靖国には日本人が文化として愛する人々がまつられていない。西郷隆盛、白虎隊。いずれも「賊軍」とされたからだ。保守＝靖国擁護という見方では、本質をつかめない。(山崎二〇〇六)

これは維新後の体制側から見た「過去」の見方である。また「江戸時代」的な文化を道徳の規準として「伝統」にかぶせる動きもあれば、日本神話の時代を振り返るべき「過去」と考える立場もある。さらには戦後の高度経済成長期という、やや近い過日について「あの頃の日本は輝いていた」と懐古する者もいる。

他方で中野晃一が説く「国家保守主義」のように、戦前から戦後をまたいで続く日本の統治思想ならびに制度的な特徴について、国家権威のもとに保守的な価値秩序へと国民統合を図るものとして、使用されている場合もある（中野二〇一三、vii―ix頁）。中野によれば「前近代に起源を有する既存の権力秩序を「保守」することを目指す保守思想のなかでも、日本におけるバリエーションは、そうするためにエリートが国家という近代制度に依拠することが際立って」いたという。

では、このような日本における「保守主義」のバリエーションとはいかなるものであったのだろうか。まずは日本保守主義の論じられ方とその思想基盤たる保守思想の輸入から振り返ってみたい。

## 1　日本保守主義の論じられ方

日本の思想としての保守主義については、戦後の早い時期から一九六〇年代までの間に体系的に論じた著作は多く存在する。その初期は日本の超国家主義と昭和維新に正面から取り組んだ久野・鶴見（一九五六）が挙げられる。戦後保守主義に限定したものとしては、久野収・鶴見俊輔・藤田省三の座談会「日本の保守主義――『心』グループ」(久野・鶴見・藤田一九五九に収録)、明治初期に特化したものとして松本(一九六六)が、より幅広い時間軸のものとして橋川文三編『保守の思想 戦後日本思想体系7』(筑摩書房、一九六八年)が、また関連して「伝統」について網羅したものに『近代日本思想史講座7 近代化と伝統』(筑摩書房、一九五九年)がある。反動と保守を切り分けたものとして、『岩波講座 現代思想V 反動の思想』(岩波書店、一九五七年)の第三部が「保守と反動の価値意識」(小松茂夫、横田地弘、久野収が担当)を扱っている。さらに『現代日本思想大系』(筑摩書房、一九六三―六八年)ではそれぞれ第三一巻が「超国家主義」(橋川文三編)、第三二巻が「反近代の思想」(福田恆存編)、第三五巻が「新保守主義」(林健太郎編)として刊行されている。

これらの一連の著作と政党政治に絞った内田健三の労作(内田一九八九)以後は、冷戦構造の固定化と保守論壇の確立に伴って、商業書を中心に「保守」系の書籍が粗製濫造されていくが、学術的に日本の保守のありようを論じた研究書はまったく逆の傾向を辿ることとなった。

保守主義を分析する際の悩ましさは、単なる「反動」、すなわち歴史の流れや改革に反対し、逆行しようとする立場と同視される場合があるからだ。くわえて保守という立場が、急進的な変化に対して批判的でありつつも漸進的な変容には必ずしも批判的ではないという姿勢が自由主義に見える場合もあれば、あるいはそのいずれにも批判的な場合にはナショナリズムと名付けたほうがよい事例もあるためである。さらには、のちに概観するなかで説明することになるが、明確に保守主義者と名指すことのできる人物や、思想としての保守主義に値するものが、他のイズムや立場にくらべて茫漠としているという悩ましさもある。

この保守主義に付きまとう特徴を橋川は「自ら保守を標榜する思想家が日本にはいなかったか、ないし稀であったということにも関係がありそう」であり、「そのこと自体がまた日本の近代思想史上の一つの問題と見てもよい」(橋川一九六八、三―四頁)として、日本における「保守主義」の特徴を、保守主義を標榜する者の少なさに求める。この点は、丸山眞男の一九五七年の論文「反動の概念」で示された、「日本に保守主義が知的および政治的伝統としてほとんど根付かなかったこと」という指摘とも重なる(丸山一九五七、一〇頁)。

橋川は保守主義の分類を、①「人間本性に含まれる新しいもの、未知のものへの恐れや忌避の感情」と、②「一定の歴史的段階において発達するにいたった特定の政治思想の傾向」、すなわち理性信仰への懐疑主義として慣習と制度化の重要性を説いたヒュームや、フランス革命という進歩主義が世界史に出現したさいの対抗潮流であるエドマンド・バークを想定して進める。そこでは、二〇世紀前半に英国の保守論客であったセシル卿の「純粋もしくは自然な保守主義」や、カール・マンハイムがいうところの変化一般に対する嫌悪たる「伝統主義」「心理的事実」としての保守的態度と、「ひとつの特殊な歴史的、近代的現象としての保守主義」とは区別すべきだとされる。

橋川はこうした保守的態度といった自然的な「保守主義」と区別して、「全く近代的起源を持つ」政治思想史上もしくは精神史上の傾向のみを、保守主義と呼んだ。(2) さらに保守主義一般のバリエーションとしては、ドイツ・ロマン派とその末孫たちのように中世主義へと後退する場合や、「階級こそが具体的であるという主張」がなされる場合をも想定している。

そして、思想としての日本保守主義の立ち位置を確定するうえで重要なのは、保守という立場をつくる二つの極の存在であろう。まず「革新」を一つの極とするならば、「保守的なるもの」を挟むもう一つの極は超国家主義、すなわち「日本ファシズム」(橋川文三)である。この「革新」とウルトラな国家主義たる「日本ファシズム」の間に位置するものとして、日本保守主義は位置づけられる。

この「革新」とウルトラな国家主義たる「日本ファシズム」という二つの強固な極の間にあって、二極に回収されない立場として日本保守主義は位置づけられるのだ。とくにこの保守主義をめぐる二つの極からなる枠の設定は、戦中、そして戦後と時代が経過するにつれて、さらに強固なものとなり、その二極の間の振り幅で、保守は自身の位置取りを行ってきたのである。

では、橋川が挙げる保守主義の典型であるバークの日本への受容はどのようにしてなされたのだろうか。日本の近代法の展開と核心を同定するうえで西欧列強からの日本への法継受関係を辿ることが、あるいは日本の近代小説の誕生と起源を追ううえで海外文学の輸入と翻訳の状況を把握することが重要な作業であるのと同様に、おそらく、明治初期の保守主義の輸入と思想継受を追うことが、日本保守主義を理解する一助となりうるだろう。

## 2　日本の保守主義受容

保守主義思想の紹介と受容が活発になるのは、明治維新からほど遠くない明治一〇年代である。その後、明治二〇年代には明治憲法の公布と施行に合わせて、鳥尾小弥太のような保守主義を標榜する政治家による「保守党中正派趣意書及立党大意」も公表され、機関誌として『保守新論』(一八八九―九一年、中正社)も発行されている。

まず思想面では一八七九(明治一二)年に福澤諭吉が刊行した『民情一新』を挙げることができるだろう。同書第一章「保守の主義と進取の主義とはつねに相対峙して、その際にみずから進歩を見るべし」というタイトルのとおり、「進取主義」との対比で保守主義が紹介されている。ただし福澤は「在来の物を保ち旧き事を守て、以て当世の無事平穏を謀る、之《これ》を保守主義と云ふ。新しき事に進み奇なる物を取て、以て将来の盛大を謀る、之を進取の主義と云ふ、或は改進と名づくるも可なり」と記しており、この箇所では、歴史の流れや改革に反対し逆行しようとする立場たる「反動」との区別はさほどなされていない(福澤一八七九、一九頁。句読点は引用者)。

進んで、当時の保守党と自由党の二大政党制であったイギリスの議会政治を紹介した第五章に至ってやっと「英国に政治の党派二流あり。一を旧守と云ひ、一を改進と称し、常に相対峙して相容れざるが如くなれども、守旧は必ずしも頑陋ならず、改進必ずしも粗暴ならず、唯《ただ》古来の遺風に由て、人民〔の〕中〔に〕自から所見の異なる者ありて双方に分るゝのみ」との記述が見出される(福澤一八九七、一〇九―一一〇頁)。この「守旧は必ずしも頑陋ならず」にこそ、保守主義に特徴的である漸進的な変化には必ずしも批判的ではない姿勢がほの見える。

ただし橋川文三らが挙げる保守主義の本格的な輸入は、やはり保守主義の典型とされる一八世紀イギリスの保守政治家であり、また保守思想家としても当時から名高かったバークの日本への受容によってなされたと見るべきだろう。

明治の初期に、バークを翻訳したのは、伊藤博文側近の金子堅太郎であった。金子は井上毅らとともに大日本帝国憲法の起草に参画し、皇室典範などの諸法典を整備ののち枢密顧問官を歴任した、「国家保守主義者」の原型ともいえる存在である。

その金子が元老院権少書記官時の一八八一(明治一四)年にバークの『フランス革命の省察』と『新ウィッグから旧ウィッグへの上訴』を抄訳した『政治論略』(有隣堂)がある。(3)

明治初期にバークが受容された政治的理由は、一八七〇年代後半から八〇年代に巻き起こった自由民権運動への対抗思想形成の一環と考えてよいだろう。自由民権運動の端緒となったのは、明治六(一八七三)年の征韓論をめぐって政府内が別たれた「明治六年政変」の翌年(明治七年)に、古沢滋、板垣退助、後藤象二郎、江藤新平、副島種臣、由利公正らが「民撰議院設立建白書」を明治初期の立法府であった左院に提出したことからはじまる。この時期にはモンテスキューやヴォルテール、アレクシ・ド・トクヴィル、ギゾー、コンスタンなど、フランスの政治思想書が積極的に翻訳された。わけても当時のラディカルな人民主権論の嚆矢として、一八七七(明治一〇)年には日本で初めてルソーの『社会契約論』の日本語訳である『民約論』が服部徳の訳で発表された。[4]次いで一八八二(明治一五)年になって、中江兆民が自身の刊行した雑誌『政理叢談』に翻訳を連載し、それらが『民約訳解』として出版されることとなった。[5]だが、自由民権運動の強力な思想的基盤が翻訳・形成されるなかで、明治新政府側にはこれらに対抗するための本格的な思想は、まだ存在していなかった。

自由民権運動への対抗思想を求めた元老院副議長(当時)の佐々木高行から、米国留学の経験がある金子堅太郎へ「保守漸進の学説を論ずるものはなきか」との質問があり、金子が『フランス革命の省察』『新ウィッグから旧ウィッグへの上訴』の二冊のバークの著作を挙げた。続いて要約を命じられ提出したところ、佐々木はさらなる抄訳を求めたため、それに応じている。[6]この当時の政治情勢における明治政府側による要請の経緯は、『政治論略』に「序」を寄せた細川潤次郎が民約論批判としてバークを説明している箇所からも読み取れるが、さらに翻訳者の金子本人は「緒言」でバーク翻訳の意義についてルソーの民約論とフランス革命への敵意を隠さず、以下のように述べている。

是より先き、仏国に一種の政治論者起り旧来の法例を破壊し新に政府を創定するに非ざれば真正の開明に達することを得ずとの議を主張し、頻に人民を鼓舞煽動せし者あり。その巨魁とも称すべき者は一時欧米の人心を狂乱し殆んど宇内の革命を攪起せんとしたる「ルーソー」その人なり。〔中略〕その主義に依れば、往古人種の初めて社会を組織したる精神に基づき、貴賤貧富の差別なく、又君主独裁の圧政なく万民一致の共和政府を創立して国政を経緯し、一は人民天賦の権理を完全ならしめ、一は各自同等の権力を有せしむるに在り。

「ルーソー」は雄弁に任せ以てこの説を主張し、又その旨趣を著述し民約論と名づけてこれを世間に頒布せり。その論旨文章は多く論理の矛盾あるにかかわらず、専ら人情の感触を目的とせしものなるが故に、その仏国人民が数十年来虐政の為に塗炭の中に陥り怨望の極度ついに政府を顛覆せんと欲して未だ依頼すべき有力者なきを歎ずるの際に乗じ、忽ちその思想を眩惑し、その心緒を狂乱し、遂に「ルーソー」を以て人民の父母なり政治の泰斗なりと尊称し、その徒「マラー」の如きはパリ市街において数百の人民を集め、「ルーソー」の民約論を朗読し、その論理を註解し、満場の傍聴人は皆拍手喝采して、四面これが為に震動し、以て欧州一般の人心を揺るがすに至り、法律学校の教授もまた民約論を以て政治の標準なりと認め争いて生徒をしてこれを研究せしむるに迨べり。嗟呼前哲のいわゆる危民易與為乱とはそれこの謂乎。

「ボルク」は常に天下の大勢に注目し時世の変遷を観察し、仏国に一の容易ならざる政治学派起りて其の妖気は既に仏国の中天を蔽い、もし一朝欧州に散乱するときは社会の基礎たる道徳及び法律の如きは悉く廃頽するに至らんことを憂慮し、急に旅装を整えてパリに赴き暫くその地に羇寓して深く仏国の風土人情を観察するに、その国政たるや予想に違わず日に月に危険の兆候を現すが故に、急に英国に帰り政府に建言するに現今仏国の形勢を以てし、且つ曰く、「我が英国の如きは往古「ウイリヤム」帝の国政統御以来数百年間先代の旧制遺業を以て政治の基礎とするの国是なれば、今日もし仏国の革命論を我が英国に輸入し之を主唱する者あらば、上は万乗の帝王より下は億兆の人民に至るまでその惨毒を免ること殆んど難し、故にいやしくも英国の安寧を保たんと欲せば今日よろしく仏国の革命論者を排撃して不慮の災変に警備せざるを得ず」と。(ボルク一八八一、六一―一一頁。句読点と改行は引用者。読みやすさを考慮して表記の変更も行った)

この時点で、まだ議会すらなかった明治期日本において、保守思想は比較的早い時期に官製の国家思想として採用されることとなった(田村二〇〇四、稲田二〇〇九)。この保守主義の機運は、にわかに当時の流行であった政治小説でも紹介され、上からの官製国家思想だけではなく、民衆レベルでの下からの保守主義理解を促すこととなる。

その中心の一人は、立憲帝政党を設立し天皇主権や欽定憲法を掲げた劇作家でのちに衆議院議員となった福地源一郎であろう。福地は九代目市川團十郎と親しく、のちに歌舞伎座を設立、英仏の小説を翻案したものを初代三遊亭圓朝や河竹黙阿弥に供するなど、一八八〇年代には福澤諭吉と同程度の影響力を誇っていた。その福地が一八八四(明治一七)年にビーコンズフィールド(ベンジャミン・ディズレイリ)『政党余談　春鶯囀』(『コニングスビー』、関直彦訳の校訂――谷崎潤一郎の

『春琴抄』に影響)を、そして一八八七(明治二〇)年には『昆太利物語』(『コンタリーニ・フレミング』、塚原澁柿園と共訳)を相次いで和訳する。(7) また福地『春鶯囀』から二年後の一八八六(明治一九)年には『時事新報』の記者であった渡辺治の訳による『三英双美 政海之情波』(『エンデュミオン』の口述筆記訳)が、さらに一八八七年には牛山良助の意訳『雙鸞春話』(『ヘンリエッタ・テンプル』)、井上勤訳『政海冒険大膽書生』(『ヴィヴィアン・グレイ』)が出揃い、福地が訳出のさい題名に「政党余談」と名付けたことからも理解されることとして、英国の議会政治環境として、政党政治とそこでの保守主義の役割が紹介されたのだった。

なお、明治一〇年代中葉のバーク的な保守主義があくまでルソー批判の嚆矢として紹介されたことや、明治一〇年代後半から二〇年代前半の政治小説における「保守主義者」が主人公の立身出世という仕掛けゆえ近代という舞台の上に紹介されたことからも、日本の「伝統主義」からは決別しているかのようにみえる。他方で、橋川が指摘する「一定の歴史的段階において発達するにいたった特定の政治思想の傾向」という意味での保守的なものが受容されたとも云えるだろう。

この保守思想継受と普及について、丸山(一九五七)が示してみせた「革命→反革命→反動→保守」という継起過程を受けて、橋川は「維新→西南戦争(当時の維新政府は進歩派である)→神風連の乱→自由民権運動の伸張と明治二十年前後のバーク的保守主義の登場」と説明している(橋川一九六八、一三頁)。だが、実際には保守主義の登場と上からの官製保守主義継受は、この橋川のテーゼよりも数年早い一八八一年の金子による『政治論略』の抄訳に遡ることができるとともに、他方でその普及は、下からの保守主義として政治小説の流行に見て取ることができるだろう。

とくに上からの保守主義は憲法体制の整備と議会政治を見据えた先見的なものだった。これはのちに立憲政友会の初代総裁になった伊藤博文が支援した陸奥宗光の漸進主義路線が近代日本政治における保守本流の源流の基底となり、のちに原敬、西園寺公望や牧野伸顕らのような英国流の議会政治を評価し、重臣として天皇を輔弼し立憲主義を支える「重臣リベラリズム」へと結実してゆく(8)。

では、西欧近代的な進歩や改革に対する批判や、皇室のあり方について「伝統主義」を重んじる立場は同時代においてどのようなものだったのだろうか。明治天皇の侍読として進講をし、宮内省より頒布された勅撰修身書の『幼学綱要』の編纂と『教育勅語』の起草に携わった元田永孚や、明六社を結成しのちに文部省編輯局長となり修身を説きその演説を刊行した西村茂樹は、藩閥政治批判や儒教的政治理念に共感する言説を多く展開した(西村一八八七)。だが、彼らは変革や政治制度の必要性は充分に認識していた。その主張は、西洋文明と伝統的な儒教を直接的には採用できない明治政府の理念を反映したものだった(松本一九五八)。

同様の立場から「保守」を掲げたものとして注目すべきは、奇兵隊出身で陸軍内において反主流派を形成し貴族院議員も務め、西欧化政策やキリスト教への批判を展開した鳥尾小弥太による一八八八年の「保守党中正派立党大意」(一八八九年の憲法公布に向けた宣言、元田も参加)と、同機関誌『保守新論』(一八八九—九一年)の発行であろう。これらは急進主義に対して、国家主義としての保守を名乗ったものであり、尊皇攘夷のような伝統主義的排外主義とは一線を画している(9)。

この同時期に三宅雪嶺、志賀重昂らは政教社と雑誌『日本人』(一八八八年)を発刊し、また陸羯南、小村寿太郎、長谷川如是閑、正岡子規らが新聞『日本』(一八八九年)に、進歩主義や近代主義、革命主義ではないというだけで集う「国民論派」「国民旨義」「国粋(ナショナリティ)顕彰」を形成している。これらの動きのなかでも例えば陸羯南による以下の記述は、日本における近代ナショナリズムの胎動と保守主義の位置取りをよく体現している。

国民論派は既に国民的特性即ち歴史上より縁起する所の其《そ》の能力及び保存及発達を大旨とす。去《さ》れば或《あ》る点より見れば進歩主義たるべく、又《また》他の点より見れば保守主義たるべく、決して保守若《も》しくは進歩の名を以《もっ》て之《これ》に冠することを得べからず。(陸一九七二、八二頁)

この陸の一文は、非西欧地域における国民国家形成期の知識人に典型的な近代ナショナリズム論として読解が可能だろう。当時、一国の独立という課題は西欧化抜きでは考えられないため、統治構造の近代化が必然的になる。近代化は伝統的価値と抵触するがゆえに、陸羯南は伝統的価値の保護のために西欧を相対的に過小評価し、近代化を日本の伝統的秩序の自己革新として把握し直すこととなった。それとともに、政治的領域と他の領域とを峻別し、政治的領域における近代化の影響を他領域にまで波及させないことによって、伝統的秩序の動揺を最小限に留めようとした(米原一九七七)。なお陸は、「保守」は皇典論派に屈するな、だが「泰西にいわゆる保守なるものは、自由平等の原則を軽んずること、これその特性の一なり」と主張しているにもかかわらず、後に軍国主義支持者へと転落した徳富蘇峰の「平民主義」が、陸らの動きを「保守反動」と批判している。(10) この徳富による陸への批判からも、レッテル貼りとして「保守反動」が使われたことが看取される。この「保守反動」というレッテル貼りの来歴を示しているのは、丸山の以下の指摘であろう。

大正末期以降、知的世界にマルクス主義的用語が急速に普及〔中略〕保守主義はせいぜい反動にいい水を割った観念として消極的に位置づけられるにとどまるので、――ますます保守反動という一括した使い方と考え方が定着した。（丸山一九五七、一〇頁）

続けて、丸山は「日本に保守主義が知的および政治的伝統としてほとんど根付かなかったこと」こそが、「一方進歩「イズム」の風靡に比して進歩勢力の弱さ、他方保守主義なき「保守」勢力の根強さという逆説を生む一因」をなしているのだと説いた。ここにおいて保守主義者への外側からのレッテル貼りが「保守主義」そのものではなく、「保守」的な雰囲気だけを独り歩きさせ、丸山が言うところの「保守主義なき「保守」」の生成に拍車をかけることとなった。

## 3　教養論争における「保守主義なき「保守」」とその戦後

この「保守主義なき「保守」」という風潮は、ひとり政治の世界のみならず、文学を通じて教養へと差し込まれ、のちに戦後の『心』グループらの形成へと繋がっていく。この系譜をたどるうえでまず注目したいのは菊池寛と小林秀雄である。菊池寛は自らの生い立ちを『文藝春秋』の「話の屑籠」に昭和三(一九二八)年五月号から敗戦後の昭和二一(一九四六)年四・五月号まで連載していた。その昭和六年一〇月には「大衆文芸は、維新時代を書き荒してしまった」と不快感をあらわにしたのち、昭和一一(一九三六)年五月には「支那は、懐古主義で、理想を堯舜の世に置いてゐる。それは、現実の世の中が不愉快で将来に希望を見出すことが出来ないためであらう。此の頃になつて、我々に明治時代が何となく懐かしく思はれるのは、何の為であらうか」と明治への懐古主義が現れている。このとき、菊池にとっての力点を置くべき「過去」は、明確に「明治時代」を指したのである。さらに昭和一一年七月号で、純文学の不振の理由として「現在の若き作家に教養の不足してゐる点だと思ふ」とのべた。菊池によれば「だから、題材が小範囲に限られてしまふ」のだといい、以下のように続ける。

谷崎氏や芥川などの人気は、一つには、その題材の古典的趣味にあつたと云つてもいい位だ。

僕などが新進作家時代、僥倖にも人気を博したのも、一つは歴史小説の力であると思ふ。浅くとも我々は和漢洋の教養があつた。が、現代の作家の背景は、殆ど皆が一色で、主として西洋の流行文学文である。

菊池は古典的趣味、歴史小説の軸となる歴史(とくに日本史)、そして和漢洋の教養が、純文学の人気を支える基礎づけとなっていたと説き、他方で一九三六年時点では、それらに拠らないヨーロッパ文学の流行一辺倒になっていると檄を飛ばした。この伝統的な教養を重視する菊池の檄にいち早く呼応したのは、小林秀雄であった。菊池の世代に顕著であった古典趣味とは一線を画しつつも、小林は若い世代の「教養には、教養を円熟させる何物かが欠けてゐる」と説き、そこでは「教養の混乱」という事象こそが教養の不足に気づかせないのだとして、以下のように力説した。

元来作家といふものは、伝統的教養のお蔭でどれほど現実的な利益を享けてゐるものかといふ事が忘れられ、教養の混乱の為にどれ位あだ花を咲かせざるを得ないかゞ忘れられる。(小林一九三六)

橋川は小林の歴史認識の特徴を「感性的(＝伝統的)現実への強力な固執」(橋川一九五九、七三頁)にあると指摘しているが、ここで小林は菊池よりも踏み込んで、伝統的教養の欠如こそが教養の混乱の原因だと説き、さらに続ける。

この事は、新しい純文学作品のリアリティの欠乏といふ事にも密接な関係があるだらう。又、この問題は文学者のみにではなく、ひいては一般インテリゲンチヤにも及ぶだらう。インテリゲンチヤの能動性の欠如が云々されるが、彼等は健康な保守性すら失つてゐるのだ、といふ工合に。（小林一九三六）

ここで小林は、知識人層の能動性の欠如のみならず、「健康な保守性」の欠如に着眼し、「伝統的教養」としての「健康な保守性」の涵養こそが、知識人の要件であることを述べた。この「保守」という表現を積極的に使用した戦前の例として、教養主義論争をめぐる小林の記述は特筆すべきであり、この小林による「保守性」の擁護に、『心』グループへとつながる「保守的なるもの(the conservative)」が散見される。昭和一〇年代という時代において、近衛新体制や東亜新秩序を支持した左翼知識人が戦中・戦後を通して「革新」を自称した立場からは、小林は自由な位置取りであった。

この位置取りは、大戦中の昭和一七(一九四二)年に小林が「無常といふ事」で記しているところの、鎌倉時代の念仏僧による法語集『一語芳談』の一節が心に浮かび、その瞬間に「自分が生きてゐる証拠だけが充満し、その一つ一つがはつきりとわかつてゐるような時間」たる純粋な「思ひ出」へと合一することができたという歴史観に連なるものであろう(小林一九六一、一二九頁)[11]。

なお大正教養派が戦後保守の論客へ繫がるとの指摘について酒井哲哉は、通常保守の系譜に置かれる和辻哲郎・津田左右吉らは「人格」「文化」「生活」という大正教養派の用語で自らの立場を定義したのであり、保守と名乗ったわけではないとして、「保守」を自称した最初期の人物に「漱石山房」出身者とその影響下にあった人物ら、そして戦中に極右に相鎚を打つという迎合にいそしんだ白樺派などが戦後に創刊した雑誌『心』に「保守といふこと」(一九四九年一〇月)を寄稿した鈴木成高を掲げている(酒井二〇一三、二九五―二九六頁、中島二〇一三、一九八―一九九頁)。昭和一六(一九四一)年に『中央公論』の座談会「世界史的立場と日本」(他の参加者は高坂正顕、西谷啓治、高山岩男)、翌年に『文学界』誌上での座談会「近代の超克」(他の参加者は西谷啓治、亀井勝一郎、三好達治、林房雄、河上徹太郎ら)に参画した鈴木成高の同論説は、戦後思想史における最初期の保守論考として結実している。この『心』グループをとりまく保守思想を以下で見てゆこう。

## 4　『心』グループから新保守主義へ

戦後には漱石門下生と白樺派の系統が合流し、一九四八年七月には『心』が創刊され、オールド・リベラリストとしての保守思想がしだいに形成されてゆく。

久野収は『心』グループの特徴について、以下の四点を挙げている。それらは、①「反俗的なエリート意識」＝「精神の貴族主義」の保持、②「文化主義」＝文化的遺産を摂取し、護持することを重視しつつも実感・感傷的であって理性的でもなければ社会科学的ではない、③「伝統意識」＝日本及び世界の一流の伝統を消化し、日本の中で個人が主体的に生かしていくという考え方、④「思想＝教養主義」＝「反俗的なエリート意識」とは、社会的にエリートまで上り詰めた同人たちが人格主義に結集している哲学主義、実証知を軽視し教養知や個性知を重んじる人物主義、主観主義である（久野二〇一〇）。

先述の通り、革新と超国家主義という二つの極の間に保守が位置取りするのであれば、この『心』グループに批判的なのはその極のいずれかに属するものであろう。しかして、一方の極が久野収であったのに対して、もう一方の極におけるその評価者は三島由紀夫であった。三島は『心』グループについて以下のように辛辣な評価を下している。

現在の老人支配の日本において、ちょうど大正教養主義の洗礼を受けて育った世代が、知的指導層を占めているために（一例をあげれば、志賀直哉氏、武者小路実篤氏のような白樺派や、故小泉信三氏を象徴とする開明派、「心」グループの知的風土とその影響下にある中壮年層の知的指導層）〔後略〕（三島一九七四、一九一頁）

この三島の苦々しい評価は、論壇と文壇における戦後保守と戦前戦中保守との違いを如実にあらわしている。まず大正教養派の西田幾多郎や和辻哲郎、九鬼周造らは過去から継受された在来思想と輸入思想との交点で、彼ら独自の思想的な立ち位置を形成してきた。たとえば柳田國男には事物の生成と存在に即して見ようとする態度が保守的体験の核心として存在し、人間社会の進歩は認めつつも『先祖の話』などでは保守すべき伝統を明らかにしていた。また、『古事記及日本書紀の研究』、『神代史の研究』、『日本上代史研究』など日本古代史関係の著作によって皇室の尊厳冒瀆罪で告発された津田左右吉は、戦後にいち早く皇室擁護論として「二千年の歴史を国民と共にせられた皇室を〔中略〕永久性を確実にするのは、国民みづからの愛の力である」と打ち出している（津田一九四六、五四頁）。彼らはいずれも日本の歴史を神秘化しロマン化するような退行傾向からは無縁であり、むしろ歴史的に広大な根拠があったものの、柳田・津田の双方とも国を制度としては見ておらず、かつ特定の歴史的時代へと回帰すべきとも主張していない点は、明治期の保守や超国家主義と結びついた農本主義イデオロギー、そして戦後日本政治における保守本流とも大別される。この「土着的なもの」に着目し日本の原風景への回帰を説く〈保守〉は、ほんの一瞬、冷戦構造が出来し次第に確定していくまでの一時期にきらめきを放ったが、日本が講和と国際社会への復帰を果たし、冷戦が本格色を帯びていく時期を画期として反米保守と親米保守へと変化してゆくさいに、いわば「冷蔵」されることとなる。

他方、鈴木大拙は「第一に国際主義、第二に人道主義、第三に自主的思考の必要」（鈴木一九四五）を打ち出し、さらに以下に見られるように、国学や神道との距離を置いている。

「天皇帰一」とか「一億一心」とか「臣道実践」とか「承詔必謹」とかいうような標語は、何れも封建的感情性をその根底にもつて居る。この感情のうちには、合理主義・人格的倫理観・自主的思索力・獅子王的独立独行性と云ふべきものは微塵もない〔中略〕感傷性〔中略〕独逸《ドイツ》のマハト・ポリティクの思想を導入〔中略〕それに国学者の神道観が油を注いだものであるから、日本人の理智は全く台なしになつた。（鈴木一九四八）

なお、転向がもっとも目立ったように言説転換をしたと受け取られたのは、商業主義的な違和はありながらも西欧文明の光への模倣と傾倒により自らのアイデンティティを確立する方向から再転換した和辻哲郎であろう。戦前の現人神＝天皇論から、終戦後に象徴天皇論に転換したように見えるが、和辻ら大正教養主義あるいはオールド・リベラリズムでのドイツ観念論の受容のあり方、つまりドイツ観念論を換骨奪胎した受容が、全体性の表現者としての天皇を論じる回路をつくっていた。この回路こそが、日本の神話とポツダム宣言とを結びつける、融通無碍なものを涵養するとともに、大正教養派とオールド・リベラルに通底する、「個人」と「人類」の間に「日本」という国家を挟んでの共存が矛盾なく予定調和するという独特な三層構造での世界把握を、和辻とその周辺に可能にしていたと見ることもできるだろう。

他方で、論点先取すると対米追従と経済成長を重視し憲法改正は棚上げする「保守本流」であれ、戦前への復古主義への情念をたぎらせつつも対米追従をする「保守傍流」であれ、戦後の保守たちには彼らのような葛藤と工夫はみられない。なお、輸入思想をすべて拒否し謝絶しようとする一九三〇年代のウルトラな国家主義者、あえて名を挙げるならば井上日召の如き日本主義者とも区別されるだろう。それはまるでイギリスの保守主義と保守党が、イギリス国民党のような国民戦線系とは一線を画するのと同様である。この点について、三島由紀夫も以下のように述べている。

今日でも、インテリが触れてはならぬと自戒しているいくつかの思想的タブーがあり、武士道では『葉隠』、国学では平田(篤胤)神学、その後の正統右翼思想、したがって天皇崇拝等々は、それに触れたが最後、インテリ社会から村八分にされる危険があるものとされている。そういうものを何か「いまわしい」ものと考えるインテリの感覚の底には、明治の開明主義が影を落している。西欧的合理主義の移入者であり代弁者であるところに、自己のプライドの根拠を置いてきた明治初期の留学生の気質は、今なお日本知識層の気質の底にひそんでいる。決して西欧化に馴染まぬものは、未開なもの、アジア的なもの、蒙昧なもの、いまわしいもの、醜いもの、卑しむべきもの、外人に見せたくないもの、として押入の奥へ片付けておく。(三島一九七四、一九二―一九三頁)

この三島の戦後保守に対する、ウルトラな国家主義の軸からの批判は、第二次世界大戦前の右翼運動を思想形態から分類すると、いわゆる国家社会主義派(革新右翼)と日本精神主義派(観念右翼)に大別される。その後の軸は、日本の敗戦とのちの独立を画期としてしだいに反米保守と親米保守へと変化してゆくのである。

こうしたなか、戦後に保守を自称する論壇知識人が現れるのは、戦後に高等教育を受けた世代が論壇に登場し始めた一九五〇年代以降の現象だが、その素地はすでに戦中にリベラルの側にいた知識人らによる「新保守主義」に見出される。「新保守主義」の名で呼ばれる者たちの議論は、林健太郎や橋川文三によれば、①アメリカとの同盟関係を前提としつつ、②高度経済成長を中心とする戦後保守政治が達成した成果への肯定感をもち、③マルクス主義への対抗的な関係として支えられるとともに成立するという三点に集約される。このように戦後「保守」の立ち位置と自意識は、冷戦期を前提とした極めて戦後的なものだったのである。

小泉信三、竹山道雄、田中美知太郎、福原麟太郎、田中耕太郎、福田恆存、林健太郎らによって具現される「新保守主義」の立ち位置は、革新が急進主義へといたる際に出来するとされた無秩序と混乱に対する忌避や、マルクス主義批判として表出される。とくに東宮御教育常時参与、慶應義塾塾長を歴任した小泉信三の著書『共産主義批判の常識』(新潮社、一九四九年)は、当時の共産主義に対する警戒感と結びつきベストセラーとなった。同様に、無秩序への恐怖、マルクス主義への警戒感は田中美知太郎の「従来教育勅語が一般に無視されて居たからこそ今日の無秩序、混乱が生じたと考へられるのであります」(田中一九四六、九―一〇頁)、「わたしたちはただ労働者として存在するのではなくて、わたしたちの存在の一面において、わたしたちが労働者であるに過ぎない」(田中一九六三、一七八頁)という発言に集約されている。

このように、戦後の冷戦初期から六〇年安保後の論壇における保革対立とは、実は「戦後」の制度化であり、対立と共棲という両側面があった。理想主義者と現実主義者との論争にもかかわらず、実際の日本外交の基調は軽武装化であった。それは、憲法九条と日米安保条約が組み合わされた「九条＝安保体制」ゆえである(酒井一九九一、酒井二〇一三、二八一頁)。他方で冷戦前の戦後初期における戦前との関係を取り結ぶ「保守主義なき「保守」」は冷蔵され、冷戦終焉後にそのまま再び粗野な形で解凍されたのだった。

なお、こうした冷戦下の重力から例外的に自由な立場で伝統と保守に対して一定の評価を行ったのは、「ユートピア自体が現体制によって触発されたものであることはいなめない」のであり、九条＝安保体制としての戦後を「一見、不合理の外観を呈していようとも、じつは意味ある多くの機能を別ではたしているかもしれない」と述べた岡義達であろう(岡一九七一、九二―九三頁)。

## 5　現実政治における保守主義の変容

前節までは戦後論壇と文壇での保守の定位を見てきたが、現実政治においては「国家保守主義」がより如実なものとして政策のなかで表明されることとなる。

一九五九年以降、日本政府は欧米へのキャッチアップという経済目標を財界とともに掲げてきたが、他方一九七〇年代末には既存の保守本流政治が掲げ目指してきた欧米社会に追いつくという目標は達成されてしまう。そこで、その役割を終え新たな国家目標・保守戦略の模索が必要となった。この一連の流れを本節では検討する。

保守として目標のためには改革をするという姿勢は、まず「所得倍増」を掲げて欧米に追いつくことを目標とした池田勇人内閣に見出しうるだろう。「高姿勢」の反省から官僚出身の田村敏雄や大平正芳、宮沢喜一、黒金泰美、新聞記者出身の伊藤昌哉が政策立案のみならず、世論へのアピールをした。この改造は徹底的であり、国民の支持を取り付けるとともにメガネを威圧的な黒縁から銀縁へ、スーツもダブルからシングルに変えさせ、「寛容と忍耐」をキャッチフレーズにし「待合もゴルフも行かない」と記者会見をさせたほどであった(逢坂二〇一四)。

他方で経済繁栄を遂げた一九七〇年代には、新たに田中角栄の「日本列島改造論」において、通産官僚を中心とした国家保守主義を模索することとなる。

そのなかで保守的な要素が強まったのは三木武夫と「政策構想フォーラム」であろう。「政策構想フォーラム」は一九七六年に経済同友会の広田一が村上泰亮らとともに設立し、同年三月「新しい経済社会建設の合意をめざして・その一――中期展望と当面の不況克服策」、さらに同年一二月には「新しい経済社会建設の合意をめざして・その二」として「脱「保革」時代の政治ビジョン」を打ち出すようになる。さらに一九七七年「政策構想フォーラム」のメンバーであった村上泰亮、公文俊平、佐藤誠三郎が一九七五年版のＳＳＭ調査に基づいて『保守政治のビジョン』という報告書を政府・自民党に発表した。そこでは、小さな所得格差、ほぼ等しい教育水準、マスメディアの全国普及による共通の生活様式は「新しい中間階層」を生み出したと提起するにいたる。同層は既得権益にしがみつこうとする保守的姿勢ゆえに政治的決定をテクノクラートに「委任」しつつも社会的問題を無視し得ないという葛藤を抱き、社会に積極的に「関与」したいという二面性を持っているため、この「委任」と「関与」の拮抗を保守政治は利用して、彼らをとりこむべきだと同報告書は提案している。

この経済繁栄達成後の保守は、いみじくも内田健三が「大平政権で何かが終わり、何かが始まった」と評しているように、「近代を超える時代」について理性を前提とした「文化の時代」と規定し、個人的にも「楕円の哲学」と「永遠の今」を好んだ哲人政治家だった大平正芳において、より新たな次元へと進んだのだった(内田一九八九、八八頁)[12]。大平は一九七八年の自民党総裁予備選での政見「複合力の政治を――ゆるがない日本と地方田園都市の建設」のなかで「一つの戦略、二つの計画、すなわち総合安全保障戦略、家庭基盤の充実計画および地方田園都市計画を基本政策として、これらを総合的に展開することにより所期の目的を達成する」[13]と打ち出した。さらに、矢継早に一九七九年の第八七回国会での施政方針演説では、当時の保守層からリベラル層、そして消費をしつつも空虚さを感じていた層までが広く抱いていた物質主義に対する危機感を捉えて警鐘を鳴らし、理性を踏まえた文化重視を以下のように説いた。

この事実は、もとより急速な経済の成長のもたらした都市化や近代合理主義に基づく物質文明自体が限界にきたことを示すものであると思います。いわば、近代化の時代から近代を超える時代に、経済中心の時代から文化重視の時代に至ったものとみるべきであります。(14)

ここで大平は知識人一三〇名、官僚八九名の総勢二一九名、九つの研究グループからなる私設政策研究会(一九七九年)を創設する。メンバーは山本七平、浅利慶太、江藤淳、山崎正和、公文俊平、曾野綾子、梅棹忠夫、猪木正道、佐々淳行、渡部昇一、佐藤誠三郎、本間長世、渡辺昭夫、河合隼雄、西部邁、村松岐夫、村上泰亮、佐治敬三、瀬島龍三、永井陽之助など中道から保守の多士済々な顔ぶれを起用し、のちに『大平総理の政策研究会報告書』(自民党広報委員会、一九八〇年)や、その概要版である長富祐一郎『近代を超えて 上・下』(大蔵財務協会、一九八三年)へと結実する。(15)

この保守の新機軸は、大平のブレーンたちをほぼそのまま引き継いだ中曽根康弘と審議会政治にも継承されることになるが、「保守傍流」の基調である復古的な保守主義と、日本を取り巻く国際経済の変容に伴い新自由主義が差し込まれるようになっていった(内田一九八九、一三一―一四一頁)。

一九七八年一一月の自民党総裁選挙に立候補表明した中曽根は、総裁選の政見に「新しい保守政治の出発」と打ち出す。その大要は、戦後日本の保守政治は官僚的発想で行き詰まったので大きな転換をはかり、国民参加の「国民本位の政治」、信念のある「新しい保守の政治」をめざして歩まなければならないというものである。何力群によれば、具体的には、「新しい保守の政治」として、①美しい日本の自然と国土を守る、②日本人の幸福と生きがいを守る、③日本人の自由と人権を守り、権利と義務のバランスをとる、③日本の民主主義と市場経済を守る、④日本民族の進歩性と活力を守る、など復古主義と新自由主義の混合が図られたのだった(何二〇一〇、一二五頁)。

これらは中曽根の『新しい保守の論理』(一九七八年)から『心のふれあう都市』(一九八〇年)へと昇華する。そこでは吉田内閣から福田内閣まで政治の焦点が「経済中心」であったため日本の政治から「道徳的勇気」などが次第に衰弱し、国際的な不信感を醸成したと診断がなされ、「政治原理のコペルニクス的転換」が必要だ、と強調されている。そのさい、既存の自民党保守政治にはかなり手厳しい指摘が以下のように展開されている。

吉田内閣以来、岸、池田、佐藤、田中、三木、福田内閣に至るまで、政治の焦点は、ややもすれば公共事業費の増減や国際収支や景気の動向や経済の成長率といった経済面に向けられ、他の部面は二次的地位に置かれてきた傾向がある。〔中略〕戦後日本の政治の流れは「経済の時代」の気配が濃厚である。その不均衡のために、日本の政治から、広さと豊かさ、展開力と道徳的勇気といったものが次第に衰弱し、国際的な不信感を醸成する一因となり、国民感情も経済、経済に終始して、何か他の大事なものが忘れられたり、失われたことに気づいてきている。(中曽根一九七八、一九九―二〇〇頁)

いま人間は核の恐怖の均衡の下に生活し、ありあまる物質で汚れた都市文明の生活に疲れ切ってはじめて人間性の追求と回復につとめはじめた。真・善・美の最高価値を再発見しつつある。この流れに立って、平和と生きがいを保障する政治を、私は、人間主義復興の政治と呼びたい。（中曽根一九七八、二六頁）

農山漁村では、国の基である食糧生産の意欲を殺《そ》がれ、自然は荒れ、伝統文化の継承や地域社会の維持発展すらおぼつかない状態に追い込まれているところすらある。（中曽根一九八〇、七頁）

つまり、中曽根にとってのこれからの日本の政治は、従来の「経済中心主義」から脱却し、新たな政治の目標として「政治本来の機能である包括的な民族の統合と発展」をめざすべきだというものだった。この目標を達成すべく中曽根は「民族」を国民統合と発展の道具として強調する提言を行った。そのための具体的手段として、①国民投票制導入による政治改革、②憲法第九条を中心とする憲法見直し、③国民総生産（GNP）の三パーセント程度の総合安全保障費の予算化の三点を主要な論点として政策を掲げたのである（何二〇一〇、一二三頁）。まさにこの中曽根において、日本の歴史を神秘化しロマン化することで支持層を獲得する動きが本格的に顕在化したのだった。

## 6　保革の相対化と冷戦終焉による保革の軸の瓦解

では、この当時の左派はどうだったのだろうか。既成革新に抗議した新左翼の産業社会批判も一九八〇年代の消費社会論に取り込まれるとともに、また旧来の左派も分断されていった(その典型例は、吉本一九八四および吉本隆明と埴谷雄高の「コム・デ・ギャルソン論争」一九八四—八五年)。

だが、この左派瓦解と保守層の支持増大によって保守支配の頂点へ達するかにみえた同時期には、アメリカの新保守主義者であるダニエル・ベルと時として親和性をもちつつ心情としてのリベラルであるという、戦後史に唯一無二の位置を占め続けている山崎正和のような、政治へと変換されない文化としての保守主義者も、左派と同様に消費社会論に注目していた点は、当時の時代状況をあらわしている(山崎一九八七)。

なお、一九八〇年代の保守の絶頂期に、村上泰亮や佐藤誠三郎など優れた保守主義者らは「構造改革」と表現された新自由主義の到来に醒めた評価を下している。この点は、冷戦の終焉が招いた社会主義陣営の敗北に伴う、左翼・革新に対する保守知識人の勝利という錯覚からくる高揚感によって忘れ去られたが、それとともに自らを革新のカウンター・パートとして築いてきた保守の立ち位置をも、冷戦終焉というパラダイム・ロストのなかで見失われていったのだった。だがそれだけではなく、高揚感がもたらした多幸症は、現代日本の俗流の保守主義にとって、保守が本来持つべき懐疑精神を喪失させ、歴史修正主義に没入させるきっかけをつくることとなった。同時に、冷戦構造の崩壊が「保守主義なき「保守」」を解凍させ、「九条＝安保体制」の新局面において「新しい歴史教科書をつくる会」のような、自制のきかない保守のさらに右の軸を形成するきっかけにもなったのである。

これに冷戦後の保守論壇はどう呼応したのか。それは、占領国アメリカならびに平和主義との距離感をめぐる戦後保守のもどかしさを、どのように出力するかによって変わってくる。そのもどかしさを最も素直に表出したのは、戦後政治学においてその前半生にこんにちでも参照点となる数々の名著を残した坂本多加雄であろう。北岡伸一、三谷博らと研究会を行っていた坂本は、彼なりの義務感から冷戦後の保守論壇で活躍を始める。まず湾岸戦争について、アメリカの婦人の「夫が戦場に派遣されることは、つらいけれども、イラクの犯した不正をそのままにしておくことはできない」として、日本の平和主義について以下のように批判する。

たしかに「平和」は誰にとっても望ましいであろう。しかしながら、「大いなる不正」のもとでの「平和」についても、そのようなことが無条件にいえるのか。（坂本二〇〇五a、二一二頁）

この坂本の立場は日本の国際貢献という文脈における保守の居心地の悪さをそのままあらわしているが、それ以上に、中曽根以降に積極的に政党政治の語彙として存在感を増してきた、〈日本人〉

という「民族」を国民統合と発展の道具にする言説に、保守論壇がかなり自発的に寄り添っているものとして捉えることも可能だろう。

こうした坂本の心情が明確になるのはサッカー・ワールドカップに関する一文である。坂本は日韓合同開催のワールドカップの一つ前の大会時にすでに見られた熱狂を目の当たりにして、「やはり、〈私たち日本人〉の活躍を見たい」と素直に述べている（坂本二〇〇五b、一八五頁）。

ただし、坂本のアメリカとの関係の取り方は、きわめて慎重である。保守派は「軍事への関与」＝「対米協力」という図式が「対米従属」に転化しているのではないかとの「忸怩たる心境に陥ることにもなった」としつつも、アメリカの要請に抵抗することを「自主性」の発揮と考える習慣を一部の人々の間につくってしまったことは、「親の庇護下にある子供が、親の意向に反抗すれば大人になったと錯覚するのと同様」と牽制する。これは、一方では革新と同じ主張になってしまうことを避ける意図から、他方では論壇保守のなかでのアメリカとの「適切な距離感」を推し量る意図から、反米は自主性ではないと、戦後保守としての立ち位置、すなわち「保守本流」と「保守傍流」の定めた、永久に仮寓としての保守の枠内に留まるのである（坂本二〇〇五c、四八二―四八三頁）。

では、皇室との距離はどうだったろうか。戦後の保守論壇を長い間牽引してきた江藤淳は「保守とは感覚である」（江藤一九九六a、二二頁）として、保守のひとつの陣地である感覚の次元に分け入っていった。江藤は阪神淡路大震災での皇室の動きに対して宮内庁への苛立ちを、あるいはその先にある皇室への苛立ちをもはや隠さない。

私がまことに遺憾に堪えないのは、地震が起った後で皇太子、同妃殿下が中東ご訪問に出発されてしまったということです。〔中略〕いったい中東ご訪問と、神戸の被災者をお見舞いになることとどちらが大事なのでしょうか。〔中略〕一つには宮内庁の問題がありましょう。両陛下から皇太子、同妃殿下その他宮様方のご日程を預かっているのは宮内庁です。宮内庁が皇室に掣肘を加えているのか、もしくは宮内庁の人間たちはおしなべて「戦後民主主義」によって頭を痺れさせてしまっているのか。(江藤一九九六b、一七二―一七三頁)

ここで皇室と宮内庁を面と向かって批判する江藤に見出されるのは、もはや従来の戦後保守のそれではなく、むしろ北一輝が説いた「国民の天皇」のそれである。(16) そしてこのセンチメントは、ひとり江藤だけでなく、神社本庁や宮内庁内部の一部の職員、さらには広く右派系宗教の一般信者たちの間で見受けられたものだったのである。湾岸戦争、ガイドライン法という日本を取り巻く対外環境の変化ならびに、地下鉄サリン事件、そして阪神淡路大震災という惨事によって戦後の書き割りが瓦解した一九九五年という象徴的な年に、保守論壇は「つくる会」とも親和的な敗戦直後の保守思想、あるいは冷戦期において保守のさらに右の極としてなかったことにされていた極へと、ついに踏み出した。(17) さらに二〇〇〇年の森喜朗総理(当時)による神道政治連盟での懇談会結成三〇周年記念祝賀会における、日本各地の神道関係者を前にしての「神の国発言」は、下からの復古主義

を裏書きしているのである。(18)

## おわりに――ノスタルジアとして「原風景」を求める保守とその自制

革新勢力という左の軸の崩壊にともない賢慮と懐疑精神を失った「保守主義なき「保守」」はますます感性的なものへと没入するため、自己抑制がきかなくなったものの、上と下の双方から立ち現れてきた国家保守主義は、戦後一貫してそのプロジェクトを推し進めている。それゆえ「保守」という語彙のみが今後もさらに軽くなり、国家保守主義とその推進者たちのお飾りとして存続する可能性は高いだろう。

振り返ってみれば一九九〇～二〇〇〇年代には、日本の伝統をめぐるこれまでの軸の変化、すなわち明治維新や軍国主義、敗戦によってつぎつぎと入れ替わる「教養」と「保守」の立場に対する疑義の総決算としての様相を呈していた。そのひとつの着地点は、戦後啓蒙の「西欧的なもの」に対する「土着的なもの」として、定位するという見立てであった。その典型は、いわばどこでもない、けれども回帰すべき「思ひ出」(小林秀雄)たらんとする『ノスタルジア』(タルコフスキー)のような円環的時間観・歴史観のなかに、教養の源泉を求めようとする傾向の再びの登場であろう。その傾向を担う知識人らは柳田國男、和辻哲郎、折口信夫らへの注目を強めるようになる。もはや「どんな時代もそれに続く時代を夢見ている」(ミシュレ)と云えなくなった時代において、これらの傾向を敗戦から現在までの「帰るべき場所(Heimat)」が見失われた状態、すなわち故郷喪失(Heimat-losigkeit)のなかで、一九世紀には文明と理性に対置されることでロマン主義の、ついで二〇世紀の悲劇の拠点となった「原風景を求める教養」の復活と見ることも可能だろう。(19)

むろん、歴史は繰り返さないし、還るべき心の風景などない。この戦争中に小林が「思ひ出」として表現したところへと邂逅・合一しようとし、敗戦直後に保守思想が垣間見た風景とその風景における主体たらんとする教養への回帰は、経済繁栄の達成後に次のあり方を模索し、冷戦後にさらに立ち位置を見失った保守思想にひとつの方向性を与えた。しかして、その思想の外にいる者たちにとっては、外形的には「保守主義なき「保守」」と親和的なものとして捉えられ、同床異夢だが政治の表面では奇妙なナショナリズムの一致を見る。

小林秀雄の「思ひ出」について苅部直は、「自らの回想の営みを絶対化するとともに、現実政治における「愛国心」の力と権力者の決断についても、同等に絶対のものとして肯定してみせる態度へとむすびついてゆくのである」と述べたうえで、小林を批判した丸山(一九五九)における「彼はカール・シュミットにではなくて、『葉隠』と宮本武蔵の世界に行き着いたのであった」という一文を引いている(苅部二〇一三、三四六頁)。まさにこの回帰しようとする「原風景」たる「思ひ出」は、三島が回帰したかった極、すなわち「インテリが触れてはならぬ」と思っているそれにほかならない。

かつて日本保守主義は、「革新」と三島のような「ウルトラな国家主義」という両極の間に自らの立ち位置を定めていた。だが、こんにち極への距離感を失った保守は、三島が位置取りをしていた軸に限りなく近い小林の「思ひ出」という歴史の「原風景」への回帰によって、もはや保守を自称する者の多くはさらなる右の極へと引き寄せられている。こうした位相において、なおも「本物の保守主義者」たらんとすれば、まず保守を自称する者に求められる姿勢とは、苅部の言葉を借りれば、払方町の自宅で最期を迎える文化としての保守たることをやめなかった吉田健一のように、過去の「思い出との合一に激しく陶酔する姿勢」を斥けつづけることであろう[20]（苅部二〇一三、三四七頁）。

日本保守主義の系譜において山崎と同様に、文化のうちにのみ保守の存在を認めた吉田は「政治は文化を作るものではない。文化を作っている人間にとってなくてはならないものを確保する仕事」なのであって「そこに小細工を利かせてはならない」という姿勢を貫いていた（吉田二〇一一、二七六頁）。時間の持続性にも耐えうる「本物の保守主義者」には、その条件として、保守的なるものを政治に持ち込むことも、政治における動員の方途ともせず、自らを文化の領域のなかに限定する自制が求められているのである。

## 注

（1）山崎は、本来は政教分離という「政治と文化の区別」があったはずであるにもかかわらず、今現代の世界政治は「近代化」と「近代化以前」との対立が深刻化しており、とくに後者は信仰や人格、気分などといった統治者に身についた文化で政治をしようとしていると警鐘を鳴らす。後者の蔓延はいずれも人類を不幸にするがゆえに、山崎は「政治において、保守主義者ではなく、近代主義者の立場をとらざるを得ない」と説く。

（2）この橋川の分類は、アンソニー・クイントンが保守主義の特徴としてあげている①伝統主義、②有機体主義、③政治的懐疑主義（クイントン二〇〇三、一〇―一一頁）とも重なるところが多い。なお、オークショットなどの理性主義批判と、同批判に関連してハイエクの自生的秩序を唱える新自由主義的な保守主義については稿を改めて述べる。

（3）福澤諭吉が一八七九（明治一二）年に『民情一新』でイギリスの〝Conservative and Unionist Party〟を保守党と訳出しているものの事情説明に留まっていたため、金子によるバーク翻訳が日本へ本格的になされた保守主義思想輸入の最初のものと考えてよいであろう。なお、近年の金子堅太郎によるバークの保守思想輸入に関する研究としては、高瀬編著（二〇〇〇）、柳（二〇一四）がある。

（4）戎雅屈・蘆騒（ジャン・ジャック・ルーソー）著、服部徳訳、田中弘義校閲『民約論』有村壮一、一八七七年。

（5）戎雅屈・蘆騒（ジャン・ジャック・ルーソー）著、中江兆民訳『民約訳解』仏学塾出版局、一八八二年。

（6）金子堅太郎『金子堅太郎自伝』三、明治一三年の項、国立国会図書館憲政資料室、史料番号七二六。

（7）『政党余談　春鶯囀』は関直彦訳の校訂であり、谷崎潤一郎『春琴抄』に影響を与えている。

（8）「重臣リベラリズム」については、松沢・植手編（二〇〇六）を参照されたい。その特徴は清水靖久によれば、①立憲主義をとりつつも自由や人権の原則に立たず、天皇に責任が及ばないことを最も配慮するので状況追随主義になる、②国際ファシズムに対抗して反戦ではなく国際協調主義をとる現状維持派であり、反枢軸以上に反ソの親英米派、それも圧倒的に親英派だった、③政党では民政党に近いが、暴動など民衆運動への反発は強い、④イギリス中心の西欧志向型であり、ナショナリズムは弱く、ヨーロッパ帝国主義には甘いという特徴がある(清水二〇〇八、一〇頁)。なお丸山は重臣リベラルとして具体的に、元老の西園寺公望、内大臣の湯浅倉平、牧野伸顕、斎藤実の他に副島道正、吉田茂、そして新聞『日本』にも寄稿していた父の丸山幹治の名を挙げている。

(9) なお鳥尾は一八九八(明治三一)年、近代茶道の発祥の契機となった大日本茶道学会の会長に就任している。柳宗悦らのような文化における保守の土壌をつくったと見ることもできよう。近代茶道や民芸と日本保守主義との牽連は開かれた問いであり続けている。また、とくに徳富蘇峰と陸羯南、三宅雪嶺の思想形成を中心に論じたものとして Pyle(1969)。

(10) 徳富の生涯から戦前日本のナショナリズムにおける変遷を論じたものとしては、米原(二〇〇三)。

(11) 橋川は自身の研究における残されたテーマとして、日本人のメンタリティにおける時間意識を主として「いわゆる「私小説」の中に流れる時間の意識をどう考えるか、という問題にしぼられるだろう」と述べている(橋川一九五九、七五頁)。また苅部直は吉田健一の時間観・歴史観について、小林秀雄のそれとともに描き、丸山眞男の小林秀雄批判を検討しつつ、小林の説く「思ひ出」は吉田の時間論が斥けたところの「時間のゆったりとした経過から無理に身を引き離す営みにすぎない」ものだと述べている(苅部二〇一三、三四五―三四六頁)。

(12) 大平の思想形成と文化時代への到来を詳述したものとしては、福永(二〇一四、三四―三六、二三一―二三八頁)。

(13) 『大平正芳回想録・資料編』大平正芳回想録刊行会編、一九八二年、二八二頁。

(14) 『大平正芳回想録・資料編』大平正芳回想録刊行会編、一九八二年、二八四頁。

(15) とくに前者の「報告書 1」が「文化の時代――文化の時代研究グループ」となっていることは極めて象徴的である。この点については北山(二〇〇九)。

(16) この皇室軽視は近年、一部の新興宗教をバックボーンとした保守層やネット右翼と呼ばれる者たちのなかでひろく観察される現象である。

(17) 草の根保守のなかでも日本会議やキリストの幕屋などについては、小熊・上野(二〇〇三、九四―九八頁)で部分的には触れられているが、その主眼はおもに「つくる会」とその周辺であった。

(18) 中野晃一は「現代日本社会における右傾化は政治主導(より正確にいえば、政治エリート主導)であって、社会主導ではない」と主張している(中野二〇一五、三頁)。だが神社本庁や、一九六〇年代後半に「学園正常化」を民族派学生組織の全国学生自治体連絡協議会(全国学協)出身者らによって形成され、各地方に支部を置く日本青年協議会による活動は、社会指導、すなわち民衆の中から生じたグラスルーツでの復古主義の復活である。詳細は五野井(二〇一四)を参照されたい。

(19) 「現実を逃れ矛盾のない虚構の世界を憑かれたように求めるのは、アナーキックな偶然が破壊的な破局の形で支配するようになったこの世界にいたたまれなくなった彼らの故郷喪失である」(ハンナ・アーレント『全体主義の起原3全体主義』八一頁)。日本という原風景への復帰を試みる著作としては、松原(二〇〇二)および内田(二〇〇二)。くしくも両書は二〇〇二年に出版されている。なお、「原風景を求める教養」への憧憬がよく現れているものとして、佐伯(二〇〇六、九四頁)。また、ミシュレの記述についてはベンヤミン(二〇〇三、七頁)が断片的に引いている。それは、丸山における「理想の価値が実現する未来を目指して政治にかかわってゆく能動性」がまだあった時代を象徴していたと云えるだろう。

(20) 他方でカトリック信仰は日本を尊びつつも、回帰すべき日本的な「原風景」は必要としない。詳細は稿を改めて述べるが、関西を中心に戦後の聖トマス学院を拠点とした京都カトリック学生連盟や宇治のカルメル修道院を拠点とした法律学士の会(主要メンバーは蒔苗暢夫、芹田健太郎、西村修三、西村健一郎、五百籏頭真、猪木武徳ら)などが、戦後の最も良質な保守を輩出している。

## 文献一覧

稲田雅洋(二〇〇九)『自由民権運動の系譜――近代日本の言論の力』吉川弘文館。

内田健三(一九八九)『現代日本の保守政治』岩波新書。

内田隆三(二〇〇二)『国土論』筑摩書房。

宇野重規(二〇一四)「日本の保守主義、その「本流」はどこにあるのか」『中央公論』二〇一五年一月号。

江藤淳(一九九六a)「保守とは何か」『保守とは何か』文藝春秋社(初出一九九六年)。

江藤淳(一九九六b)「二つの震災と日本の姿」『保守とは何か』文藝春秋社(初出一九九五年)。

逢坂巌(二〇一四)『政治とメディア』中公新書。

岡義達(一九七一)「伝統化」『政治』岩波新書。

小熊英二、上野陽子(二〇〇三)『〈癒し〉のナショナリズム』慶應大学出版会。

苅部直(二〇一三)「語りの時間」『秩序の夢』筑摩書房。

北山晴一(二〇〇九)「八〇年代を語ることの意味(二)――大平総理の政策研究会がめざしたものとは」『二一世紀社会デザイン研究』八号、一三一―四五頁。

クイントン、アンソニー(二〇〇三)『不完全性の政治学――イギリス保守主義思想の二つの伝統』岩重政敏訳東信堂。

陸羯南(一九七二)『近時政論考』岩波文庫。

久野収(二〇一〇)「報告　日本の保守主義――『心』グループ」久野収・鶴見俊輔・藤田省三『戦後日本の思想』岩波書店。

久野収・鶴見俊輔・藤田省三(一九五九)『戦後日本の思想』中央公論社(座談会の開催は一九五八年)。

五野井郁夫「国会議員の約四割が参加する神政連とは何か?」『朝日新聞 WEBRONA』二〇一四年七月一日

(http://webronza.asahi.com/politics/articles/2014063000007.html)。

小林秀雄(一九三六)「若き文学者の教養」『東京朝日新聞』一九三六年六月二四日九面(『小林秀雄全作品 第七集 作家の顔』新潮社、二〇〇三年に再録)

――(一九六一)「無常といふ事」『モオツァルト・無常ということ』新潮社。

佐伯啓思(二〇〇六)『学問の力』NTT出版。

酒井哲哉(一九九一)「「9条＝安保体制」の終焉――戦後日本外交と政党政治」『国際問題』三七二号。

――(二〇一三)「戦後の思想空間と国際政治論」『日本の外交 第三巻 外交思想』岩波書店。

坂本多加雄(二〇〇五a)「戦後日本の平和主義と「国家」観念の忌避」『坂本多加雄選集Ⅱ』藤原書店(初出一九九五年)。

坂本多加雄(二〇〇五b)「「国家」「国民」という観念――求められるナショナリズムの自覚化」『坂本多加雄選集Ⅱ』藤原書店(初出一九九八年)。

坂本多加雄(二〇〇五c)「反米が自主性の発揮なのか」『坂本多加雄選集Ⅱ』藤原書店(初出二〇〇一年)。

清水靖久(二〇〇八)「重臣リベラリズム論の射程」『政治思想学会会報』二六号。

鈴木大拙(一九四八a)「如何に新日本を建設すべきか」『宗教と近代人』桃季書院。

――(一九四八b)「物の見方」『東洋と西洋』桃季書院。

高瀬暢彦編著(二〇〇〇)『金子堅太郎『政治論略』研究』日本大学精神文化研究所。

田中美知太郎(一九四六)『文部時報』八二七号。

――(一九六三)「市民的な立場から」『現代日本思想大系 第三五巻 新保守主義』筑摩書房。

田村安興(二〇〇四)『ナショナリズムと自由民権』清文堂出版。

津田左右吉(一九四六)「建国の事情と万世一系の思想」『世界』一九四六年四月号。

中曽根康弘(一九七八)『新しい保守の論理』講談社。

中曽根康弘（一九八〇）『心のふれあう都市――二十一世紀への提言』サンケイ出版。

中野晃一（二〇一三）『戦後日本の国家保守主義』岩波書店。

――（二〇一五）『右傾化する日本政治』岩波新書。

中島岳志（二〇一三）「京都学派の遺産」『日本の外交　第三巻　外交思想』岩波書店。

西村茂樹演説（一八八七）『日本道徳論』西村金治（のちに日本弘道会が西村の全集を日本弘道会編『泊翁叢書』日本弘道会、一九〇九年に再録している）。

橋川文三（一九五八）「歴史意識の問題」『近代日本思想史講座7　近代化と伝統』筑摩書房。

――（二〇一三）「保守主義と転向」『共同研究　転向5』東洋文庫（初版は一九五九年）。

――編（一九六八）『保守の思想　戦後日本思想大系7』筑摩書房。

福澤諭吉（一八七九）『民情一新』著者蔵版。

福永文夫（二〇一四）『大平正芳』中公新書。

何力群（二〇一〇）「日本政治の転換点――一九七〇年代の中曽根康弘」『国際公共政策研究』一五巻一号。

ベンヤミン、ヴァルター（二〇〇三）『パサージュ論　第一巻』今村仁司・三島憲一訳、岩波現代文庫。

ボルク（一八八一）『政治論略』金子堅太郎訳、忠愛社、元老院蔵版。

松沢弘陽・植手通有編（二〇〇六）『丸山眞男回顧談』上下、岩波書店。

松原隆一郎（二〇〇二）『失われた景観――戦後日本が築いたもの』PHP新書。

松本三之介（一九五八）「明治前期保守主義思想の一断面――政治と道徳の問題を中心に」坂田吉雄編『明治前半期のナショナリズム』未来社（のち、松本（一九六六）の第四章として収録）。

――（一九六六）『近代日本の政治と人間――その思想史的考察』創文社。

丸山眞男（一九五七）「反動の概念」『岩波講座　現代思想V　反動の思想』岩波書店。

――（一九五九）「近代日本の思想と文学」『岩波講座　日本文学史　第一五巻　近代V』岩波書店。

三島由紀夫（一九七四）「革命哲学としての陽明学」『行動学入門』文春文庫。

山崎正和（一九八七）『柔らかい個人主義の誕生』中公文庫。

――――（二〇〇六）「保守とは何か　政治にはありえぬ立場」『朝日新聞』二〇〇六年一〇月二五日。

柳愛林（二〇一四）「エドマンド・バークと明治日本――金子堅太郎『政治論略』における政治構想」『国家学会雑誌』一二七巻九・一〇号。

吉田健一（二〇一一）「保守党の立場」『日本に就て』ちくま学芸文庫。

吉本隆明（一九八四）『マス・イメージ論』福武書店。

米原謙（一九七七）「日本における近代保守主義の成立とその特質――陸羯南の立憲政論」『阪大法学』一〇四号。

――――（二〇〇三）『徳富蘇峰――日本ナショナリズムの軌跡』中公新書。

Pyle, Kenneth B. (1969) *The new generation in Meiji Japan: problems of cultural identity, 1885–1895*, Stanford, Calif.: Stanford University Press.

＊本稿は日本学術振興会 科学研究費補助金（若手研究（B）課題番号 15K17003）の研究成果の一部である。
＊本稿は「朝日新聞 WEBRONZA」に一部連載された原稿に大幅な加筆修正を行ったものである。執筆にさいしては、各界関係者の方々から貴重なコメントとアドバイスを頂いた。この場を借りて敬意を表する次第である。

# 第8章　「奇妙なナショナリズム」と民主主義
## ――「政治的なもの」の変容

山崎　望

## 1　現代のナショナリズムと「政治的なもの」の再編

### 埋め込まれた「政治的なもの」

本章では、序論で論じた「ポスト国民国家」状況において噴出する「奇妙なナショナリズム」に対して、いかなる対処をすべきか、日本を事例に、民主主義論から考察する。

議会制民主主義を批判し独自の民主主義論を展開したドイツの政治学者C・シュミットは、『政治的なものの概念』において「政治的なもの(the political)」を「政治的なものの核心は……友と敵を区別すること」と定義づけた。

シュミットは「政治的なもの」に着目することで、戦間期ドイツにおける国民国家の解体の危機に対抗する秩序構築の理論を打ち出し、ドイツの政治的統一の回復を企図したのである。かかる時代背景と現代の「ポスト国民国家」状況は異なるが、国民国家という政治共同体が危機にさらされている、という点においては類似性が存在する。本書で論じてきた「奇妙なナショナリズム」も国民国家の危機を背景としており、「敵」の名指しを抜きに論じることが困難な現象であった。本章では「奇妙なナショナリズム」を「政治的なもの」(1)の観点から解釈してみよう。

シュミットは、「政治的なもの」の形成の要因として宗教・道徳・経済等を挙げながらも「政治的なもの」の固有性を強調し、当初は「政治的なもの」を政治的統一体としての国家と結びつけた。しかし「友と敵の区別」は国家間のみならず、多様な領域で指摘できる。ここでは日本を念頭に、敗戦後の「政治的なもの」の配置を整理したい。序論では国民国家を四つの層、すなわち安全保障、社会保障、国民共同体、民主主義の結合として把握したが、「政治的なもの」はこの四層の結合によって国民国家システムに埋め込まれてきた。

まず安全保障の層において、「政治的なもの」は、国民国家の前身である主権国家の内部に埋め込まれ、主権が及ぶ領域内の人々の間での友と敵の区別は凍結された。同時に「政治的なもの」は当該国家と他の国家との間に配置された。安全保障の層を形成する境界線の外延は、国家の統治する範囲の外延と一致することが志向され、主権国家の相互承認による主権国家システムの下で、国家間対立を優越する対立は封じ込められてきた。日本も日米安保体制を軸に冷戦構造に組み込まれたが、他方で自衛隊が創設され安全保障の外延は国家の統治範囲に法的に限定されてきた。

第二に、社会保障の層において、経済的な利害に基づく対立が「政治的なもの」へと昂進することを防ぐため、国家が市場へ介入し、財の再配分を行う政策がとられた。日本型福祉国家レジームは、家族(再生産の場)と企業(生産の場)を拠点としたものであり、国民に「一億総中流」意識を持たせ、利害に基づく対立を緩和する分厚い中間層の形成に成功した。政治レベルにおける「国内冷戦」にもかかわらず、経済的な利害対立は競争へと変換され、「政治的なもの」は社会保障の内部に封じ込められたのである。それは同時に、社会保障の範囲を国民共同体に一致させるものであり、国民と他の国民の間に配置された友と敵の境界線を強化する効果をもっていた。

第三に、国民共同体の層において、「政治的なもの」は国民共同体の内部へと埋め込まれてきた。民族的属性や言語の共有、文化的同質性などを柱に、国民共同体内部での対立は阻止され、国民形成(**nation building**)を志向するナショナリズムの下で、「国民＝友」と「外国人＝敵」という構図が(潜在的なものとして)制度化されていった。敗戦に伴う大日本帝国の解体により、多民族の帝国としてではなく、「単一民族国家」としての国民像を描き始めた。大日本帝国時代の領土の喪失があったものの、日本は植民地独立戦争を経験することがなく、植民地主義をめぐる問題意識が醸成される契機に乏しかった。日本は敗戦を起点として新たな国民共同体の層を形成し、「政治的なもの」をこの層に埋め込んだと言えよう。

第四に、民主主義の層において「政治的なもの」の緩和と制御が行われた。代表制民主主義の下で、政治的な対立は、国民の代表者を選出する政党間の競争へと置換され、五五年体制と呼ばれる政党政治の枠組みが安定していく。国際的には日米安保体制を柱に冷戦構造に組み込まれた日本は、国内的には憲法や安全保障を争点としつつも「国内冷戦」を緩和させ、「政治的なもの」を一定の強度に制御する五五年体制に埋め込んできたのである。

そしてこれらの四層の結合が制度化されてきたことにより、「政治的なもの」の形、すなわち「友と敵」をめぐる境界線や対立の強度が規定され、「政治的なもの」は国民国家システムの中に埋め込まれてきた、と言えよう。

## 「政治的なもの」の脱埋め込み

現在では、グローバル化と新自由主義により、「政治的なもの」は四つの層の結合から解き放たれ、多様な形をとって流出しつつある。

第一に、安全保障の層において、「政治的なもの」は主権国家の枠組みから脱埋め込みされつつある。冷戦構造下の日本の安全保障体制は、日米安保条約によるアメリカへの軍事的依存と、憲法による「専守防衛」という形で制約されてきた。しかし冷戦構造の終焉とアメリカの世界戦略の変化を背景に、アメリカとの安全保障の層における一体化が進展し、「政治的なもの」によって規定される「友」の範囲は、主権国家である日本ではなく、「日米」になっていく。さらに9・11対米同時多発テロ以降の対テロ戦争は、「政治的なもの」の脱国家化を加速させた。対テロ戦争では、「友と敵」を分かつ境界線は国境線とは一致していない。国内における対テロの治安活動と海外における対テロ戦争の隔たりも不鮮明となり、「友と敵」を分かつ「政治的なもの」は脱埋め込みされ、安全保障の層の外延は揺らいでいる。

第二に、社会保障の層の輪郭も揺らぎ、「政治的なもの」は脱埋め込みされつつある。グローバル化と新自由主義の進展は、家族と企業を軸とする日本型福祉国家レジームを揺るがしている。賃金に見られる量的格差の拡大、専門性の高い熟練労働者と単純労働者の質的格差、所得が低く不安定な非正規雇用層の増大など、将来が描ける者と描けない者の希望格差が重なり、一九九〇年代のバブル崩壊以降、格差社会化が進行した。福祉の拠点となっていた企業と家族という生産／再生産と承認の場は不安定化し、そこから排除される人々が増加した。さらに小泉政権期の新自由主義の諸政策は、格差や貧困を可視化させた。新自由主義の価値観が人々に内面化し、自己責任論が社会の主流の言説になっていく中で、国民内部でスティグマを押された他者(経済的弱者や少数民族など)が「(福祉受給の)特権者」や「過剰に代表されている者」と名指され、敵視される形で「政治的なもの」が析出されている。

第三に、国民共同体の層からも、「政治的なもの」は脱埋め込みされている。日本においては一九八〇年代から九〇年代にかけて、公的記憶(public memory)や公式な「国民の歴史」に収まらない記憶や歴史が噴出していく。一方では、一九八〇年代から歴史教科書問題や中曽根首相の靖国神社参拝を契機に、大日本帝国期における戦争や統治をめぐる歴史的事実や解釈、その評価の書き替えを求める歴史修正主義[2]が台頭し、一九九〇年代に拡大していく。歴史修正主義の台頭は、戦後日本の「国民の歴史」や公的記憶に対立する新たな歴史や公的記憶を求め、国民共同体内部に対立を生む「政治的なもの」の契機を析出させた。

他方で、ポストコロニアリズムの潮流も台頭する。アジア諸国の経済成長や韓国の民主化、冷戦構造の解体を通じて、冷戦構造下の国際関係や国家によって制御されてきた、歴史や記憶についての異議申し立てが活性化した。その結果、日本も植民地主義へ向き合わざるを得ない環境が醸成していった。欧米列強の植民地主義の模倣とも言うべき、アジアや辺境地域に対する大日本帝国期の植民地主義、さらに敗戦後も継続してきた植民地的(無)意識が問題化したのである。とりわけ九〇年代以降の「従軍慰安婦問題」の政治争点化と多様な論争、各国政府および民間団体の対応は、戦争責任問題にとどまらず普遍的な人権問題までの射程を持ち、日本のみならず他国も公的記憶や「国民の歴史」の再審を迫られている。各国の「国民の歴史」や公的記憶もまた、他国の「国民の歴史」や公的記憶と別個には存立し得ずに混交しているため、各国の国民共同体の内部において、もしくはそれを横断して、「政治的なもの」の契機が噴出している。

「歴史修正主義」とポストコロニアリズムの観点から、従来の「国民の歴史」や公的記憶に対して異議申し立てがなされ、その一部は「奇妙なナショナリズム」を支える言説や社会運動へとつながっていった。他方で「単一民族の神話」を再審し、国内における「記憶をめぐる内戦」や一国を越えた「修復的正義」を模索する新たな回路を産み出し、歴史修正主義やナショナリズムに抗する「政治的なもの」を形成している。

第四に、代表制民主主義の層も揺らぎ、「政治的なもの」が脱埋め込みされている。一九九〇年代以降のグローバル化の進展は一国での制御能力を減退させ、代表制民主主義の形骸化(ポストデモクラシー)が進んでいる。二〇〇九年と二〇一二年の二度の政権交代にもかかわらず、大政党間の経済政策や社会保障政策の選択肢が狭まる中道化が進み、二〇一四年の衆議院選挙では歴史的な低投票率を記録した。これに対して、代表制の外部では二〇一一年の原発事故以後の脱原発デモから二〇一五年の安保法制反対デモに至るまで、様々な社会運動が恒常化している。代表制の回路に収まらない「政治的なもの」が、言説レベルや社会運動レベルで先鋭化しているのである。

再びシュミットの言葉を借りれば、かかる事態は「例外状態」と言えよう。「例外状態」は、正常とカオスの間にある「不分明地帯」である。一方では自らを様々なリスクから守ってきた安全保障、社会保障、国民共同体や民主主義の層が脆弱化し、個人化されて「被傷性」を高めていくと同時に、さらに国民国家を形成する四層の乖離(安全保障と社会保障の範囲の乖離、国民共同体と社会保障の範囲の乖離など)を背景に、「政治的なもの」の再定式化、すなわち「誰が友なのか」「誰が敵なのか」を探し求める潮流が生じている。「ポスト国民国家」状態という「例外状態」の中で「政治的なもの」が既存の水路から溢れて流出し、新たな地図を作り上げつつあるのだ。「奇妙なナショナリズム」も、かかる「政治的なもの」の再定式化の一形態として把握できよう(3)。

## 2 「政治的なもの」の再定式化としての「奇妙なナショナリズム」

### 「民族」か、「臣民」か

戦後日本の「政治的なもの」の主導的位置にあったナショナリズムは、一方では他国から日本を差異化する固有性を構築して特殊性を追求し、他方では階層や地域を越えて国民国家形成を進め、世界に広がる国民国家システムの中に自らを位置付ける普遍性を追求する、という二つのベクトルを持ってきた。ナショナリズムはこうした特殊性と普遍性の二つのベクトルの均衡点で国民国家を形成するが、現代において噴出している「政治的なもの」はこの均衡を崩しつつある。(4)

一方では、国民の範囲を限定し、国民の内部から「他者」とみなしたものを「敵」と位置付けて排除し、特殊化を志向する「奇妙なナショナリズム」という「政治的なもの」が析出している。

この「奇妙なナショナリズム」により析出される主体として、たびたび「普通の日本人」が掲げられる。しかし、その内容は必ずしも明確ではない。「悠久の歴史」「固有の文化」「国と郷土への誇り」「自らを守る気概」といった要素だけでは他国民との差異化は難しいからだ。

「奇妙なナショナリズム」においては、「われわれ＝友」の輪郭を創造するために、「彼ら＝敵」が構築されていくという側面が、とりわけ顕著である。「敵」は、社会運動のアリーナや言説レベルにおいて、「在日」や「特定アジア」(韓国、北朝鮮、中国)の国民・人民として現れる。時には外国人や他民族に加え、同じ国民であるアイヌ民族や琉球民族までもが「敵」として名指される。それは、他民族や外国人との混交や共存に対する強い忌避感や恐怖に根差す純化や浄化を志向する、「アイデンティティ政治」の現れである。さらに、自らの運動や思想に対立する人々に対して、民族的属性とは無関係に「在日認定」(「在日」として認定する)というラベリングがたびたび使用されるように、「敵」を民族的属性によって定義することへの欲望が指摘できよう。ここで「在日」という言葉は、「われわれ」の外部へ排除される「異物」や「敵」をあらわす「記号」として使用されているのだが、それが変更困難な属性に基づく他者の蔑視や差別と結びつけられる点において、「奇妙なナショナリズム」はレイシズムと結合している。民族の外延も明瞭に定義できるものではないにせよ、既存の国民(nation)の内部で「敵」とみなしたものを(たびたび民族と結びつけて)排除しながら、「奇妙なナショナリズム」による「友と敵」を区別する境界線は、国民の内側に引かれていく。その意味で「奇妙なナショナリズム」は普遍性に乏しく特殊主義の契機が強い、いわば「特殊性への退却」という傾向を強く持っている。

他方では、時間と空間を世界大に再編して国民国家を相対化するグローバル化と、市場における交換可能性の上昇を重視する新自由主義を背景に、より普遍化を志向する潮流が析出されている。ここではその潮流を「帝国化」と呼ぼう。国際/国内や公/私という境界線を越えて、脱領土的・脱国家的で、国家ではない中心なきグローバルな統治の仕組みとして、「帝国」(5)の建設が志向される。それに抗うものが、「敵」として位置付けられるものになる。すなわち、「帝国化」に伴う「政治的なもの」の析出であり、国境を越えて「友と敵」の設定がなされる。まず国際政治の次元において、アメリカを中心に価値観を共有するとされた諸国家群は「友」とされ、価値観を共有しないとみなされた諸国家(中国や北朝鮮、ロシア、イランなど)は「敵」として構築される。二〇一四年に日本で閣議決定された集団的自衛権の行使容認や、世界規模での日常的な米軍支援を模索する新たな日米防衛指針(ガイドライン)において想定されているように、価値観を統合原理としているアメリカにとっての「敵」は、価値観を共有する日本にとっても「敵」となり、日米は一体化した「友」となる。アメリカにとっての「敵」が日本と領土を接する近隣諸国や「周辺」を越えてグローバルレベルで存在しているとするならば、日本にとっての「敵」も領土や周辺地域を越えて存在している。ここでは、「政治的なもの」は脱領土化・脱国家化し「普遍化」している。さらに対テロ戦争においては、公的領域たる国家のみならず、私的領域にある企業や民間警備会社、地方の部族から個人に至るまで、「友」を構成するネットワークは拡大する。同時に、国家のみならず、イスラーム主義過激派に象徴される「テロリスト」も非伝統的安全保障における「敵」として構築される。世界各地で政府や企業に対して様々な抗議活動を行う「政府に抵抗する民衆」も、「脅威」を与える「敵」として構築される。ここでは「友と敵」の境界線は国際/国内のみならず、公/私を横断する。

かかる「政治的なもの」のグローバルな配置は、「帝国」というグローバルな統治の仕組みの生成に伴うものである。「友/敵」の判別の基準とされる「価値観の共有」の判断は恣意性が高く、

「友／敵」の構築はアドホックで流動的である。安全保障にとっての脅威、さらには「敵」は当初から存在するのではなく、「安全保障化(securitaization)」により政治的に構築されるのである。「奇妙なナショナリズム」が曖昧であれ民族的な属性への参照があったことと比較すると、価値観に基づく「政治的なもの」の構築は、属性を越える普遍主義的な傾向を強く持つ。いわば「普遍性への進撃」とも言えよう。国民とされてきた人々は、「帝国」というネットワークを機能させる「臣民」へと変化している。グローバル化と新自由主義を駆動力として、その姿をみせている「帝国」では、「政治的なもの」は空間的には脱領土性、時間的には高い流動性など、普遍的契機を持ち、国民国家における「政治的なもの」とは質的に乖離していくのである。

## マジョリティ民族による反権威主義か、新自由主義のエリートによる権威主義か

新たな「政治的なもの」を特徴づける、もう一つのポイントは権威をめぐる側面である。「奇妙なナショナリズム」は、言説レベルや社会運動レベルを中心に、とりわけサイバー空間や路上などの非制度的・非公的アリーナを用いて、既存の権威に対する挑戦を行ってきた。権威を持つとされる「敵」は、マスメディア、官僚、学者、教育関係者、政党、教育機関、宗教組織、さらには憲法と戦後の国際秩序(「戦後レジームの脱却」「日本を取り戻す」という標語を想起されたい)まで幅広い。この文脈においては、「奇妙なナショナリズム」は反権威主義的な対抗運動である。「奇妙なナショナリズム」は、「被害者」としてのマジョリティによる既存の権威の打破を訴える。

「権威あるマジョリティ」という日常が揺らぎ、「権威なきマジョリティ」[6]へ、さらにはマイノリティへと押し出される可能性にインセキュリティ感覚を抱くマジョリティへと呼びかける。権威の喪失やマイノリティ化を怖れるマジョリティは、何らかの文脈におけるマジョリティとしての立場(例えば民族的属性)を確保しつつ、自らの権威を奪ってきた／奪う可能性のある「権威を得た／得るだろうマイノリティ」を「敵」として攻撃するのである。

この既存の権威への挑戦においては、反知性主義が大きな役割を果たしている。既存の権威に挑戦するためには、知性主義は権威への挑戦を妨げる要因となっている。反知性主義は権威を擁護する知性主義の否定を通じて、この要因を無効化する。「奇妙なナショナリズム」は、対抗知として従来の権威へ挑戦するのではなく、反知性主義による従来の権威の無効化により、既存の権威へと挑戦するのである。それゆえに、「奇妙なナショナリズム」は、逆説的ながらも、知性主義に基づく、新たな「国民の歴史」や「国民の物語」の体系化に困難をきたすのである。

もう一つの「帝国化」の側面における「政治的なもの」を、権威をめぐる文脈から論じておこう。ここでは、普遍的な価値とされる基準から逸脱するマイノリティや「異議申し立て者」が、権威なき／権威を奪うべき「敵」とされる。「敵」は「サヨク」、脱原発運動、フェミニスト、生活保護受給者、被災者、被爆者、従来の右翼団体、既得権益者、イスラーム主義者、「価値観を共有しない」諸国と多岐にわたる。これらの「敵」の共通点は、現代世界の主導的な価値である新自由主義の価値観に対して(潜在的なものを含め)逸脱もしくは異議申し立てをする点である。「帝国」における

「政治的なもの」は権威主義的側面が強く、権威への挑戦者を「敵」とみなす。普遍性に訴えることで、既存の権威に守られてきたマイノリティを「敵」として攻撃するが、「敵」はそこで限定されるものではない。自らをマジョリティとみなす者であっても、普遍的な価値にそぐわなければ「既存の権威に守られた者」として、随時、「敵」にカテゴライズされるのである。

「帝国」における「政治的なもの」は、既存の権威に挑戦するという文脈では、「奇妙なナショナリズム」と類似する。しかし交換可能性が低い民族などの属性を軸に「マイノリティ」を攻撃する「奇妙なナショナリズム」に対して、「帝国」における「政治的なもの」は、民族的な属性ではなく、むしろ市場における交換可能性の促進の先に、新たな権威を志向する点において対照的である。

## 多元化する「政治的なもの」

「奇妙なナショナリズム」は普遍性と交換可能性に敵対し、特殊性と交換不可能性を志向する。それに対して、「帝国化」は特殊性と交換不可能性に敵対し、普遍性と交換可能性を志向する。両者は正反対のベクトルを持っているが、「ポスト国民国家」状況という同時代的な背景を持ち、双方の「政治的なもの」は国民建設や国家建設を目指していない。(7)

二〇世紀において「政治的なもの」の最有力な形を規定した思想の一つであるナショナリズムが、特殊性と普遍性の両者のベクトルを持ち、その均衡として国民国家を形成してきたことに対し、普遍化を志向する「帝国化」と、特殊化を志向する「奇妙なナショナリズム」は、国民国家を普遍性と特殊性という逆方向へと引き裂く「政治的なもの」である。その意味でグローバル化と新自由主義を特徴とする「帝国化」の時代に噴出する「奇妙なナショナリズム」は、逆説的にも自己破壊的なナショナリズムなのである。

## 3　民主主義と「奇妙なナショナリズム」

### ナショナルな自由民主主義による対応とその困難

現代世界は、多様かつ流動的な「政治的なもの」が多様なアリーナで増殖する時代である。それは人々のインセキュリティ感覚を上昇させる。では、かつての枠組みから流出している「政治的なもの」に対して、われわれはいかに対応すべきなのであろうか。本節では紙幅の関係から、特殊性への撤退というベクトルを持つ「奇妙なナショナリズム」のみに焦点をあて、民主主義による対応の可能性を論じたい。「奇妙なナショナリズム」が、「例外状態」における「政治的なもの」の噴出の一形態であり、既存の国民共同体内から「敵」を見出す内戦の論理や強い敵対性を備えているならば、例外ではなく日常性を前提とする民主主義はいかに対応可能であろうか。

まず自由民主主義による対応を見ていきたい。民主主義はその起源を古代に持つが、自由主義はその起源を近代に持つ。自由民主主義は異質な原理の結合により成立したものである。さらに自由民主主義が制度化されたのは国民国家という政治共同体の内部である。その意味で今日、「現存する民主主義」は、正確には「ナショナルな自由民主主義」と捉えるべきであろう。では「ナショナルな自由民主主義」は、「奇妙なナショナリズム」という「政治的なもの」の噴出に対応できるであろうか。

ナショナルな自由民主主義の構成要素である自由主義の側面から検討しよう。第一に、自由主義は「奇妙なナショナリズム」の集団主義を個人主義の観点から批判し、個人の生命、財産や自由を擁護し得るが、同時に個人の利害に解消されない集団的なアイデンティティ、情念、承認や尊厳をめぐる問いかけに応答することは困難である。(8) 個人による社会契約から構成されているかに見える自由主義の社会であっても、その擬制が無効化する「例外状態」においては、社会には集団的な差異や、敵対性、すなわち「政治的なもの」が浮かび上がる。「奇妙なナショナリズム」が「政治的なもの」であり、集団的なアイデンティティ、情念、承認や尊厳をめぐる問いかけと関連する以上、個人主義の擬制による対応は困難である。

第二に、自由主義の要請としての国家の中立性も、「奇妙なナショナリズム」への対応を困難にしている。「例外状態」においては、自由主義が要請する国家の中立性の擬制も融解してしまう。現実には国家の内部にはマジョリティ民族とマイノリティ民族が存在し、国家の諸制度はマジョリティの文化や価値観によって大きな影響を受けている。「奇妙なナショナリズム」が、マジョリティ民族の文化や歴史の刻印を持つ、既存の国民国家を母型として参照する以上、国家の諸制度に組み込まれているマジョリティを優先的に包摂し、マイノリティを排除する原理の一部は、「奇妙なナショナリズム」と共振する可能性を持ち続けている。[9] また国家による介入を抑制した社会の内部における暴力に対して、国家の中立性を標榜する自由主義の観点からの批判は相対的に困難になる。「奇妙なナショナリズム」が国民社会を分割して「友と敵」の線引きをする内戦の論理を持つため、対応はより困難になる。

第三に、自由主義の範囲をめぐる問題である。自由主義は国民国家の範囲を社会の前提とすることが多い。自由主義が自らの範囲への問いを不問にするならば、国民国家の持つ排除の契機を不問に付しがちとなる。「奇妙なナショナリズム」が福祉の対象となるメンバーシップの限定を求め移民や少数民族を「敵」として福祉から排除する場合、「奇妙なナショナリズム」による福祉排外主義[10]とナショナルな福祉国家は一定の連続性を持つことになる。

第四に、自由主義は私的所有権をめぐり新自由主義と親和性を持ち、国境に縛られる必然性を持たない。その意味において、インセキュリティ感覚を増大させている新自由主義に対応することは困難となる。

次に、自由民主主義の第二の構成要素である民主主義の観点から検討したい。民主主義を平等な民衆による自己決定の原理と定義しよう。その観点から、「奇妙なナショナリズム」が既存の民衆の中から「敵」を創造し、「友と敵」の間に不平等を持ちこむことは批判される。さらに「友と敵」の分断を図り自己決定の単位を分裂させ、自己決定を不可能にすることも批判されよう。加えて民衆に民主主義という政治原理への「同一化」を要請する民主主義は、民族的な属性に関わる「同一性」を探し求める「奇妙なナショナリズム」を批判する。

しかし民主主義も「奇妙なナショナリズム」への批判において、困難を背負っている。第一に、民主主義とナショナリズムの親和性が挙げられる。民主主義は民族的な同質化を求めるとは限らないが、民族自決にみられるように「同質化」と「同一化」の距離は短くもなる。民主主義もその外部との間には「政治的なもの」を抱いており、「奇妙なナショナリズム」も「政治的なもの」の一形態であるとするならば、民主主義の要請する同一化と共振する可能性は存在する。

第二に、民主主義は一九七〇年代以降、マイノリティによる異議申し立てという文脈から理論的・実践的な刷新を遂げてきたとはいえ、民衆内のマジョリティに有利な傾向を持つ。異なるものを政治的文脈において平等に扱う民主主義への距離は、マジョリティとマイノリティにとって異なるものである。民主主義が、マイノリティの様々な形の排除の上に成り立っているのであるならば、マジョリティによって担われる「奇妙なナショナリズム」と親和性を持ち得るのである。

第三に、自由主義と同じく民主主義もその範囲への問いを不問にする傾向を持つ。近代民主主義は国民国家の内部で制度化されてきた。そのため、民衆の範囲は国民の範囲と接近し、国民国家の持つ排除の契機や、他の国民国家との間に配置された「政治的なもの」(友=自国民、自国家と、敵=他国民、他国家)を批判することは困難である。「奇妙なナショナリズム」が国民国家による排除の契機を参照する限りにおいて、民主主義による「奇妙なナショナリズム」に対する批判も困難とならざるを得ない。

最後に、ナショナルな自由民主主義の構成要素であるナショナリズムの観点から検討しよう。ナショナリズムは民族という集団に価値を置くことで、集団的な承認や尊厳、帰属意識や情念の問題に応答する力を持つ。日本国民の内部に「敵」を見出し、「日本国民の再定義」を志向する「奇妙なナショナリズム」と、従来の「日本国民」を保守しようとするナショナリズムは「日本国民とは何か」をめぐって対立する。しかしナショナリズムは「奇妙なナショナリズム」に対して、様々な限界を抱えている。ナショナリズムが「国民」を民族的属性によって定義しても市民的徳(civic virtue)によって定義しても、包摂の裏面である排除の契機を持ち、「政治的なもの」を組み込んでいる点では共通する。市民的徳も民族の影響を受けるのであれば、civic と ethnicity の境界線は曖昧となる。「奇妙なナショナリズム」はエスニックナショナリズムとも異なるが、異民族の排除や「政治的なもの」の構成において共通しており、その意味ではナショナリズムもまた、「奇妙なナショナリズム」と共鳴する側面を持ち続ける。

### 様々な民主主義による対応

それでは民主主義による対応は困難である、という結論になるのであろうか。ここで着目すべきは、ナショナルな自由民主主義はあくまで民主主義の一形態で、他の形の民主主義がある、という点である。ナショナルな自由民主主義が「奇妙なナショナリズム」に対峙するに際して一定の有効性しか持たないとしても(その重要性は強調すべきである)、他の形の民主主義による「奇妙なナショナリズム」への対応の可能性は残されている。

ここでは、ナショナルな自由民主主義だけではない、「民主主義の複線化」という民主主義の歴史的展開を視野に入れながら、(1)闘技民主主義論、(2)国境を越える熟議民主主義論、(3)ケアの民主主義論という三つの民主主義論の観点から論を進めていく。これらの民主主義は、いずれもナショナルな自由民主主義の制度に安住しない民主主義論であり、われわれが直面している「例外状態」を念頭においた民主主義論であり、「奇妙なナショナリズム」と同じ地平を条件としている。

第一に闘技民主主義(agonistic democracy)論に着目しよう。代表的論客のC・ムフによれば、闘技民主主義では、友と敵を判別する契機である「政治的なもの」が重視される。そして「政治的なもの」を民主主義の枠内において扱い、自由主義では対応困難な、情念や集合的アイデンティティをめぐる問題に対応する道を模索する。ムフは、政治共同体の統合原理(自由民主主義)を共有せずに対立する人々を敵(enemy)に、共有して対立する人々を対抗者(adversary)に区分する。闘技民主主義は「政治的なもの」が消滅しない現実に目を向けると同時に、「政治的なもの」を民主主義によって「飼いならす」ことを模索する。情念や集合的な対立をはらむ対話である闘技(agon)を通じ、対立する人々を「敵」から共存可能な「対抗者」に変容させると同時に、自ら(「友」)を変容させ、新たなルールを形成する過程として民主主義を把握する。

闘技民主主義は、ナショナルな自由民主主義と比較すると、所与の共同体を前提としない民主主義であり、(共同体論のように)実態的な共通善によって統合された社会として世界を捉えない。また、自由主義のように分割不可能な個人(individual)から構成される社会として世界を捉えない。その意味で、自由主義や国民共同体の擬制が無効化する「例外状態」をも射程に入れている。

まず闘技民主主義は自由主義の深化(自律性の深化)を要請する。自由主義の深化により、「奇妙なナショナリズム」に見られる「友と敵」という二分法の実体化が批判される。「敵」と名指されるマイノリティも「友」とされるマジョリティも実体的な存在ではあり得ず、「友」や「敵」の内部にある多様性や、多様化のダイナミズムを封じ込め、異質なものの排除と純化の欲望に取りつかれた「奇妙なナショナリズム」は批判される。

次に、民主主義(等価性の論理)の深化を要請する闘技民主主義は、民主主義という平等主義の政治理念への同一化を求めず、人々を「敵」として排除する「奇妙なナショナリズム」を批判する。「奇妙なナショナリズム」が、民主主義の理念への同一化ではなく、民族や人種など、他の形の主体へと同一化することを批判するのである。

最後に、民衆(デモス)の根源化を要請する闘技民主主義は、闘技を通じたデモスの範囲の絶えざる再審を要請する。既存の民衆(デモス)を自明視しない点で、闘技による民衆への包摂を志向する闘技民主主義と、排除を通じた国民の範囲の書き替えを志向する「奇妙なナショナリズム」は共通点を持つが、闘技民主主義は、デモスの範囲の正当化には闘技を通じた民主主義を必要とし、属性に基づく排除を行う「奇妙なナショナリズム」を批判するのである。

第二の民主主義論として、国境を越える熟議民主主義論を検討しよう。ここでは、人々が国民国家のみならず、多層的で複雑な統治(ガバナンス)の仕組みの中で生活していることを指摘するN・フレイザーの議論を見てみよう。フレイザーは、国境を越える公共圏(public sphere)における熟議(deliberation)を通じ、新たな合意の形成を志向する民主主義論を提示する。「ポスト国民国家」状況において「政治的なもの」が流出しているのであれば、対応も国境を越えざるを得ない。

まず制御不能性が高まる中で国境を越える熟議民主主義論は、ナショナルな自由民主主義によって制度に埋め込まれた「政治的なもの」を制御するのではなく、理性的な熟議を中心にしたコミュニケーションにより、直接「友と敵」の分割を変容させていく。次に国民国家と民主主義の結合を問題化することで、国民国家の排他的契機を問題化する。国民国家の排他的契機を参照し続ける「奇妙なナショナリズム」を批判し、包摂と排除の境界線の正統性を問い直し、民主主義による共存の技法を模索する。最後に植民地主義による複雑な支配／従属関係を視野に入れ、中心的な熟議がなされる「公共圏」の狭間に落ち込む「サバルタン(従属者)的対抗公共圏」の重要性を指摘することで、「国民の歴史」や公的記憶からこぼれおち、語られず、聞きとられることもなかったマイノリティの語りに耳を傾ける場の確保を要請する。それは「奇妙なナショナリズム」が関心を払わない、マジョリティたる「友」の内部における多様な声にも応答する射程を持つ。多層的な公共圏論を提唱するフレイザーの民主主義論は、民族、宗教、ジェンダーやセクシュアリティをめぐる複雑な支配／従属関係を問題化するポストコロニアリズム[11]に接近する側面を持っているのである。

第三の民主主義論は、ケアの民主主義論である。[12] 闘技民主主義論や国境を越える民主主義論では、マイノリティを民主主義の内部に包摂するという問題意識が前景化していた。しかし現代では、民主主義論の問題意識をめぐる背景が変化している。いまや、権威なきマイノリティからの異議申し立てや権利付与という民主的要求を突きつけられてきたマジョリティは、自らの被傷性(vulnerability)の上昇やインセキュリティを感じ、「マジョリティこそが被害者である」という認識が広がっている。民主主義論においても、マイノリティの包摂からマジョリティのインセキュリティの対処に焦点が当てられつつある。「奇妙なナショナリズム」の特徴として、マジョリティのインセキュリティ感覚があり「被傷性」と類縁性を持つ「被害者意識」があるならば、その除去や低減なくしては「奇妙なナショナリズム」への対処は困難であろう。

たとえば安全保障の層において「政治的なもの」は国家間対立に埋め込まれ、主権国家による安全保障体制で、インセキュリティ感覚を軽減してきた。従来の民主主義構想は、その主権の制御に焦点を当ててきた。しかしケアの民主主義論では、「政治的なもの」の構築過程で切り落とされ隠蔽されてきた、様々なつながりに基礎が置かれる。そこでは人々は自立した存在ではなく、相互依存を免れ得ない脆弱性を持つ傷つきやすい存在として捉え直され、他者によるケアを受ける／他者を配慮してケアを与える社会が構想される。それは、自由主義で前提とされる自立した主体や、主権国家システム、さらには「政治的なもの」の特徴である二分法や自己完結性への異議申し立てでもある。とりわけ「政治的なもの」が流出する現代において、新自由主義の要請に適応し続ける主体像に代わる別の主体像から社会を構想する民主主義論は、「奇妙なナショナリズム」の背景となるインセキュリティ状況に、自立や主権の論理とは異なるケアという観点から対処する議論である。まず被害者意識を持つマジョリティを基盤とする「奇妙なナショナリズム」の暴力性によって傷つけられたマイノリティに対してケアすること、次に潜在的にインセキュリティ感覚に陥っているマジョリティへのケアを通じて「奇妙なナショナリズム」から引き離すこと、そして最後には「奇妙なナショナリズム」に同一化している一部のマジョリティをもケアすることを、ケアの民主主義論は主張する。強い暴力性を持つ「奇妙なナショナリズム」を掲げる人々に対してまで、ケアの必要はない、という議論も説得性があるが、「敵」に投射されるインセキュリティ感覚の除去もしくは低減の方法の一つとして、相互依存しあえる「居場所」の構築を提唱するケアの民主主義は、「政治的なもの」の民主的制御や、闘技や越境的なコミュニケーションによる「政治的なもの」の民主主義への埋め込みではなく、「政治的なもの」自体の論理を根底から覆す民主主義と呼べよう。[13]

## おわりに

われわれが求められるものは、どれか一つの民主主義論のみに依拠した対処ではないであろう。無効化しつつあるとはいえ、終焉した訳ではない「ナショナルな自由民主主義」は、「奇妙なナショナリズム」に対して特有の困難を抱えつつも、それを制御する力を秘めている。「政治的なもの」に正面から取り組みつつも対立する他者との共存の可能性を模索する闘技民主主義論や、「ポスト国民国家」状況において多様なマイノリティの声に着目する国境を越える熟議民主主義論、そして友と敵の切り分けという「政治的なもの」の論理自体に挑戦するケアの民主主義論も、「奇妙なナショナリズム」に対峙する有効性を持っているように思われる。

われわれが要請されているのは、グローバル化と新自由主義が拡大する中で、脱包摂型で「敵」を攻撃する「奇妙なナショナリズム」に対して、既存の秩序を条件としつつも前提とはしない、連動する包摂型の democracies の多元的な「節合」であろう。それは「民主主義の複線化」以降の時代における、複数の異なるデモクラシー間の関係の模索という課題をわれわれにつきつけている。たとえば、マジョリティを中核に据えた国民という主体の形成過程における暴力を国境を越えて問い直すことと、ナショナルな自由民主主義の観点から「奇妙なナショナリズム」を批判して行動を起こすことは、時に緊張関係に陥るが両立は可能である。どの民主主義の論理が優勢となるのか、複数の民主主義間の関係はどうあるべきかは未知数であり、それ自体が問われるべき課題[14]である。

政治の世界から「政治的なもの」を消去することが不可能かつ望ましくないのであれば、いかにして動態的で多元化する「政治的なもの」へ対峙していくのか。民主主義に問われている課題は、異なる人々の間での議論や対話を維持し、そのつながりを断絶する「敵」(その対極には、つながりを失い「見捨てられる人々」[15]がいる)へ変わる(become)人々を、いかに生み出さないか、という点にあろう。

# 注

（1） 本章では「政治的なもの」の概念を、友と対立者を区別する契機まで拡大し、同一の政治原理を共有する対抗者(adversary, たとえば野党)から、政治原理を共有しない殲滅すべき絶対的な敵(enemy, たとえば「テロリスト」)までを含む概念として使用する。
（2） 歴史修正主義については、本書第2章を参照のこと。
（3） 「例外状態」における「政治的なもの」の再定式化をめぐる政治は、カオスではなく正常な状態を参照する。「奇妙なナショナリズム」も、「政治的なもの」を形作る一定の力を備え続けている国民国家を再定式化の参照点とする、再帰的なナショナリズムと言えよう。
（4） ナショナリズムが内包する普遍性と特殊性の契機については大澤(二〇〇七)参照。
（5） Negri and Hardt(2000)参照。
（6） この問題は近年、民主主義(論)における問題関心がマイノリティから、マジョリティへ移動していることと密接な関連を持つ。森(二〇〇八)参照。
（7） 「帝国」における「政治的なもの」と、国際政治における権力政治、さらには「奇妙なナショナリズム」が常に矛盾するとは限らない。ナショナリズムにおける特殊主義的な契機(たとえば「自国を愛する心」)と、普遍主義的な契機(たとえば「国際貢献」)が両立することを批判的に論じたものとして、中野(二〇〇一)参照。
（8） ヘイトスピーチの法的規制に対する慎重論は、かかる自由主義の個人主義や中立性に由来する側面がある。
（9） 国家をはじめ諸制度の持つ「制度化されたレイシズム」と、レイシズム運動の連動を指摘するものとして、森(二〇一四)参照。

(10) 日本における最大の排外主義、レイシズム運動の組織である在特会を、国家に見捨てられず「国によって愛されたい」人々の欲望から把握する議論として大澤(二〇一二)参照。

(11) ポストコロニアリズム研究は日本において一九九〇年代に進展を見せたが、国民国家やマジョリティの自明性に対する批判という構図が前景化していた。それに対し現代は、国民国家では防ぎきれないインセキュリティ感覚やマジョリティの被傷性が前景化している。しかしマイノリティの位置(positionality)や支配/従属をめぐる構造的問題は存在しており、ポストコロニアリズムがマジョリティの位置も問題化してきたならば、現代マジョリティが直面する被傷性もポストコロニアリズムの射程にある問題系とも言えよう。本書第6章も参照のこと。

(12) ケアについてはKittay(2002)、Brugere(2011)、岡野(二〇一二)を参照。心理学の観点からレイシストに対するケアの必要性を提起した香山(二〇一四)も参照。

(13) 傷つけられ自らの声を奪われた被害者に対するケアは、「サバルタン的対抗公共圏」における熟議民主主義と重なる部分も多い。ただしケアの民主主義はさらに「傷ついた社会関係の網の目とそこに関係する人々に配慮しながら、じっさいに被害者が受けた傷を癒し、加害者をも社会の関係性のなかへ復帰させる」(岡野二〇一二、三〇二頁)「修復的正義(restorative justice)」まで志向する。修復的正義についてはSpelman(2002)を参照。

(14) 具体的には日本ではヘイトデモに対し、様々な形のカウンターが展開され効果をおさめている。現在、路上のカウンターにおいて主導権を握る言説は、他者の自由を侵害しない社会という自由主義とレイシズムへの情念(怒りの感情)を重視し、「誰に対峙しているのか」に重点を置いている。カウンターのアリーナは言説レベル(書籍やツイッターなど)、社会運動レベル(路上における直接行動)、政党・政府や公的組織レベル(裁判所による判決、ヘイトスピーチ規制法の検討)、国際関係レベル(国連人権委員会からのレイシズムへの対応勧告や米国など他国からの批判)で展開されている。そこには様々な形の民主主義構想と類似した実践が入り混じり、多層的な民主主義間の「節合」を見出すことができると同時に、時には強い緊張関係も見られる。

(15)　become という時間的な過程をめぐる問題は、民主主義における時間的な複数性(変化の可能性)をめぐる問題である。人々がいかに「奇妙なナショナリスト」になり、またいかに脱却するのか、実証研究と理論的応答は今後の課題であろう。

## 文献一覧


上野千鶴子(二〇〇二)『差異の政治学』岩波書店。

宇野重規・井上彰・山崎望編(二〇一二)『実践する政治哲学』ナカニシヤ出版。

大澤真幸(二〇〇七)『ナショナリズムの由来』講談社。

岡野八代(二〇一二)『フェミニズムの政治学』みすず書房。

香山リカ(二〇一四)「ヘイトスピーチに必要な「ケアの視点」」のりこえねっと編『ヘイトスピーチってなに？ レイシズムってどんなこと？』七つ森書館。

塩原良和(二〇一二)『共に生きる――多民族・多文化社会における対話』弘文社。

中野敏男(二〇〇一)「ボランティアとアイデンティティ」『大塚久雄と丸山眞男――動員・主体・戦争責任』青土社、二四九―三〇四頁。

森千香子(二〇一四)「ヘイト・スピーチとレイシズムの関係性――なぜ、今それを問わなければならないのか」金尚均編『ヘイト・スピーチの法的研究』法律文化社。

森政稔(二〇〇八)『変貌する民主主義』ちくま新書。

山崎望(二〇一二)『来たるべきデモクラシー――暴力と排除に抗して』有信堂。
Appadurai, A. (1996) *Modernity at Large*, University of Minnesota Press.
Benhabib, S. (2004) *The Rights of Others: Aliens, Residents, and Citizens*, Cambridge(向山恭一訳『他者の権利』法政大学出版局、二〇〇六年).
Brugere, F. (2011) *Lethique du «care»*, Press Universutarues de France(原山哲・山下りえ子訳『ケアの倫理――ネオリベラリズムへの反論』白水社、二〇一四年).
Fraser, N. (2008) *Scales of Justice*, Columbia University Press(向山恭一訳『正義の秤――グローバル化する世界で政治空間を再想像すること』法政大学出版局、二〇一三年).
Hall, S., and Paul du Gay, eds. (1996) *Questions of cultural identity*, Sage.
Kittay, E.F., and E.K. Feder (2002) *The Subject of Care: Feminist Perspectives on Dependency*, Rouman & Littlefield.
Mouffe, C. (2005) *On The Political*, Routledge(酒井隆史監訳・篠原雅武訳『政治的なものについて』明石書店、二〇〇八年).
Negri, A., and M. Hardt (2000) *Empire*, Harvard University Press(水嶋一憲・酒井隆史・浜邦彦・吉田俊実訳『帝国』以文社、二〇〇五年).
Schmitt, C. (1927) *Der Begriff des Politischen*, Duker & Humbolt(田中浩・原田武雄訳『政治的なるものの概念』未来社、一九七〇年).
Smith, A. (1995) *Nations and Nationalisms in a Global Era*, Polity Press.
Spelman, E. (2002) *Repair: The Impulse to Restore in a Fragile World*, Bacon Press.
Young, J. (1999) *The Exclusive Society*, Sage(青木秀男他訳『排除型社会』洛北出版、二〇〇七年).
大澤真幸(二〇一二)「「反在日」は国に愛されたい証しなのか」(安田浩一『ネットと愛国――在特会の「闇」を追いかけて』書評)http://book.asahi.com/ebook/master/2012102400001.html(二〇一四年一月二五日閲覧)。

# おわりに

「チョンコを殺せ」と絶叫する人々が街を練り歩く。日章旗を掲げながら「警察は外人を射殺しろ」「ガス室に送り込め」と叫ぶ集団。二〇一二年秋から東京の新大久保と大阪の鶴橋を中心に行われたヘイトスピーチデモの風景である。民族の殺害や追放を扇動する集団が、自由民主主義体制の日本という国で、それも人々が暮らし行き交う路上という公共の場を練り歩く。その風景は一九九〇～九四年にルワンダで起きた大虐殺を扇動したとされる「千の丘ラジオ」や、戦間期におけるナチス党による「水晶の夜」さえ想起させた。「文脈が異なる」「比較は不適切だ」と考える人々もいるだろう。だがルワンダや戦間期のドイツにおいて、どれだけの人々が、その後に起きたことを正確に予測していたであろうか。こうした連想が筆者の杞憂にすぎないことを願うが、ヘイトスピーチデモを前に何か大きく異なるものが眼前に現れている、という衝撃を受けた。

また、それを制止しない警察官の姿が印象に残った。国家権力を構成する警察官が暴力を取り締まらないのであれば、社会が「万人が万人にとって狼」の状態に移行するリスクがある。戦争ではなく内戦が世界の紛争の主流になっている現代、先進国であってもホッブスの懸念は否定できない。狼の群が羊のごとき民衆に襲いかかったときに、われわれはどうすればよいのであろう。

対象がどの民族、人種、性別、宗教であれ、何らかの属性に基づき殺人を扇動する行為を許容する理由はない。さらにマイノリティのみならず、剝き出しの敵意と憎悪は、基本的人権、自由や民主主義を仮にも掲げてきた日本国民全体を踏みにじるものである。彼らの「殺せ」という言葉の刃は自分を含むマジョリティにさえ向けられているのではないか。筆者はその暴力に恐怖と、強い憤りを感じざるを得なかった。

たしかに日本という国は自由民主主義体制の国家であるにもかかわらず、敗戦後もマイノリティに対する多くの差別や敵意が存在してきたことは言うまでもない。マイノリティに対する犯罪も消えず、政治家も断続的に差別発言をしてきた。さらに入国管理制度や外国人研修制度をはじめ、差別を助長する公的制度や差別的運営も存在する。

しかし白昼の街頭で徒党を組み持続性を持って「殺せ」と連呼する集団に衝撃を覚えたのは、以前から積み重ねられてきた差別や敵意と連続性があったとしても、それとは質的に異なる何かが、そこにあるからではないだろうか。

こうした憎悪の闇や剝き出しの敵意は、様々な場に広がる。インターネットを閲覧すれば、「在日」を筆頭に朝鮮人、韓国人や中国人、さらには外国人一般に対する侮蔑、憎悪、敵意に満ちた言葉が溢れている。隣国や他民族に対して侮蔑や敵意をあらわにした出版物によるコーナーを設ける書店もある。数多くの軋轢を抱える現在のアジア地域において、人々の生命や自由が脅かされる事態に警鐘をならす言論は必要だと考えるが、他民族への侮蔑や敵意、その延長線上で戦争や虐殺を主張する言葉は、それとは別なものである。

かかる現象は日本だけのものだろうか。「敵」とみなされることの多い韓国や中国においても、敵意を剝き出しにした「反日デモ」が行われている。あたかも日本におけるヘイトスピーチと合わせ鏡になっているかのように、その敵意や憎悪は激しい。中国では二〇〇五年に反日行動が、二〇一〇年に尖閣諸島抗議デモが起きている。二〇一二年に日本による尖閣諸島国有化に対して行われた反日行動は、多くの都市に拡散して一部で暴動となり、日本企業や商店が「愛国無罪」「小日本」と叫ぶ群衆によって破壊された。韓国でもたびたび「反日デモ」が生じ、日本の国旗を焼くパフォーマンスが繰り返され、「イルベ(日刊ベスト貯蔵所)」というサイトでは日本を侮蔑し敵視する言葉が溢れている。しかし、こうした事実から「どっちもどっち」という結論に至ることは本書の目的ではない。かかる敵意や憎悪の連鎖はアジアに限定されず、世界中に広がりつつある。

では剝き出しの敵意や憎悪に包まれた、違和感は何なのだろうか。その正体を探るうちに、いくつかのキーワードにぶつかることとなった。「普通の日本人」「反日」「売国」「愛国」「嫌韓」「媚中」「在日特権」「サヨク」「生活保護」「不正受給」……、海外では「移民排除」「主権回復」「愛国無罪」「フランスをフランス人の手に」「真の独立を」「依存者」「失業者」「雇用不安」など、これらの語句から浮かび上がるのは、国民全体にとって安定した生活の条件が不十分な時代を背景とした、国家や民族をめぐる諸問題である。

本書では、国家や民族に関わるこれらの現象を分析する概念として、ナショナリズムに着目した。

従来のナショナリズムは外国の国家や国民という「敵」を作り出すと同時に、多数派民族と少数民族を、異なる階層や身分を、多くの村落共同体を、一つの国民として束ね、国家を形成してきた（それは同化と排除の歴史でもある）。現代における剝き出しの敵意と憎悪に満ちた言葉や行動に感じた違和感は、従来のナショナリズムにはない何かが「ある」、もしくは「欠けている」からであろう。それはどのような時代背景と関連しているのだろうか。またこうした現代世界に広がるナショナリズムに対して、われわれは、どのような立場から、いかに対峙すれば良いのであろうか。

かかる問題意識から、本書はナショナリズムの新たな形態――「奇妙なナショナリズム」――が世界に広がる時代について、言説、運動、メディア、政党、政策、思想の側面から多角的に考察したものである。

最後に「奇妙なナショナリズム」の観点から、現在の日本の政治情勢について述べておこう。結論を先に述べるならば、安倍政権は「奇妙なナショナリズム」の時代に生まれた政権であり、また「奇妙なナショナリズム」を促進する政権でもある。序論で論じた四つの層に応じて述べていこう。

第一は、安全保障をめぐる側面である。二〇一五年八月現在、国会審議されている安保法制においては、「一国で自国を防衛することは不可能」との認識のもと、米軍をはじめ他国軍と実質的な軍事的一体化を進め、安全保障の範囲を世界に拡大することを志向している。かかる安全保障体制は自衛と他衛、日常と戦時の区別を無効にする安全保障の脱国家化・脱領土化に他ならない。友と敵、安全保障の内実を決定する主権は自らの国家の手を離れており、潜在的な「敵」は次々と変わり、その数は増大する。

第二は、社会保障をめぐる側面である。国土強靭化計画や金融緩和という側面に目を奪われがちだが、安倍政権の経済政策は新自由主義をその基礎に置いている。「世界で一番企業が活動しやすい国」を目指し、アベノミクスの恩恵は富裕層とそれ以外で大きな格差がある。国民の六割が「生活が苦しい」と答え、子どもの六人に一人が貧困状態にある現状に加え、改正派遣法の導入による貧困の固定化、貧困の世代間連鎖も進む。社会保障は形骸化し、社会統合を通じた国民統合に安倍政権は無関心である。

第三は、国民共同体をめぐる側面である。安倍政権は「日本固有」とする道徳・伝統・文化・歴史認識を国民に浸透させる意図を持つが、それは戦後の日本という国民共同体が醸成してきた道徳・伝統・文化・歴史認識とは異なる。その断絶性は「戦後レジームからの脱却」や「日本を取り戻す」といったキャッチフレーズに集約されている。被害者意識を背景にした歴史修正主義(侵略、戦争責任、敗戦の軽視もしくは否定)、排外主義やレイシズムを組み込んだ文化、国家主義的な伝統・道徳の復権は、戦後に形成されてきた国民共同体を掘り崩す。

時代の区切りをめぐる意見の相違はあるにしても、安倍政権は戦後日本における従来の政権とは異質であり、「奇妙なナショナリズム」に完全に符合している政権であることは確認しておきたい。

第四は、民主主義をめぐる側面である。日本の民主主義は、権力の恣意的濫用を防ぎ国民の人権や自由を守る立憲主義と合体した立憲民主主義である。それは憲法の枠内における、国民による自己決定に基づく統治である。この民主主義の担い手を国民とすることは、ナショナリズムの論理と親和的である。

しかし安倍政権の政権運営は、ナショナリズムとセットになってきた立憲民主主義とはかけ離れている。立憲主義をめぐり、集団的自衛権の行使に対して、憲法学者や法曹など専門家から「違憲」の指摘が相次いでも無視を決め込み、権力の恣意的濫用を防止する制度を形骸化し、政府に対して批判的な言論や行動を封じてきた政権運営は、立憲主義の精神にもとる非立憲的政権と断じざるを得ない。

民主主義についても、安倍政権の政策決定のシステムは少人数の内閣官房が中心であり、野党はもちろん与党も自民党すらも軽視されている。選挙期間外における有権者、国民はより軽視されている。日本の国会より先に米国の議会で成立を約束してきた安保法制をはじめ原発、消費税、TPPなど重要論点における政府の意思と、国民の民意の溝は深い。選挙結果に限ってみても、国会で優位を誇る自民党ですら、得票率は戦後最低水準である。戦後の日本のナショナリズムと立憲民主主義の組み合わせに対して、安倍政権は「奇妙なナショナリズム」と非立憲的・非民主的体制の組み合わせによる統治へ変化している。

戦後の日本という国民国家の、四つの層の解体と乖離を進める「奇妙なナショナリズム」が何をもたらすのか。従来のナショナリズムと密接に結びついてきた立憲民主主義、自由主義、平和主義、国民主権が危機にさらされている情況において、われわれは、ナショナリズムの在り方を考えることなくして、現状に対峙することはできない。

戦後日本のナショナリズムへの郷愁や全面肯定を警戒しつつも、人々が自らのものとしてきた立憲民主主義、自由主義、平和主義、国民主権をナショナリズムとの関係で、いかに「保守」もしくは発展させていくべきか。本書がこうした問いを考え、行動するための一助となれば幸いである。

本書の刊行は多くの方々の協力があって可能になったものである。ごく一部の方しか挙げられないが記して感謝したい。ツイッター上での会話から企画の原型を共に立ち上げてくれた清原悠さん、編者の呼びかけに応じ忌憚なき議論をして頂いた「ネオナショナリズム研究会」に参加してくださった皆さん、そして本書の出版企画から刊行の全過程においてご尽力くださった岩波書店新書編集部の中山永基さんに感謝申しあげたい。

二〇一五年八月

山崎　望

# 執筆者紹介

**山崎　望**(やまざき・のぞむ)
→奥付を参照.

**伊藤昌亮**(いとう・まさあき)
1961年生まれ. 成蹊大学文学部教授. 社会学・メディア論.『デモのメディア論――社会運動社会のゆくえ』(筑摩選書, 2012年),『フラッシュモブズ――儀礼と運動の交わるところ』(NTT出版, 2011年).

**清原　悠**(きよはら・ゆう)
1982年生まれ. 東京大学大学院学際情報学府博士課程在籍. 社会学・社会運動論.「〈私的な公共圏〉における政治性のパラドックス――女性団体・草の実会における書く実践を事例に」(『ジェンダー研究』16号, 2014年2月),「住民運動の地政学的分析」(『社会学評論』254号, 2013年9月).

**富永京子**(とみなが・きょうこ)
1986年生まれ. 立命館大学産業社会学部准教授. 社会運動論・国際社会学.「社会運動における離脱の意味――脱退, 燃え尽き, 中断をもたらす運動参加者の人間関係認識」(『ソシオロゴス』37号, 2013年),「社会運動と「逮捕」――被逮捕者に対するまなざしを通じて」(『年報社会学論集』27号, 2014年).

**古賀光生**(こが・みつお)
1978年生まれ. 二松学舎大学国際政治経済学部専任講師. 比較政治学専攻.「戦略, 組織, 動員(1)～(6)」(『国家学会雑誌』126巻5・6号～127巻3・4号),「新自由主義から福祉排外主義へ」(『選挙研究』30巻1号).

**塩原良和**(しおばら・よしかず)
1973年生まれ. 慶應義塾大学法学部教授. 国際社会学・多文化主義研究・オーストラリア社会研究.『共に生きる――多民族・多文化社会における対話』(弘文堂, 2012年),『変革する多文化主義へ――オーストラリアからの展望』(法政大学出版局, 2010年)など.

**明戸隆浩**(あけど・たかひろ)
1976年生まれ. 関東学院大学・東京工業大学ほか非常勤講師. 社会学・多文化社会論.『ナショナリズムとトランスナショナリズム――変容する公共圏』(共著, 法政大学出版局, 2009年), エリック・ブライシュ『ヘイトスピーチ――表現の自由はどこまで認められるか』(共訳, 明石書店, 2014年).

**五野井郁夫**(ごのい・いくお)
1979年生まれ. 高千穂大学経営学部准教授. 政治学・国際関係論.『「デモ」とは何か――変貌する直接民主主義』(NHKブックス, 2012年),『国際政治哲学』(共編著, ナカニシヤ出版, 2011年).

**山崎　望**
1974年生まれ．駒澤大学法学部准教授．東京大学大学院法学政治学研究科博士課程単位取得退学．政治学・政治理論．
著書に『来たるべきデモクラシー――暴力と排除に抗して』(有信堂高文社，2012年)，『ポスト代表制の政治学――デモクラシーの危機に抗して』(山本圭との共編著，ナカニシヤ出版，2015年)，『実践する政治哲学』(宇野重規・井上彰との共編著，ナカニシヤ出版，2012年)，『デモクラシーの擁護――再帰化する現代社会で』(宇野重規・田村哲樹との共編著，ナカニシヤ出版，2011年)．

奇妙なナショナリズムの時代――排外主義に抗して

2015年9月17日　第1刷発行

編　者　山《やま》崎《ざき》　望《のぞむ》

発行者　岡本　厚

発行所　株式会社　岩波書店
〒101-8002　東京都千代田区一ツ橋2-5-5
電話案内　03-5210-4000
http://www.iwanami.co.jp/

印刷・理想社　カバー・半七印刷　製本・牧製本


ISBN 978-4-00-061068-1　　Printed in Japan